STEAM em
sala de aula

Foram efetuados todos os esforços para contatar os potenciais detentores dos direitos autorais dos materiais utilizados nesta obra. Caso tenha-se omitido o devido crédito de algum material ou haja imprecisão na informação da fonte, faremos a devida correção por errata à obra quando o potencial detentor apresentar comprovação.

S799 STEAM em sala de aula : a aprendizagem baseada em projetos integrando conhecimentos na educação básica / Organizadores, Lilian Bacich, Leandro Holanda. – Porto Alegre : Penso, 2020.
xiv, 229 p. il. ; 23 cm.

ISBN 978-65-81334-05-5

1. Práticas pedagógicas. 2. Metodologias ativas. 3. Educação. I. Bacich, Lilian. II. Holanda, Leandro.

CDU 37.022

Catalogação na publicação: Karin Lorien Menoncin – CRB 10/2147

**LILIAN BACICH
LEANDRO HOLANDA**
(ORGS.)

STEAM em sala de aula

a aprendizagem baseada em projetos integrando conhecimentos na educação básica

Porto Alegre
2020

© Grupo A Educação S.A., 2020.

Gerente editorial
Letícia Bispo de Lima

Colaboraram nesta edição

Coordenadora editorial
Cláudia Bittencourt

Capa
Paola Manica | Brand & Book

Preparação de originais
Camila Wisnieski Heck

Leitura final
Vitória Duarte Martinez

Editoração
Ledur Serviços Editoriais Ltda.

Reservados todos os direitos de publicação ao GRUPO A EDUCAÇÃO S.A.
(Penso é um selo editorial do GRUPO A EDUCAÇÃO S.A.)
Av. Jerônimo de Ornelas, 670 – Santana
90040-340 – Porto Alegre – RS
Fone: (51) 3027-7000 Fax: (51) 3027-7070

SÃO PAULO
Rua Doutor Cesário Mota Jr., 63 – Vila Buarque
01221-020 – São Paulo – SP
Fone: (11) 3221-9033

SAC 0800 703-3444 – www.grupoa.com.br

É proibida a duplicação ou reprodução deste volume, no todo ou em parte, sob quaisquer formas ou por quaisquer meios (eletrônico, mecânico, gravação, fotocópia, distribuição na Web e outros), sem permissão expressa da Editora.

IMPRESSO NO BRASIL
PRINTED IN BRAZIL

Autores

Lilian Bacich (organizadora)

Professora universitária. Bióloga e pedagoga. Diretora da Tríade Educacional. Mestra em Educação: Psicologia da Educação pela Pontifícia Universidade Católica de São Paulo (PUC-SP). Doutora em Psicologia Escolar e do Desenvolvimento Humano pela Universidade de São Paulo (USP).
bacichlilian@gmail.com

Leandro Holanda (organizador)

Professor universitário. Bacharel e licenciado em Química. Diretor da Tríade Educacional. Especialista em Tecnologias Educacionais pela PUC-SP. Mestre em Ciências pela USP.
leandro@triade.me

Andresa Prata Cirino Cuginotti

Professora. Pedagoga. Bacharel em Engenharia mecânico-aeronáutica. Mestra em Educação pela University of Cambridge, Inglaterra.
andresapr@yahoo.com.br

Débora Garofalo

Professora. Bacharel e licenciada em Letras. Assessora de Tecnologias da Secretaria Estadual de Educação do Estado de São Paulo. Especialista em Língua Portuguesa pela Universidade Estadual de Campinas (Unicamp).
degarofalo12345@gmail.com

Francisco Tupy Gomes Correa

Professor, *game designer*, palestrante. Bacharel e licenciado em Geografia. Formação em Pedagogia e Inovação pela Krishnamurti Foundation e University of California, Santa Barbara. Mestre e Doutor em Meios e Processos em Audiovisual pela Escola de Comunicações e Artes (ECA) da USP.
franciscotupy@outlook.com

Gustavo Oliveira Pugliese

Coordenador universitário. Licenciado em Letras e Ciências Biológicas. Mestre em Genética e Biologia Molecular pelo Instituto de Biologia da Unicamp. Doutorando em Educação na USP.
gustapug@gmail.com

Jean Rafael Tomceac

Pesquisador, professor e consultor editorial. Bacharel em Tecnologias e Mídias Digitais. Mestre em Educação: Currículo pela PUC-SP. Doutorando em Educação na Faculdade de Educação da USP.
ccd.jean@gmail.com

João Epifânio Regis Lima

Professor universitário e secundário. Bacharel e licenciado em Ciências Biológicas. Professor titular de Estética e Filosofia da Ciência. Coordenador de Artes, Filosofia e Sociologia. Mestre em Psicologia pela USP. Doutor em Filosofia pela USP.
jlima000@gmail.com

Margareth Polido Pires

Professora de Física, assessora de ciências da natureza. Bacharel e licenciada em Física. Coordenadora de Licenciatura em Matemática. Especialista em História e Filosofia das Ciências pelo Centro de Extensão Universitária (CEU). Mestra em Ensino de Ciências pelo Instituto de Física e Faculdade de Educação da USP.
megppf@gmail.com

Mariana Lorenzin

Professora e coordenadora de Ciências, STEM e STEAM. Bacharel e licenciada em Ciências Biológicas e Pedagogia. Especialista em Teorias de Ensino e Aprendizagem e em Educação à Distância pela PUC-SP. Mestra em Ensino de Ciências pelo Programa Interunidades em Ensino de Ciências da USP.
mariana.lorenzin@gmail.com

Rodrigo Morozetti Blanco

Professor. Licenciado em Matemática. Especialista pelo Programa de Especialização Docente (PED) do Instituto Canoa em parceria com a Stanford University. Mestre em Teoria dos Números e Filosofia da Matemática pelo Programa de Mestrado Profissional em Matemática em Rede Nacional (PROFMAT).
rodmorozetti@gmail.com

Apresentação

Com o objetivo de tratar de uma proposta que tem atualidade e repercussão internacional, conhecida como STEAM, sigla em inglês para ciência, tecnologia, engenharia, artes e matemática, este livro apresenta orientações para uma educação básica ativa, centrada em atividades de estudantes enfrentando questões significativas em contextos reais. Sob a organização de Lilian Bacich e Leandro Holanda e com autoria deles e de outros educadores experientes, discute-se e ambienta-se a proposta na realidade educacional brasileira.

A sigla decorre de se acrescentar o A de artes à proposta original STEM, que tem seus primórdios há mais de meio século em projetos de educação científica motivados pela indústria espacial, em disputas no período da Guerra Fria. Desde então, difundiu-se mundialmente a necessidade de qualificar estudantes para um ambiente social e produtivo em desafiador ritmo de transformação. O acréscimo das artes deu maior abrangência ao conceito original e, assim, STEAM passou a constituir um movimento por uma educação básica em que conhecimentos e valores se combinem na realização de atividades propositivas, críticas e construtivas. Essas competências foram incorporadas em propostas curriculares de muitos países, como atualmente é o caso, no Brasil, da Base Nacional Comum Curricular (BNCC).

Organizado em 11 capítulos, o livro situa a história do STEAM, trata conceitualmente cada componente simbolizado em suas letras, expõe propostas de avaliação e formação docente compatíveis, aponta suas dimensões socioemocionais e exemplifica sua implementação.

No primeiro capítulo, Lilian Bacich e Leandro Holanda apresentam o STEAM em perspectiva interdisciplinar ampla, articulando o científico cognitivo e o construtivismo educacional, de forma a compor aquisição de repertório conceitual e pelos estudantes com seu protagonismo prático. Fazem também uma breve síntese dos objetivos do livro, situando suas contribuições no contexto brasileiro, da BNCC, com sua ênfase na intenção de formação integral, ou seja, uma formação que transcenda o mero domínio cognitivo, a fim de envolver aspectos sociais e valores humanos.

No segundo capítulo, Gustavo Oliveira Pugliese traça um histórico do desenvolvimento de STEM e mesmo de seus antecedentes que já propugnavam a aprendizagem ativa e a incorporação curricular de componentes tecnológicos, mas mostrando que mesmo hoje ainda há o que suprir para atender as demandas do novo mercado de trabalho. Apresenta, além disso, o acréscimo de arte como perspectiva de inclusão também de humanidades a STEM, assim como o *design*, que se somaria às qualificações práticas pretendidas.

No terceiro capítulo, novamente de Leandro Holanda e Lilian Bacich, o foco é a pedagogia baseada em projetos, ou seja, a aprendizagem realizada em contexto, contando com o interesse e o engajamento dos estudantes, em que se empregam recursos interdisciplinares para enfrentar coletiva e cooperativamente problemas reais. Ainda que não tenha sido explicitado, no cerne desse capítulo está o E de STEAM, o que serve para lembrar que o E e o T não são redundâncias, pois o T é tecnologia, um recurso, enquanto o E é engenharia, projeto para enfrentar desafios empregando tecnologias entre outros recursos.

No quarto capítulo, Margareth Polido Pires trata do S de STEAM, ou seja, das ciências da natureza, com vocação prática e investigativa, por meio de experimentação ativa, além da ambição do desenvolvimento do letramento científico. Opõe-se ao ensino prescritivo, buscando trabalhar com a dupla determinação de, a um só tempo, desenvolver conceitos e saberes práticos, convite à permanente reflexão, ao lado da percepção das ciências como construto humano, histórico portanto, e em permanente reformulação. A incorporação de artes demandaria cuidado efetivo dos professores para que não seja superficial, mas associada a práticas.

No quinto capítulo, voltado para o T de STEAM, Francisco Tupy Gomes Correa e Jean Rafael Tomceac buscam tratar tecnologia não como algo à parte, especialidade, componente ou disciplina, e sim integrada às atividades dos projetos. Também buscam combater modismos ou "fetiches" mercadológicos, para os quais tecnologia, com suas máquinas e sistemas, seja panaceia. Propõem, em vez disso, que seja empregada em empreendimentos criativos, em atmosfera escolar propícia, desenvolvendo letramento e cultura digital, assim como pensamento computacional. E sendo as tecnologias meios de conhecimento prático, cooperação e reflexão, T em STEAM convergiria com as propostas da Unesco de educação voltada a aprender a conhecer, aprender a fazer, aprender a viver juntos e aprender a ser.

No sexto capítulo, tratando do M de STEAM, Rodrigo Morozetti Blanco contesta a compreensão da matemática como algo aprendido à parte para ser depois empregado, e exemplifica com atividades de STEAM em que conceitos matemáticos ou sua necessidade emergem no contexto problemático, demandando-se dos professores a sensibilidade para planejamento com a sequência de aprendizados a fim de promover a aprendizagem. Ele trata a educação matemática em sua evolução, mostrando diferenças entre meros pretextos e contextos reais nos quais o STEAM deve se fundar, evitando a dicotomia entre uma matemática pura e outra aplicada.

No sétimo capítulo, o A de artes é objeto de texto de João Epifânio Regis Lima, tanto como disciplina escolar em geral quanto como integrante de STEAM, em que é vista como abertura para a criatividade e a flexibilidade, diante da atual realidade incerta e volátil, como um convite à liberdade. Mostra também a arte como *design*, na qualidade de mediadora, no sentido de projetar o novo em atividades envolvendo ciências. E, em exemplos contemporâneos ou históricos, como na Bauhaus, vê o caráter estético-prático das artes presente em grande variedade de ações.

No oitavo capítulo, Lilian Bacich discute a avaliação, mostrando-a como processo de caráter formativo para ser apropriada ao STEAM, em oposição a tomá-la como finalidade, no desvio de função do "aprender para fazer provas". À luz das teorias educacionais do século XX, vai do exame diagnóstico, passando pela avaliação formativa, até a síntese somativa, que dá elementos para eventual reprogramação. Nesse processo, o professor é visto como o *designer* educacional, que concebe ações de aprendizagem e avaliação junto com seus alunos, não sobre eles, incluídas nisso práticas de autoavaliação.

As dimensões socioemocionais em STEAM são objeto do nono capítulo, quando Débora Garofalo e Lilian Bacich, a partir da compreensão de que aprender não significa obter informações, mas sim fazer uso ativo delas em projetos, enfrentando desafios em atividades coletivas, mostram que o sentido cooperativo da aprendizagem promove qualidades essenciais como responsabilidade, empatia, equilíbrio, engajamento e ética. Ao historiar essa formação integral e situá-la em diferentes contextos, comentam sua presença na BNCC e concluem com a descrição de estimulante projeto de produção de equipamentos robóticos com o uso de sucatas, cujas vivências práticas promovem aqueles valores sociais e emocionais.

Mariana Lorenzin, no décimo capítulo, trata a formação de professores como um desafio para implementar o STEAM. A reconcepção curricular começa por um repensar do ensino de ciências, com aprendizagem fundada na denominada Teoria da Atividade, envolvendo situações-problema relevantes que combatem o desinteresse devido à falta de sentido. Na concepção de currículo como construção social, a formação docente decorre da própria Atividade de implantação do STEAM, ao trabalhar tensões e negociações em torno dos conflitos entre individual e coletivo, ou entre profundidade e abrangência, na superação do aprendizado fragmentário.

No décimo primeiro capítulo, Andresa Prata Cirino Cuginotti exemplifica planos para projetos de STEAM em diferentes etapas escolares. Para a educação infantil, o relato de história inconclusa envolve desafios, observações, hipóteses, atividade prática e conclusão da história. Para o início do ensino fundamental, o tema é uma orquestra com instrumentos artesanais rudimentares, para entender como funcionam e como são seus sons e produzir instrumentos com sucatas coletadas. Para o fundamental avançado e o ensino médio, a temática sugerida é a mobilidade urbana, com pesquisa de condições reais em bairro ou cidade, com modelagem do processo de deslocamentos, problematização de desempenho e proposição de alternativas.

Em síntese, trata-se de um livro que examina, discute e ilustra o STEAM sob diferentes perspectivas, com seus precedentes históricos e seus correlatos nacionais, com seus pressupostos teóricos e práticos de educação ativa. Ao ilustrar como todos os seus componentes são propostos para atividades interdisciplinares articuladas, e ao mostrar os desafios a serem enfrentados para as mudanças curriculares, entre os quais a formação de professores, este livro é um convite aos leitores a uma experimentação ativa da proposta de STEAM.

Luís Carlos de Menezes
Físico e educador
Professor sênior da Universidade de São Paulo

Sumário

Apresentação ix
    Luís Carlos de Menezes

Capítulo 1 1
    STEAM: integrando as áreas para desenvolver competências
    Lilian Bacich e Leandro Holanda

Capítulo 2 13
    Um panorama do STEAM *education* como tendência global
    Gustavo Oliveira Pugliese

Capítulo 3 29
    A aprendizagem baseada em projetos e a abordagem STEAM
    Leandro Holanda e Lilian Bacich

Capítulo 4 51
    O STEAM e as atividades experimentais investigativas
    Margareth Polido Pires

Capítulo 5 69
    Considerações sobre o ensino e a aprendizagem de tecnologia no contexto do STEAM
    Francisco Tupy Gomes Correa e Jean Rafael Tomceac

Capítulo 6 91
M de matemática
Rodrigo Morozetti Blanco

Capítulo 7 119
O papel das artes e do *design* no STEAM
João Epifânio Regis Lima

Capítulo 8 141
Recolhendo evidências: a avaliação e seus desafios
Lilian Bacich

Capítulo 9 171
Um olhar para a aprendizagem socioemocional no STEAM
Débora Garofalo e Lilian Bacich

Capítulo 10 189
Formação de professores: vencendo os desafios de implementação do STEAM
Mariana Lorenzin

Capítulo 11 213
STEAM na prática: exemplos de projetos
Andresa Prata Cirino Cuginotti

1

STEAM: integrando as áreas para desenvolver competências

Lilian Bacich

Leandro Holanda

A busca por uma educação que coloque o estudante em um papel investigativo não é algo recente, nem mesmo pode ser atribuída às metodologias ativas – experiências de aprendizagem que inserem o estudante no centro dos processos de ensino e de aprendizagem. Esse movimento, não de forma integrada, acontece há mais de um século, e são inúmeros os educadores, pensadores e pesquisadores que têm dedicado suas carreiras para repensar o processo que leva a uma aprendizagem não somente de conceitos, mas que desenvolva também valores e competências.

Essas mudanças não ocorrem apenas na educação, são parte de um processo que se dá na própria sociedade. Para Fadel, Bialik e Trilling (2015), são justamente essas mudanças da sociedade que intensificam os processos de mudança na educação.

> Estamos testemunhando transformações – mudanças dramáticas e abrangentes, como a mobilidade internacional, mudanças nas estruturas das famílias, aumento na diversidade das populações, a globalização e seus impactos na competitividade econômica e coesão social, profissões e carreiras novas e emergentes, avanços tecnológicos rápidos e contínuos, maior uso das tecnologias, etc. E as mudanças tecnológicas estão acontecendo com muita rapidez, muitas vezes intensificando os desafios da sociedade. (FADEL; BIALIK; TRILLING, 2015, p. 15).

Na última década, muitas tecnologias, metodologias e estratégias de aprendizagem surgiram na área da educação, muitas vezes com a intenção de parecer uma solução para a falta de engajamento e protagonismo dos estudantes, outras vezes como forma de lidar com um sistema educacional pouco aberto às mudanças. Se, por um lado, essas inovações causam *frisson* no universo escolar, muitas vezes até como *slogans* educacionais, por outro, existe um movimento positivo de fazer com que os educadores reflitam sobre suas práticas e avaliem estratégias capazes de promover alguma mudança nas relações educacionais, modificando um processo educacional focado na transmissão do conhecimento.

É importante estabelecer que não existe uma única metodologia ou estratégia que seja capaz de transformar a educação. Esse processo é lento e requer planejamento minucioso, seja o planejamento das atividades que serão realizadas para proporcionar essas experiências de aprendizagem, seja um planejamento institucional estratégico que envolva um redesenho de espaços, de infraestrutura, da formação docente. Refletindo, ainda, sobre o sentido do protagonismo dos estudantes, não temos como isolar as variáveis que interferem no sucesso desse objetivo. Não serão a formação docente, as tecnologias ou as metodologias, sozinhas, responsáveis por esse processo, e, portanto, não temos a intenção, nesta obra, de indicar uma fórmula mágica capaz de solucionar esses desafios.

Acrescentando a essas considerações iniciais, não podemos deixar de citar a preocupação constante em relação à formação integral dos estudantes – entende-se aqui "integral" como uma formação que desenvolva um cidadão criativo, capaz de usar o conhecimento para elaborar argumentos, resolver problemas de forma crítica e com base em argumentos sólidos e atuar de forma ampla, modificando sua realidade por meio da responsabilidade social, do autocuidado, da empatia, da colaboração com seus pares.

É nesse sentido que a educação STEAM pode contribuir para lidar com os desafios contemporâneos, ajudando a pensar uma educação que, sem abandonar a excelência acadêmica, também desenvolva competências importantes, como a criatividade, o pensamento crítico, a comunicação e a colaboração. Em âmbito internacional, o termo STEM já não é mais um *slogan*, uma *buzzword*. O termo, que surge nos Estados Unidos como a junção das iniciais das áreas de ciências, tecnologias, engenharia e matemática, agora é visto como um movimento educacional em muitos sistemas educacionais no mundo todo, adequado aos contextos sociais, culturais e educacionais de cada local. Na China, a educação STEM tem sido considerada uma forma de oferecer maiores oportunidades para os estudantes se prepararem para os desafios do futuro, envolvendo a investigação, o pensamento crítico, a inovação. Com a fundação do Center for STEM Education, há o foco no desenvolvimento de talentos para essas áreas (YIRAN, 2019). Na Austrália, foi criado um programa, denominado National STEM School Education Strategy, iniciado em 2016 e com duração prevista até 2026, que pretende preparar os estudantes com base nas competências e nas habilidades que podem ser construídas pela educação STEM (AUSTRALIAN GOVERNMENT, c2020). No Reino

Unido, várias são as discussões sobre a importância de desenvolver as habilidades STEM e, sobretudo, valorizar a participação das mulheres em carreiras dessa área (HOUSE OF COMMONS COMMITTEE OF PUBLIC ACCOUNTS, 2018). Identificam-se as mesmas preocupações em diferentes países da União Europeia, e, em diretrizes curriculares desses países, é possível encontrar a preocupação de incluir o A no acrônimo, considerando a inclusão não apenas de artes e *design*, mas das demais áreas (SIS.NET, 2016). O acrônimo STEAM é utilizado nas diretrizes, e a preocupação com o desenvolvimento da ciência, com foco em outras competências e habilidades, é evidente nessas discussões. Não vamos nos aprofundar, neste capítulo, nas raízes e na evolução histórica da educação em STEM, tema que será explanado no próximo capítulo, porém é importante reforçar que ela começou a ser utilizada nos anos 1980, nos Estados Unidos, e, mais recentemente, vem valorizando outras áreas e compondo o acrônimo que utilizamos nesta publicação (STEAM), que tem sua complexidade representada na Figura 1.1.

Considerando a visão de Yakman ([2008]) para a aprendizagem holística que defende, e que está representada no topo da pirâmide, identificamos a importância de que as aprendizagens desencadeadas por processos escolares façam sentido para os estudantes a ponto de eles se apropriarem delas de forma significativa e utilizarem os conteúdos, que estão na base da pirâmide, para ir além de uma visão multidisciplinar. Segundo o autor, como a perspectiva de cada pessoa em relação aos conteúdos escolares é diferente, a forma de envolver os estudantes com a aprendizagem deve estar conectada com sua formação cognitiva, social e emocional. Assim, ter uma abordagem transdisciplinar, como a que defendemos neste livro, possibilita que os desafios a serem propostos na abordagem STEAM envolvam mais do que conteúdos, mas procedimentos e valores.

Como visto, muitos educadores no mundo inteiro parecem perceber a importância da melhoria nas áreas designadas pelo STEAM, principalmente por conta dos resultados dos estudantes em avaliações como o Programa Internacional de Avaliação de Alunos (PISA). Na aplicação da avaliação de 2018, identifica-se que apenas um terço dos estudantes brasileiros apresentou nível básico em matemática, e menos da metade apresentou nível básico em ciências (INSTITUTO NACIONAL DE ESTUDOS E PESQUISAS EDUCACIONAIS ANÍSIO TEIXEIRA, 2019). Em comparação com países que já refletem sobre a implementação do STEM/STEAM como um programa de governo, consideramos que avaliar as possibilidades de implementação em nossa realidade pode ser, cada vez mais, um caminho interessante e importante para o desenvolvimento da criatividade, da resolução de problemas e do pensamento científico e crítico.

Nas pesquisas realizadas para conceber este livro, foi possível perceber que não há clareza sobre a forma como o STEAM se concretiza em sala de aula. Quando buscamos educação em STEM ou STEAM, são diversas as interpretações encontra-

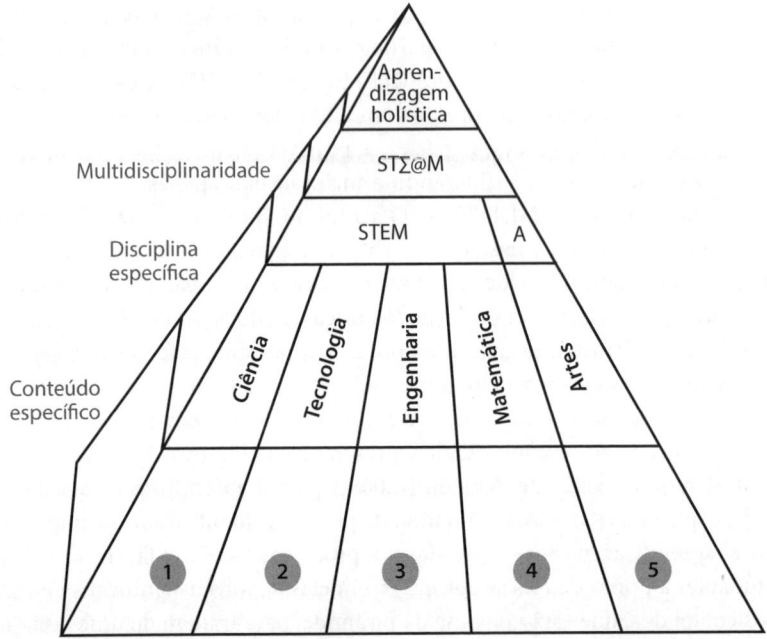

1 História da origem dos conceitos, processos de investigação, física, biologia, química, ciências espaciais, geociências, bioquímica
2 História das tecnologias, tecnologia e sociedade, *design*, habilidades, projetos para o mundo, agricultura, biomedicina, biotecnologia, informática, comunicação, construção, indústrias, transporte, energia
3 Aeroespacial, fluidos, arquitetura, agronomia, civil, computacional, de minas, acústica, química, elétrica, ambiental, industrial, de materiais, mecânica, dos oceanos, naval
4 Operações, álgebra, geometria, medições, análise de dados, probabilidade, resolução de problemas, comunicação, cálculos, trigonometria, causas e efeitos
5 Humanidades (finas, visuais performáticas): música, teatro, fisiologia (artes manuais, corporais e psicologia), antropologia, relações internacionais, filosofia

Figura 1.1 Diagrama do STEAM.
Fonte: Adaptada de Yakman ([2008], p. 347) *apud* Lorenzin, Assumpção e Bizerra (2018, p. 206).

das em diferentes fontes e até mesmo em vários países. Assim, vamos analisar algumas formas de referência ao STEM/STEAM que podem ser facilmente encontradas em uma rápida busca na internet:

- STEM/STEAM como uma proposta para promover as áreas de ciências, tecnologia, engenharia, artes e matemática: muitas publicações indicam a importância de considerá-las e se referem a elas como carreiras STEM, áreas STEM, ou, ainda, profissionais formados nas disciplinas STEM. Nessas referências, ciências, tecnologia, engenharia e matemática são vistas de forma isolada, e não há um objetivo claro de integração entre elas. Trata-se de uma sigla para fazer referência a áreas consideradas importantes para a inovação e o desenvolvimento de um país.

- STEM/STEAM como uma estratégia para desenvolver habilidades investigativas nas áreas de ciências ou de tecnologia, com a utilização de *kits* educacionais ou de materiais apostilados com o passo a passo para a criação de diferentes artefatos. Muitas vezes, essas iniciativas acabam levando à falsa percepção de que o STEAM é algo possível apenas em escolas com mais recursos financeiros, pois geram a ideia de que para pôr em prática a abordagem são necessários dispositivos de robótica, impressoras 3D e outras tecnologias caras e com custos elevados de manutenção.
- STEM/STEAM como um passo a passo para a criação de artefatos ou protótipos, em que o estudante deve seguir uma trilha previamente definida e testar artefatos que foram criados para resolver problemas que ele não conhece, mesmo com uma integração entre as áreas feita de forma adequada. Nesse sentido, temos apenas uma estratégia que considera a produção de habilidades STEAM como uma forma de treinamento de "artesãos qualificados", associados à cultura *maker*, mas sem estimular o pensamento crítico, a resolução de problemas, a investigação. Dessa forma, o produto é mais valorizado que o processo. Para alcançar o resultado esperado, se questionados, os estudantes não sabem justificar o motivo de estarem criando determinado artefato, pois dedicam mais energia a sua produção do que à investigação científica que deveria estar por trás dele.

Ao optarmos pelo caminho que traçamos nesta publicação, consideramos essas questões e fizemos uma opção pela jornada que pretendíamos oferecer aos leitores, embasada, principalmente, em nossa atuação como professores da área de ciências e em nossas pesquisas sobre metodologias ativas. A partir do caminho que escolhemos para a obra, convidamos autores que compactuam dos mesmos pressupostos teóricos, para que esta pudesse oferecer coerência e realmente auxiliar o professor na implementação do STEAM em sala de aula. Neste livro, o STEAM não é considerado uma metodologia, tampouco uma prática pautada na fabricação de artefatos ou em experimentos que levem à aplicação dos conceitos das áreas correlatas. O STEAM que defendemos é aquele pautado na realização de projetos, que tem como metodologia a aprendizagem baseada em projetos (ABP), e que irá promover nos estudantes um censo de relevância dos conhecimentos científicos desenvolvidos na educação básica, tema que é explorado no Capítulo 3.

Os projetos devem ser elaborados cuidadosamente com foco nos objetivos de aprendizagem que se deseja alcançar e, também, nas competências que queremos desenvolver com os estudantes. Há, portanto, uma intencionalidade pedagógica que se conecta com os documentos produzidos em âmbito internacional, como citado anteriormente, em que foram elaboradas diretrizes curriculares tendo em vista o desenvolvimento de competências e habilidades.

No Brasil, em 2017, ocorreu a homologação da Base Nacional Comum Curricular (BNCC) para o ensino fundamental, que apresenta, além de competências e habilidades para cada área do conhecimento, 10 competências gerais que devem fazer parte do processo educacional que permeia toda a educação básica (BRASIL, [2017]). De forma resumida, as competências gerais estão estruturadas para o desenvolvimento do conhecimento; do pensamento científico, crítico e criativo; do repertório cultural; da comunicação; da cultura digital; do mundo do trabalho e projeto de vida; da argumentação; do autoconhecimento e do autocuidado; da empatia e cooperação; e da cidadania. Um olhar para as competências gerais da BNCC conectadas ao STEAM é o objetivo do Capítulo 9. Ainda com base nos referenciais curriculares, os contextos dos projetos STEAM colaboram com o desenvolvimento dos temas contemporâneos transversais da BNCC em todas as etapas da educação básica, da educação infantil ao ensino médio.

Desenvolver competências e habilidades é a grande oportunidade da inserção da abordagem STEAM nas propostas pedagógicas e nos currículos alinhados à BNCC. Desde as etapas iniciais da educação infantil ao ensino médio, os projetos STEAM geram propósito, ou seja, auxiliam a responder à pergunta "por que precisamos aprender isso?". Principalmente entre alunos da etapa do ensino médio, é recorrente esse questionamento, e, em uma organização curricular alinhada à BNCC, o trabalho com áreas de conhecimento possibilita a inserção do STEAM e valoriza a investigação na construção de conhecimentos.

Ao realizar projetos STEAM alinhados à ABP, é importante desconstruir a ideia de que os projetos terão contribuições de todas as áreas na mesma proporção, ou mesmo de que serão capazes de, sozinhos, desenvolver todos os objetivos de aprendizagem de um currículo. Quando pensamos na elaboração desses projetos, é de suma importância ter um olhar intencional para promover as aprendizagens, ou seja, os conceitos, os procedimentos e as atitudes inerentes a cada uma das áreas. Em um projeto STEAM que apresenta como desafio a confecção de artefatos para contribuir com a conscientização sobre o desperdício da água de uma comunidade, além de investigarem o ciclo da água, os estudantes trabalharão com a coleta e o tratamento de dados e poderão produzir vídeos ou outros artefatos de midiaeducação para compartilhar e comunicar os resultados. Um projeto como esse pode envolver uma carga horária maior para a área de ciências e menor para as demais, mas irá incorporar tecnologias, engenharia, artes e matemática em sua concepção, de forma inter ou transdisciplinar, como será abordado no Capítulo 3. A participação de cada uma das áreas citadas no STEAM é discutida nos seguintes capítulos: Capítulo 4, com a discussão sobre as atividades investigativas em ciências; Capítulo 5, com a análise da incorporação das tecnologias digitais em projetos STEAM; Capítulo 6, com uma ressignificação do papel da matemática na escola e sua relação com os projetos STEAM; e Capítulo 7, com o olhar de arte e *design* no STEAM. A partir do Capítulo 11, com um olhar para essa conexão entre as áreas, será possível analisar alguns projetos comentados, para os diferentes segmentos, e ancorados na ABP.

Cabe ressaltar que muitos dos problemas enfrentados no século XXI não são triviais e não dependem apenas de uma simples aplicação de conhecimentos científicos isolados capazes de resolvê-los e melhorar a qualidade de vida. O papel da engenharia passa a ser fundamental e integrador na visão da abordagem desenvolvida nesta obra. Assim, não será desenvolvido um capítulo único para tratar tal área do conhecimento, porém os elementos inerentes a ela serão enfatizados no desenvolvimento dos capítulos.

Para além de desenvolver projetos com foco na importância da engenharia na sociedade ou, até mesmo, na relevância de uma formação técnica, serão ressaltados dois papéis fundamentais da contribuição dessa área: a resolução de problemas e o *design* de soluções criativas.

A resolução de problemas deverá ser estimulada por meio da metodologia da ABP e tem como principal objetivo estimular a leitura de problemas complexos que não têm uma única solução, mas que possibilitam um contexto autêntico no qual estudantes serão instigados a pensar o papel da tecnologia de forma mais ampla, para além do mundo digital, como forma de conectar conceitos científicos para o desenvolvimento de produtos.

A área de ciências está intrinsecamente ligada ao conhecimento necessário para esse desenvolvimento, enquanto a engenharia envolve um processo de criação e *design* de soluções focadas no usuário, desde o planejamento até o teste de tais soluções. Nesse sentido, a visão que esta obra apresenta sobre o papel da engenharia é seu foco na inovação e na exploração do pensamento criativo. Essa visão de *design* será ampliada no Capítulo 3, que trará os elementos da ABP relacionados à resolução de problemas e também aos conceitos básicos do *design thinking*.

Alguns elementos comuns à ABP, e consequentemente presentes em projetos de STEAM, são: a elaboração de uma pergunta norteadora, que terá como objetivo dirigir a investigação dos estudantes; um contexto autêntico capaz de engajar os estudantes, de preferência relacionado a um problema real; uma sequência de etapas organizadas para a exploração do conhecimento científico e para a produção dos estudantes; um produto final, geralmente um artefato que permita a aplicação das ideias da engenharia; e, por fim, a comunicação do projeto, para compartilhar com a comunidade e sistematizar suas aprendizagens.

Com base nessa estrutura, característica da ABP, torna-se mais fácil perceber o papel dessas experiências de aprendizagem em uma educação transformadora.

Não é possível conduzir com os estudantes um projeto com essas características sem promover as conexões entre as diferentes linguagens e os conceitos científicos de cada uma das áreas, e, nesse sentido, reforçamos, estamos tratando do STEAM sendo incorporado em projetos transdisciplinares.

Essa abordagem é diferente daquela em que cada professor faz uma parte do projeto, em sua aula, sem considerar o todo. Imagine um tema que é proposto como um projeto na escola, como a conservação da biodiversidade. Em uma concepção de integração superficial, um professor de ciências ou biologia conduziria atividades práticas para fazer um levantamento da biodiversidade do entorno e explanaria sobre o conceito, relacionando-o com uma atividade prática; um professor de matemática estabeleceria alguns problemas a serem resolvidos, incluindo a biodiversidade; e, por fim, um professor de artes poderia sugerir a confecção de animais modelados com argila. Essa concepção de projetos não extrapola a lógica disciplinar e não favorece uma visão de STEAM voltada à investigação, à criatividade e ao pensamento crítico. Em um projeto STEAM, temos como objetivo a construção de propostas de intervenção pelos estudantes para pensar sobre um desafio que faz parte do contexto escolhido, e, nesse caso, devemos tomar cuidado para não tratar as áreas de forma isolada, tornando o projeto multidisciplinar. É um equívoco comum escolher um tema para trabalhar nas diferentes áreas e acreditar que isso é o suficiente para promover uma conexão entre os conceitos de cada uma delas. Isso também pode ser um problema quando, em um projeto STEAM, o professor de cada área assume a elaboração e a condução de etapas de forma isolada. Na proposta que defendemos, as etapas podem ser realizadas em conjunto e executadas por um único professor, porém, este deve dialogar com as expectativas de aprendizagem do currículo das demais áreas e pode recorrer a oficinas realizadas por outros professores que contribuam para a realização do projeto e para o produto que será preparado pelos estudantes.

Existe uma mudança no papel dos professores quando tratamos de projetos STEAM. A primeira delas acontece na concepção e no planejamento do projeto. Para desenhar um projeto, é necessário, para além de escolher um contexto autêntico, ter conhecimento dos objetivos de aprendizagem das demais áreas e de recursos que possam contribuir com o protagonismo dos estudantes, como um conhecimento sobre metodologias, práticas inovadoras ou recursos digitais. Criar um repertório diversificado de estratégias, com intencionalidade pedagógica, pode tornar os projetos mais personalizados de acordo com as expectativas de aprendizagem e a faixa etária dos estudantes. Conhecer os elementos básicos da ABP será essencial para o sucesso no planejamento, e esses pontos são aprofundados no Capítulo 3.

Durante as atividades, exercer o papel de mediador é fundamental para que o professor possa acompanhar a produção dos projetos, dar devolutivas que auxiliem no progresso dos estudantes e até repensar etapas estabelecidas no planejamento, com base no levantamento de evidências e na proposta de novas etapas que não estavam previstas, mas que serão importantes para que os estudante possam avançar. É necessário acompanhar e fazer um registro sistemático de evidências, por meio de fotografias das atividades, de rodas de conversa e da observação das produções dos alunos, e organizar momentos para autoavaliação dos estudantes, entre outras estratégias que possam ajudar a levantar insumos que comprovem os aprendizados construídos no desenvolvimento do projeto, fundamental para a avaliação, que será explorada no Capítulo 8.

Refletir sobre os papéis do professor, do estudante e da investigação com o uso de recursos digitais é outro aspecto que merece atenção na abordagem STEAM. Quando analisamos, por exemplo, a forma como os estudantes usam as tecnologias digitais, identificamos que a ênfase é na busca de informações. Para potencializarmos o uso de recursos digitais para a construção de conhecimentos, é importante a reflexão sobre o que é solicitado dos estudantes como tarefas de aprendizagem. As propostas feitas pelos professores devem ser objeto de reflexão para esses estudantes. Por exemplo, a busca de informações e o resultado dessa busca, em uma sociedade digital, habitada por um grande número de nativos digitais em formação escolar, é algo que ocorre de forma cada vez mais interativa e em velocidade muito maior do que a estrutura atual de nossas escolas consegue assimilar. Copiar e colar as informações obtidas no primeiro *site* que é apresentado ao aluno em uma ferramenta de busca, como o Google, é uma atitude corriqueira em atividades de pesquisa realizadas por alunos de qualquer faixa etária. No entanto, se a proposta de pesquisa feita pelo professor limitar-se a um levantamento de dados, todos os *sites* apresentarão respostas semelhantes, e copiar e colar será a melhor forma de realizar a tarefa proposta. Quando analisamos o uso dos recursos digitais no STEAM, o foco está na resolução de problemas, e essa passa a ser uma lógica de uso transformadora em relação às práticas vigentes. Costa (2012) comenta sobre a necessária mudança de teoria sobre o que é ensinar e aprender, posicionando as tecnologias digitais como uma ferramenta cognitiva para o aluno, porque o auxiliam a "[...] criar e a expressar-se ou a interagir e colaborar com os outros" (COSTA, 2012, p. 31) e a resolver problemas. O aluno torna-se centro do processo e é estimulado a agir na construção de conhecimentos, avaliando e decidindo o percurso a ser traçado em sua relação com os diferentes saberes.

O computador oferece versatilidade e diversidade de uso, configurando-se como um importante aliado do trabalho docente. Com o auxílio da máquina, as redes e novas conexões formadas ampliam-se de tal maneira que estabelecer conexões entre todas essas informações requer um aprendizado prático, e não teórico. Só há possibilidade de aprender a fazer um uso integrado das tecnologias digitais se estudantes e educadores as utilizarem em situações reais de aprendizagem, atuando de forma colaborativa e vivenciando situações em que a resolução de problemas por meio da discussão e da reflexão, incluindo o uso de tecnologias digitais, favoreça uma aprendizagem realmente transformadora.

Pearson e Somekh propõem uma teoria da aprendizagem transformadora fundamentada em uma pesquisa-ação realizada no Reino Unido, na qual procuram mostrar que os progressos em direção a um sentido transformador da aprendizagem são possíveis com "mudanças radicais dos papéis tradicionais dos professores e alunos", com a formação de "novas relações de poder e controle" e uma nova abordagem para planejamento de aula que evita a "[...] estrutura linear e suposições inflexíveis incorporadas em abordagens tradicionais" (PEARSON; SOMEKH, 2006, p. 537, tradução nossa). De acordo com essa abordagem, é possível dizer que a aprendizagem é transformadora quando envolve

- aprender de forma criativa: contribuindo, experimentando, resolvendo problemas;
- aprender como cidadãos ativos: atuando de forma autônoma, assumindo a responsabilidade por sua própria aprendizagem;
- engajar intelectualmente com ideias poderosas: usando habilidades de pensamento, envolvidas com ideias e conceitos;
- refletir sobre sua própria aprendizagem: avaliando a própria aprendizagem por meio da metacognição. (PEARSON; SOMEKH, 2006, p. 520, tradução nossa).

Assim, além do uso de recursos digitais em produções de projetos STEAM, é importante considerá-los na construção de conhecimentos sobre os temas ou os desafios a serem vencidos. Estudos recentes sobre sala de aula invertida (SCHNEIDER; BLIKSTEIN; PEA, 2013) têm apontado que os estudantes constroem sua visão sobre o mundo ativando seus conhecimentos prévios e integrando as novas informações com as estruturas cognitivas já existentes para que possam, a partir daí, pensar criticamente sobre os conteúdos ensinados. Essas pesquisas mostram, porém, que os estudantes desenvolvem habilidades de pensamento crítico e têm uma melhor compreensão conceitual sobre uma ideia quando exploram um domínio primeiro e, então, têm contato com uma forma clássica de instrução, como uma palestra, um vídeo ou a leitura de um texto. Assim, os autores defendem uma proposta de inverter a sala de aula invertida (*flipped flipped classroom*), afirmando que o modelo que tem início pela exploração é muito mais eficiente, uma vez que não se podem buscar respostas antes de se pensar nas perguntas. Explorar significa entrar em contato com o objeto de conhecimento e, a partir dessa exploração, identificar lacunas, dúvidas ou aprofundamentos que podem estar conectados a ele. No STEAM, consideramos essa exploração ao aproximar o estudante de um contexto significativo e, então, desencadear a busca por soluções para um problema desafiador.

O aprofundamento de pesquisas sobre a personalização da aprendizagem e de abordagens que possibilitem ao estudante mover-se, gradativamente, para o papel de protagonista de seu processo educacional é outro aspecto que se encontra conectado ao STEAM. A reflexão sobre a constituição dos novos espaços de aprendizagem, em abordagens que podem causar ruptura em relação ao modelo vigente e que repensam a configuração do aprender sem a divisão dos conteúdo em disciplinas formais, mas considerando as necessidades de aprendizagem, os projetos de vida e a autonomia dos estudantes, também se conecta com essa abordagem.

Como forma de estimular a autonomia e o protagonismo, faz-se necessário dar espaço para que os estudantes escolham o que irão produzir e como fazê-lo, porém, é importante ter em mente que a intervenção e a mediação são fundamentais para que os alunos consigam avançar, evitando, assim, que os grupos fiquem estagnados e até mesmo frustrados diante de desafios que não conseguem superar. Não é o ato de dar todas as respostas, mas de saber como conduzir e contribuir no desenho colaborativo de caminhos em diálogo com os estudantes, fornecendo referências de pesquisa, sugestões e modelos que possam auxiliar nesse processo.

Dessa forma, a proposta desta obra, considerando a importância da integração das áreas para desenvolver competências, é dar condições para que professores de diferentes componentes curriculares entrem em contato com reflexões de outros profissionais que têm pesquisado, aplicado e elaborado propostas que envolvem a abordagem STEAM em suas aulas e, a partir dessas reflexões, desenhem seu próprio percurso para levar o STEAM para sua sala de aula.

REFERÊNCIAS

AUSTRALIAN GOVERNMENT. Department of Education. *Support for science, technology, engineering and mathematics (STEM)*. c2020. Disponível em: https://www.education.gov.au/support-science-technology-engineering-and-mathematics. Acesso em: 18 jan. 2020.

BRASIL. Ministério da Educação. *Base Nacional Comum Curricular*. Brasília, DF: MEC, [2017]. Disponível em: http://basenacionalcomum.mec.gov.br/images/BNCC_EI_EF_110518_versaofinal_site.pdf. Acesso em: 18 jan. 2020.

COSTA, F. A. (coord.). *Repensar as TIC na educação:* o professor como agente transformador. Carnaxide: Santillana, 2012.

FADEL, C.; BIALIK, M.; TRILLING, B. *Educação em quatro dimensões:* as competências que os estudantes devem ter para atingir o sucesso. Boston: Center for Curriculum Redesign, 2015.

HOUSE OF COMMONS COMMITTEE OF PUBLIC ACCOUNTS. *Delivering STEM skills for the economy*. [London]: House of Commons Committee of Public Accounts, 2018. Disponível em: https://publications.parliament.uk/pa/cm201719/cmselect/cmpubacc/691/691.pdf. Acesso em: 18 jan. 2020.

INSTITUTO NACIONAL DE ESTUDOS E PESQUISAS EDUCACIONAIS ANÍSIO TEIXEIRA. *Pisa 2018 revela baixo desempenho escolar em leitura, matemática e ciências no Brasil*. 2019. Disponível em: http://portal.inep.gov.br/artigo/-/asset_publisher/B4AQV9zFY7Bv/content/pisa-2018-revela-baixo-desempenho-escolar-em-leitura-matematica-e-ciencias-no-brasil/21206. Acesso em: 18 jan. 2020.

LORENZIN, M.; ASSUMPÇÃO, C. M.; BIZERRA, A. Desenvolvimento do currículo STEAM no ensino médio: a formação de professores em movimento. *In*: BACICH, L.; MORAN, J. *Metodologias ativas para uma educação inovadora*: uma abordagem teórico-prática. Porto Alegre: Penso, 2018. cap. 9.

PEARSON, M.; SOMEKH, B. Learning transformation with technology: a question of sociocultural contexts? *International Journal of Qualitative Studies in Education*, v. 19, n. 4, p. 519–539, 2006.

SCHNEIDER, B.; BLIKSTEIN, P.; PEA, R. *The flipped, flipped classroom*. 2013. Disponível em: http://www.stanforddaily.com/2013/08/05/the-flipped-flipped-classroom/. Acesso em: 18 jan. 2020.

SIS.NET. *Science education policies in the European Comission*: towards responsible citizenship. 2016. Disponível em: https://www.sisnetwork.eu/media/sisnet/Policy_Brief_Science_Education.pdf. Acesso em: 18 jan. 2020.

SOUSA, D. A.; PILECKI, T. *From STEM to STEAM*: using brain-compatible strategies to integrate the arts. California: Corwin, 2013.

YAKMAN, G. *STEAM education*: an overview of creating a model of integrative education. [2008]. Disponível em: https://www.iteea.org/File.aspx?id=86752&v=75ab076a. Acesso em: 18 jan. 2020.

YIRAN, Z. *Experts say STEM education is the key to nurturing necessary talent*. 2019. Disponível em: https://www.chinadaily.com.cn/a/201901/14/WS5c3bf77aa3106c65c34e43f6.html. Acesso em: 18 jan. 2020.

LEITURA RECOMENDADA

BRASIL. Ministério da Educação. *Temas contemporâneos transversais na BNCC*: contexto histórico e pressupostos pedagógicos. Brasília, DF: MEC, 2019. Disponível em: http://basenacionalcomum.mec.gov.br/images/implementacao/contextualizacao_temas_contemporaneos.pdf. Acesso em: 18 jan. 2020.

2

Um panorama do STEAM *education* como tendência global

Gustavo Oliveira Pugliese

Para dar início a este capítulo, nada melhor do que um pouco de contexto e história: o termo STEM surgiu, na verdade, de SMET, quando este começou a ser utilizado pela National Science Foundation (NSF), dos Estados Unidos, nos anos de 1990, para designar as quatro áreas juntas, sem ênfase ou militância: ciências, tecnologia, engenharia e matemática, do acrônimo para *science, technology, engineering and mathematics*. Todavia, no ano de 2001, STEM foi cunhado pela então diretora da NSF, Judith Ramaley, e daí em diante se espalhou pelo mundo. Curiosamente, o termo ganhou muito mais adesão nessa nova ordem das letras (SANDERS, 2009; BREINER *et al.*, 2012).

Embora muitos afirmem que a ideia em torno do STEM é antiga, de meados da Guerra Fria e da corrida espacial, é necessário esclarecer, inicialmente, antes mesmo do próprio contexto, o que significa STEM. Assim, ficará claro por que podemos dizer que se trata de um movimento que é mais recente, algo em torno de duas décadas.

Pois bem. STEM não é uma metodologia, um currículo, uma escola ou uma técnica. Se alguém disser que sabe a definição exata de STEM (além das letras do acrônimo, obviamente), estará equivocado. Isso porque não há um dono ou um autor principal do STEM, tampouco uma liderança capaz de determinar o que é ou não STEM. Uma constatação curiosa, compartilhada também por outros estudiosos do tema, é a maneira profusa como o STEM vem sendo visto por diferentes agentes (BREINER *et al.*, 2012), como professores, representantes da indústria, secretarias de educação, entre outros. Além disso, sabe-se pouco acerca da opinião dos alunos sobre o que é STEM.

De fato, há *edtechs*, empresas e prestadores de serviço que defendem STEM como metodologia, ferramenta, currículo, etc. Todavia, acredito que reconhecer STEM dessa forma é, na verdade, um modo muito simplista de entender como as tendências e os movimentos educacionais ganham forma nos sistemas em que se inserem. E significa ignorar os vieses e os interesses que essas tendências carregam consigo. Vamos falar mais adiante sobre o que são esses vieses.

Ademais, entre os estudiosos do STEM *education*, é cada vez mais unânime a noção de que não há uma definição a ser pacificamente estabelecida, o que não é um problema. É interessante que o significado esteja em disputa, mostrando que é algo ainda em construção; isso corrobora minha afirmação de que STEM é, na verdade, uma ideia da qual cada indivíduo faz um uso diferente. Ou, como prefiro denominar, é um movimento. Antes de irmos adiante no conceito de STEM, vamos entender por que o chamamos assim. A ideia de STEM não surge no vácuo, e é claro que tem a ver com a corrida tecnológica. Porém, quando falo em *movimento STEM education* é justamente para me referir a um conjunto propositado de ações político-ideológicas com ênfase expressiva a partir dos anos 2000, o que é corroborado por muitos estudiosos do tema (RITZ; FAN, 2015; BLACKLEY; HOWELL, 2015). Estamos falando do momento em que bilhões de dólares começaram a fluir deliberadamente para programas educacionais que se intitulavam STEM nos Estados Unidos. A estimativa é de que os Estados Unidos invistam cerca de três bilhões de dólares anualmente em programas STEM (GRANOVSKIY, 2018), sem contar a verba de cada Estado para os programas locais, o que pode ultrapassar facilmente esse valor. Além disso, há a popularidade do termo, que passou a ser mais evocado tanto pela mídia quanto pelos educadores.

Então, para a definição de STEM *education* empregada neste capítulo, estou levando em consideração a existência de um movimento mais ou menos identificável que, por algumas razões, é distinto da ênfase dada a ciência e tecnologia no período da Guerra Fria. Algo que vai além de uma ideia apenas, ou de um pensamento otimista em relação à ciência e à tecnologia. Essencialmente, estamos falando de um movimento que se tornou um *frenesi* nos Estados Unidos (SANDERS, 2009; XUE; LARSON, 2015).

No título deste livro, utilizamos o termo STEAM, e não STEM. Por que, então, me refiro a STEM? Essa é uma questão importante que será explorada adiante. Assim, usarei o termo STEM, sem me comprometer ainda com a diferença entre STEM e STEAM, quando se trata de pensar as definições e a origem do movimento. Isso porque foi assim que ele surgiu e ganhou maior espaço. Mais adiante ficará mais clara essa diferença e por que é importante pensar um movimento que inclui arte como campo do conhecimento.

VAMOS ÀS DEFINIÇÕES

Voltando agora ao conceito de STEM *education*, para não ficarmos na abstração total e na indefinição sobre o que é STEM além de um movimento, é possível, sim, o cercarmos de algumas características que são mais ou menos identificáveis no geral. Caso contrário, ele não seria nem mesmo identificável como um movimento no sentido que defendo. Para isso, vamos nos ater aos seguintes aspectos: metodologia, currículo, interdisciplinaridade, e percepção da função da escola.

Metodologia

O primeiro aspecto a considerar é o esforço de tornar a aula de ciências mais interessante. Em que sentido? No sentido de que a aula de ciências não era interessante para as crianças, e seria, portanto, necessário, por meio de aulas mais engajadoras, recuperar a atenção delas para o que a ciência tem de melhor: a curiosidade e a inventividade. Relacionada a isso, está uma grande ênfase dos entusiastas do STEM *education* em romper com um modelo de ensino no qual o aluno recebe o conhecimento de forma passiva, substituindo-o por um modelo que se propõe a ser ativo e desafiante, o que também explica uma relação muito próxima com a aprendizagem baseada em projetos e problemas. Não é à toa que muitas pessoas que acompanham as tendências educacionais se perguntem qual a relação do STEM *education* com as metodologias ativas.

A ideia de que a aprendizagem deve ser "mão na massa" está sempre presente nas propostas STEM, bem como uma argumentação envolvendo a noção de aluno protagonista, autonomia, entre outros termos. Portanto, propostas baseadas em desafios, resolução de problemas, simulações e construção de produtos (não necessariamente no sentido comercial) são sempre bem-vindas. No último aspecto, construção de produtos e objetos educacionais, há muita semelhança com o que é conhecido como *movimento maker* ou *cultura maker*, embora o movimento *maker* pareça ter uma ênfase maior no aspecto construtivo, enquanto o movimento STEM tende a ter uma ligação maior com o currículo.

Currículo

Em relação ao currículo, o que mais chama atenção nos diferentes programas STEM é a inserção das ciências da computação, da tecnologia e dos temas de engenharia e *design* nas propostas de sala de aula. De certa forma, isso acontece no sentido de trazer temas e conceitos que são absolutamente presentes no dia a dia dos estudantes, mas que até então não faziam parte do currículo escolar. Ou seja, é como se as propostas STEM quisessem um maior diálogo com os conhecimentos ao redor do aluno para que a educação escolar não seja apenas baseada em conceitos de ciências e matemática e possa ensinar algo além do conteúdo convencional. Há certa preocupação em trazer para a sala de aula conceitos e temas que outrora não fariam parte dela, ou que os alunos só poderiam aprender fora da escola, como ciências da computação, *design*, engenharia e alguns temas aplicados ao mercado de trabalho. Uma preocupação comumente vista nos programas STEM é a reforma de um currículo desatualizado nas escolas, o qual não dialoga com as vivências e as experiências externas do aluno, tampouco se relaciona com a cultura tecnológica digital na qual a sociedade tem-se estabelecido.

Nesse sentido, pode-se dizer que o currículo STEM tenta ser contemporâneo e atualizado com o acelerado ritmo das invenções e das descobertas da tecnologia, e não é incomum encontrar programas STEM que fazem disso um lema: romper com um currículo desatualizado e pouco interessante. STEM *education* é vendido como símbolo de inovação.

Igualmente relevante sobre o que caracteriza o currículo dessas propostas é a associação com o universo do mercado de trabalho, estabelecendo atividades que de alguma forma simulem situações reais do mundo profissional, questões de empreendedorismo e inovação, o que justifica também a relação íntima do movimento STEM *education* com currículos por competências ou associados às chamadas habilidades do século XXI, as quais se tornaram assunto da vez na mesma época em que o STEM – isso sem falar do movimento *maker*.

Também não é coincidência que o movimento STEM *education* ande lado a lado com a ideia de que todos os profissionais do futuro deverão trabalhar em alguma medida com as ciências da computação, ou com uma ideia de que as ciências da computação irão dominar todas as outras áreas. É por isso também que a robótica, o ensino de linguagem de programação e as tecnologias digitais tomaram enorme espaço nas propostas STEM. Entretanto, é preciso ficar muito atento às formas como a robótica é vista como símbolo de inovação e transformação curricular, afinal, não há qualquer garantia de que a inovação pela robótica seja de fato uma inovação curricular, do ponto de vista da concepção de um currículo de ciências sólido, integrador e conectado com o mundo empírico dos estudantes, além de ter como preceito a necessidade de se compreender a natureza da ciência, desenvolver o pensamento crítico e o raciocínio, e entender o papel da ciência na sociedade.

Currículo interdisciplinar

Ainda em relação às formas que o currículo STEM *education* toma, um aspecto o torna distinto da aula de ciências. Diferentemente de um currículo escolar disciplinar, com a disciplina de ciências e a disciplina de matemática, em geral STEM *education* é colocado de maneira integrada, como se STEM fosse um único bloco no currículo escolar. A ideia aqui é que, por meio da concepção da proposta, o aluno consiga ver melhor a relação do que estuda em matemática com o que estuda em química, por exemplo. Uma velha constatação geral era a de que até então os alunos não viam conexão alguma entre algo que é ensinado em uma disciplina e outra, como se o conhecimento fosse completamente separado por categorias e em caixas específicas. No STEM *education*, pode-se dizer que há uma intencionalidade em romper com essa segregação.

Claro que, na prática, isso não se efetiva em todos os casos e escolas, pois a interdisciplinaridade e o trabalho docente em equipe ainda são alguns dos maiores desafios que as escolas enfrentam. É notável um esforço de ao menos fazer parecer que STEM é diferente de S+T+E+M. A dificuldade de fazer S+T+E+M se concretizar em STEM parece ser, inclusive, uma das razões pelas quais o movimento STEM encontra dificuldade em conquistar espaço como uma proposta de sucesso (BLACKLEY; HOWELL, 2015). Afinal, muitos céticos do movimento não veem antigos desafios curriculares sendo efetivamente superados, e sim uma propaganda de que isso aconteça.

Percepção da função da escola

Para concluirmos em relação ao que trazemos como definição, é importante olharmos para o que está em jogo quanto ao papel da educação, ou, melhor dizendo, quanto à percepção do papel da escola no movimento STEM *education*. Não há como ignorar que este é um movimento que nasce nos Estados Unidos e, portanto, reflete características do modelo escolar de lá. E não é só isso. Trata-se de um movimento que não nasce exatamente na escola, com a proposta de corrigir alguns problemas da escola tradicional de dentro para fora. Ao contrário, nasce de uma necessidade do mercado de trabalho estadunidense e é impulsionado e promovido principalmente pela indústria tecnológica, de fora para dentro das escolas. Ao final dos anos de 1990, os Estados Unidos vivenciaram um *boom* das empresas de tecnologia e um mercado ávido por profissionais qualificados para tal. A ênfase nas áreas STEM está muito ligada, então, a um modelo econômico dependente delas, a uma noção de que o motor do poder econômico está nessas áreas e que elas são capazes de trazer desenvolvimento ao país. Essa é uma lógica que não surpreende, especialmente quando se trata de países em que o capitalismo contemporâneo é mais evidente.

Não por acaso, o STEM *education* é apresentado como um benefício capaz de melhorar a sociedade, pois pode promover nos estudantes as habilidades que irão servir ao mercado de trabalho do século XXI. Nesse sentido, entre seus entusiastas, é visto como um instrumento – um recurso capaz de resolver uma necessidade econômica contemporânea.

Essa concepção tem origem no principal motor da febre STEM nos Estados Unidos. A noção de que os Estados Unidos "[...] passavam por uma escassez de profissionais capacitados nas áreas STEM e que perderiam competitividade econômica por isso" (PUGLIESE, 2017, p. 41) foi responsável por um sentimento de crise generalizada, principalmente com a ameaça de que os Tigres Asiáticos ultrapassariam a liderança tecnológica do país (FRIEDMAN, 2005; NATIONAL ACADEMY OF SCIENCES; NATIONAL ACADEMY OF ENGINEERING; INSTITUTE OF MEDICINE, 2006), algo análogo ao que o mundo presenciou na Guerra Fria entre os Estados Unidos e a União Soviética, mas sem o caráter militar, obviamente.

Como já discutido em outros trabalhos (PUGLIESE, 2017; 2018) e por outros autores, a noção de crise no mercado de trabalho é uma das mais relevantes para compreender as reações que emergem na forma de STEM *education* como solução. Atrelada a isso está a crença dos agentes políticos estadunidenses de que as áreas STEM são aquelas que merecem maior investimento e atenção, por serem as áreas vitais de um país – seriam as responsáveis pelo desenvolvimento das nações e representariam poder (JASCHIK 2011; 2014). Essa racionalidade é causa de muito debate em relação ao espaço que o STEM tomou das ciências humanas e sociais, bem como ao que significa ser um país desenvolvido (ZAKARIA, 2015): seria aquele em que as áreas STEM são hegemônicas ou aquele cuja população tem sólida formação humana, cultural, histórica, bem como visão crítica sobre ciência e tecnologia na sociedade?

Se pensarmos em outra tendência global recente, a de que o mercado e suas grandes corporações têm cada vez mais influência sobre os sistemas educacionais (BALL; JUNEMANN; SANTORI, 2017), fica fácil entender por que o STEM *education* tem como base uma lógica neoliberal inclusive na visão sobre o papel da escola. Compreender isso é de extrema importância para aqueles que querem se aventurar no STEM *education*, para que as escolhas, as contribuições e os rumos que cada um quer dar ao movimento não sejam feitos de modo acrítico, ignorando as marcas que ele carrega. Nenhuma proposta ou tendência educacional acontece no vazio histórico, sem um contexto maior que as envolva, e este deve ser considerado.

Para concluirmos sobre as definições e a origem do movimento STEM, podemos pensar em um panorama no qual o STEM *education* surge e é frequentemente difundido como uma resposta para determinadas questões do universo educacional por meio de uma lógica, como mostrado na Figura 2.1.

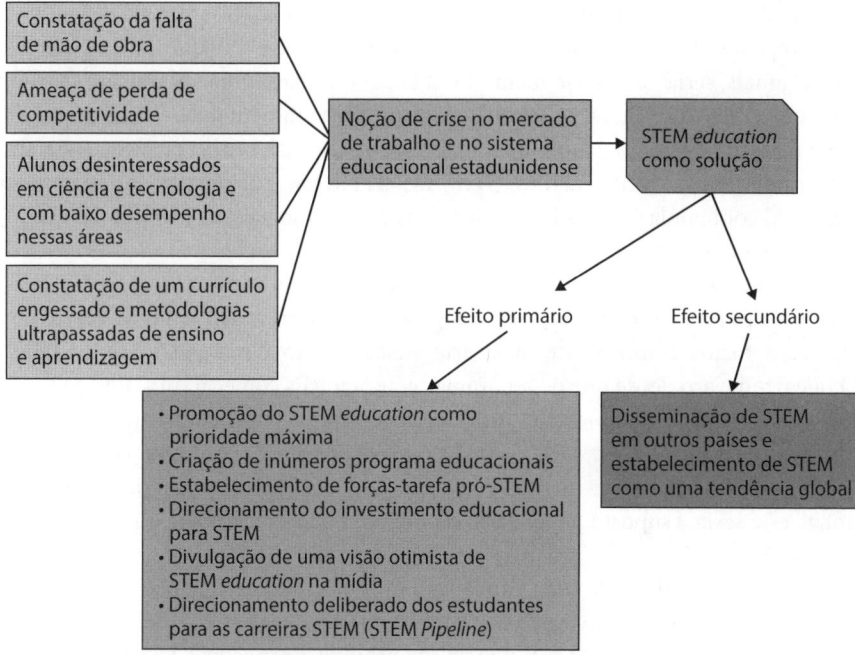

Figura 2.1 Panorama do STEM *education*.

OUTRAS QUESTÕES CONCEITUAIS

Longe de ter esgotado as questões conceituais sobre o que é STEM, minha expectativa é de que os leitores tenham ao menos encontrado, na seção anterior, mais subsídios para entender parte da nuvem que paira sobre a pergunta "o que é STEM?". Como é possível perceber, quanto mais se adentra nessa pergunta, mais surgem novas questões, ao passo que a definição vai também tomando certos formatos. Para contribuir ainda mais com esse aprofundamento, trago, a seguir, questões comumente feitas sobre o movimento STEM *education*.

Qual a diferença entre STEM e STEAM? Qual devo usar?

À primeira vista, o que STEAM traz de diferente de STEM é a inserção do A (arte) no acrônimo. Porém, a pergunta se refere à diferença na prática. E aqui temos uma primeira limitação do modelo STEM. Como vimos, ele surge no contexto das áreas da ciência e da tecnologia e tem como bandeira a interdisciplinaridade. Levando isso em consideração, como pode o ensino de ciências, ao mesmo tempo, ser interdisciplinar e ignorar as ciências humanas e sociais? É nesse sentido que diversos críticos do movimento constataram que faltava alguma coisa em STEM e que, se o propósito do movimento STEM é realmente inovar e transformar os sistemas educacionais, seria necessário incluir também as ciências humanas e sociais. E é daí que vem a ideia de STEAM. Contudo, é daí que vêm também duas outras questões. Uma delas é a de uma terminologia mal resolvida, afinal, outras propostas vieram brigar por espaço, como STHEM, STEEAM, STHEAM... Não é de comum acordo que o "A" contempla as ciências humanas, as ciências sociais, as habilidades socioemocionais, o *design*, etc.

A outra questão que vem atrelada ao STEAM, que a meu ver é uma das mais importantes para entender a própria lógica por trás do movimento STEM, é em relação à forma como a arte ou a arte-educação são vistas pelas áreas STEM. O que ficou claro desde que os programas educacionais começaram a advogar pela ideia de STEAM é que a arte estaria dentro do movimento como adorno, como algo para enfeitar. Ou seja, fazer STEAM passou a significar continuar construindo robôs e realizando experimentos e projetos, só que agora mais embelezados – afinal, este seria o suposto papel da arte: enfeitar o que a tecnologia e a ciência produzem no STEM.

Essa visão é reflexo de uma concepção utilitarista da arte (e não só dela, mas das disciplinas em geral) e restrita à função de exercer criatividade, o que significa uma limitação de todo o potencial da arte nas propostas STEAM.[1] As consequências são que, muitas vezes, os programas se dizem STEAM apenas porque há algum aspecto da criatividade sendo considerado, ou porque se baseiam em propostas que envolvem desafios do *design* – o que não é condição suficiente para colocar a disciplina arte-educação em igualdade com as demais do STEM, acabando por produzir propostas muito pobres em termos de interdisciplinaridade com as ciências humanas e sociais. No Capítulo 7 deste livro, será aprofundado e discutido o papel da arte no STEAM, com exemplos práticos de sua aplicação na educação.

Portanto, se a questão é decidir qual termo usar, note bem: se uma proposta não consegue efetivamente dar aos alunos a dimensão do que significa arte como campo do conhecimento, nada melhor do que reconhecer a limitação do modelo STEM e não enfeitá-lo, literalmente, com o "A" de arte. STEM não é a solução para todos os problemas interdisciplinares, tampouco STEAM será essa solução. Reconhecer os pontos que precisam ser mais bem trabalhados é o primeiro passo.

Assumindo aqui que arte não é uma disciplina a serviço da ciência, da tecnologia, da engenharia e da matemática, e que é um campo do conhecimento igual-

---

[1] Para aprofundar essa questão, ver: STEM ou STEAM: para que serve o ensino de arte?. *Porvir*. 2019. Disponível em: http://porvir.org/stem-ou-steam-para-que-serve-o-ensino-de-arte/. Acesso em: 3 dez. 2019.

mente importante no currículo escolar, que não é a mesma coisa que *design* e que não serve para enfeitar, podemos agora nos sentir confortáveis para utilizar o termo STEAM ou mesmo STEM quando os objetivos de aprendizagem forem mais compatíveis apenas com este. A escolha do título do livro por STEAM é intencional, pois acreditamos que só conseguiremos avançar de fato com uma proposta que se diz interdisciplinar se entendermos que a interdisciplinaridade vale para todos os campos e que o conhecimento não é algo dissociável em blocos. Por isso, daqui em diante, passaremos a utilizar, preferencialmente, a redação STEAM, em função de nossa escolha, exceto quando estivermos nos referindo aos anos iniciais do movimento nos Estados Unidos.

Qual a presença de STEAM nos documentos oficiais?

A Base Nacional Comum Curricular (BNCC), tendo por princípio e por grande novidade curricular no Brasil as diretrizes organizadas por competências e habilidades, não faz menção direta ao termo STEAM. Todavia, é compatível com o discurso das iniciativas STEAM, uma vez que se alinha com as habilidades do século XXI. Nesse sentido, a BNCC tem alguns elementos em comum com o movimento STEAM, além do fato de deixar de ver o conhecimento com algo disciplinar.

Outro aspecto que chama atenção é o fato de que a BNCC foi inspirada nas bases curriculares de outros países (RIGHETTI, 2017), nos quais o movimento STEAM *education* é mais pronunciado, como Estados Unidos, Inglaterra, Canadá e Austrália (RITZ; FAN, 2015). Inclusive, não é incomum ver apoiadores da BNCC associarem o STEAM às bases curriculares desses outros países.

Em relação à reforma do ensino médio, não há menção direta aos termos STEM e STEAM no documento. Todavia, o próprio Ministério da Educação sugere, nos itinerários formativos do novo ensino médio (BRASIL, 2017), a adoção de STEAM como um dos modelos curriculares (BRASIL, 2015, c2018). Por se tratar de uma reforma com viés tecnicista, com foco no mercado de trabalho, há, nesse sentido, muita afinidade com as marcas que os Estados Unidos vêm imprimindo no STEAM *education*.

Qual a relação do STEAM com o movimento *maker*?
E com as metodologias ativas?

Embora estejam vivendo o mesmo *momentum* e compartilhando do mesmo contexto histórico, as metodologias ativas, o STEAM e o movimento *maker* não são a mesma coisa. É claro que há muitas relações entre eles, a começar pela ideia de uma aprendizagem mais centrada no aluno, que estimule o maior protagonismo e ação dele, bem como semelhanças na ideia de se trabalhar com a construção de objetos e projetos, como já dito anteriormente em relação ao movimento *maker* e ao STEAM. Entretanto, as chamadas metodologias ativas – o ensino híbrido, a sala de aula invertida, a aprendizagem baseada em desafios ou projetos, etc., estão mais no campo das metodologias de ensino e aprendizagem –, a meu ver, têm uma ênfase muito maior na questão pedagógica e menor no aspecto político e curricular da educação.

Da mesma forma, o movimento *maker* difere do STEAM no sentido do contexto em que as propostas tendem a se desenvolver, ou seja, o movimento *maker* é mais um estilo de pensar, uma forma de operar os processos e desafios em sala de aula, enquanto o STEAM *education* tem preocupações mais gerais com o contexto ao redor dos conteúdos e, novamente, com os aspectos político-curriculares. É preciso ficar claro, contudo, que não há fronteiras delimitadas precisamente entre um e outro. Todavia, como é possível notar no Brasil, o movimento STEAM *education* veio de certa forma embarcado junto com o movimento *maker*, o qual, por sua vez, teve maior popularidade nas escolas – pelo menos no que tange ao termo *maker*. Esta, inclusive, é uma hipótese a ser considerada: em muitos aspectos, parece que o STEM *education* estadunidense teve a entrada no Brasil não como STEM, mas como movimento *maker*.

STEAM em outros países e no Brasil

A partir do que já foi discutido até aqui, não resta dúvidas de que os Estados Unidos são o país onde o STEAM teve seu maior alcance. Uma estimativa feita pelo Serviço de Pesquisa do Congresso dos Estados Unidos mostra que são mais de 250 programas STEM em âmbito federal no país (GRANOVSKIY, 2018), sem contar os programas estaduais. Pensando agora nos outros países, é interessante notar que a racionalidade de "febre", "crise STEM", "demanda urgente" ou "algo sem o qual viveremos um colapso" não atinge todos os outros países nos quais o movimento se popularizou. Esse parece ser o caso apenas de países anglófonos, como a Inglaterra e a Austrália, principalmente.

Países como Alemanha, França, Portugal e alguns países da Ásia têm uma retórica menos catastrófica em torno do STEAM, embora tenham estimulado a criação de uma série de programas e iniciativas pró-STEAM. Já em um último grupo, do qual faz parte o Brasil, o STEAM *education* ainda não se mostrou expressivo, foi um pouco tardio e tem um apelo muito mais no sentido de melhorar o ensino de ciências e estimular a geração de mão de obra para uma indústria ainda muito emergente de tecnologia (BLACKLEY; HOWELL, 2015). O fato de o STEAM *education* não se mostrar expressivo no Brasil não quer dizer que se trata de um atraso ou um avanço em relação às tendências internacionais. Diferentemente disso, há razões muito interessantes que ainda precisam ser mais bem compreendidas.

Um dos fatores que pode explicar a chegada um pouco tardia do movimento STEAM é o fato de o Brasil ser um país que muito consome, mas pouco produz tecnologia, quando comparado a outros países. Por ser uma economia baseada na exportação de *commodities*, a suposta escassez de profissionais qualificados em áreas STEAM não afetou tanto assim o mercado de trabalho brasileiro. Portanto, a entrada do movimento STEAM no Brasil tem-se dado muito mais pela importação de modelos educacionais (algo que acontece historicamente no País) do que por uma retórica da indústria tecnológica nacional.

É principalmente na importação de modelos que o STEAM tem trilhado seu caminho. Muitas *edtechs*, **que são empresas de tecnologias do setor educacional**, também conhecidas como *startups* da educação, têm criado produtos em torno do movimento STEAM, aproveitando justamente o *boom* que ele vive no exterior e as oportunidades que ainda estão por vir no Brasil. Nesse sentido, muitas *edtechs* se expandiram com soluções para o mercado educacional privado, como aulas de robótica, cultura *maker*, impressoras 3D, cursos para professores e para crianças, escolas de programação, entre outras possibilidades.

No setor da **educação privada da educação básica**, o que observamos é a criação de alguns programas STEAM nas escolas, a inclusão de robótica no currículo e a criação de laboratórios *maker*, trazidos principalmente com a bandeira da inovação em sala de aula, porque, por uma razão óbvia, as escolas particulares tendem a buscar elementos que se apresentem como diferenciais de mercado. Alguns fatores favorecem esse pioneirismo em relação ao movimento STEAM: um deles é uma inclinação das escolas particulares em buscar tendências pedagógicas e curriculares da América do Norte e da Europa em virtude da crescente procura por sociedades de referência, ou seja, a busca de modelos que possam servir como inspiração (LEWIS, 2017; VOLANTE *et al.*, 2018); o outro é a existência de mais espaço para a capacitação docente e a modificação do currículo para inserir novas propostas, bem como maior orçamento para a compra de recursos e a contratação de profissionais especializados nessas tendências.

Já no setor de **educação pública da educação básica**, é interessante notar uma escalada rápida e recente do movimento STEAM, mas ainda longe de ser incorporado em políticas de Estado, como acontece nos Estados Unidos, no Reino Unido e na Austrália, por exemplo. Algumas parcerias entre Secretarias de Educação e programas STEAM independentes ou patrocinados por empresas têm acontecido em escolas públicas, e há uma conversa maior sobre robótica nessas escolas – algo que até pouco tempo atrás não ocorria.

Uma dificuldade que o próprio movimento STEAM *education* acaba por impor a essas escolas com menos recursos é a disseminação da (falsa) ideia de que para ser STEAM necessariamente é preciso envolver robótica e programação, o que por si só já é uma enorme barreira. Como veremos a seguir, STEAM não se trata necessariamente de computadores caros e impressoras 3D. E, a partir do que já discutimos sobre a relação da BNCC e da reforma do ensino médio com o STEAM, fica claro por que o STEAM não entrou como uma política de Estado nas escolas públicas brasileiras.

Embora o movimento já tenha quase duas décadas em alguns países, apenas nos últimos dois anos, mais precisamente, é que uma série de eventos, feiras e congressos começou a trazer o STEAM como tema no Brasil. No entanto, em termos de publicações acadêmicas e da inserção do tema nas pesquisas em educação nas universidades, é ainda quase inexistente ou pouco expressivo.

E o que fazemos daqui em diante com o STEAM?

É preciso notar que o STEAM *education* não traz necessariamente algo de novo, algo superoriginal sobre o que qualquer educador nunca tenha ouvido falar. A complexidade da rotina escolar, as condições de trabalho, as transformações contemporâneas da sociedade, a falta de qualificação profissional e a gestão dos sistemas educacionais têm, infelizmente, apagado velhas conquistas da pesquisa em educação. Entretanto, dado seu caráter reformista, o STEAM *education* pode ajudar a recuperar elementos importantes dos processos de ensino e aprendizagem, do currículo, da relação professor-aluno, bem como enfatizar toda uma ressignificação da aprendizagem e da interação com o conhecimento.

Depois de termos explorado várias questões em relação aos conceitos e ao contexto do movimento STEAM *education*, pensemos agora sobre quais rumos ele pode tomar. Muito além de toda a propaganda e o entusiasmo que alguns educadores colocam nas tendências educacionais, é preciso nos atermos ao modo como as novidades e as inovações podem efetivamente melhorar nossas vidas como professores e alunos. Caso contrário, uma adoção acrítica do movimento teria pouco a contribuir com a educação no Brasil. Essa adoção acrítica, inclusive, tem sido a principal barreira para o desenvolvimento de uma agenda STEAM propositiva no Brasil.

Há um modelo STEAM a ser seguido? Certamente não. É possível encontrar materiais e planos de aula STEAM *on-line*? Sim, é possível. Porém, as perguntas a serem feitas, a meu ver, são: por que STEAM? Para que STEAM? O que ele tem trazido de interessante nas escolas, especialmente no ensino de ciências e matemática? Somente quando entendermos a figura maior é que será possível obtermos algum resultado relevante.

É por isso que, para começar, é preciso entender que STEAM não é a solução de todos os problemas e não vai consertar de vez as dificuldades nas escolas. Sozinho, não vai trazer a tal motivação que todos buscam nos estudantes. Depois de mais de uma década em STEAM nos Estados Unidos, ficou claro que alguns problemas persistiram. O fato de o movimento ser ainda jovem no Brasil é, inclusive, uma oportunidade para aprendermos com outros países sobre o que deve ser melhorado. Uma dessas questões é a equidade nas áreas STEAM. Afinal, ciência, engenharia, matemática e tecnologia são as carreiras que mais apresentam desigualdade de acesso. Mulheres e negros ainda são minoria nessas carreiras. Não só isso, as barreiras de acesso a essas profissões por alunos de baixa renda são enormes. É por isso que nos países em que o STEAM *education* já está em um estágio avançado a conversa deixou de ser essencialmente "precisamos de STEAM" e passou a ser "precisamos de mais igualdade em STEAM". E o Brasil deve seguir o mesmo caminho. O estereótipo de que robótica é para meninos e de que ciência não é para meninas deve ser sistematicamente combatido nas escolas e em qualquer programa STEAM. Da mesma forma, é preciso que os programas educacionais que se proponham a ser STEAM levem em conta estratégias que não dependam de recursos disponíveis apenas nas escolas particulares, nas quais a oferta de insumos escolares geralmente é maior. Caso contrário, o STEAM continuará sendo um luxo que apenas estudantes ricos conseguem acessar.

Outra questão é uma visão ingênua de sustentabilidade, associada a um otimismo tecnológico. Não é incomum, principalmente a partir dos setores que acreditam que as áreas do acrônimo STEAM sejam as áreas mais importantes na escola, a difusão da ideia de que todos os problemas da sociedade são uma questão de falta de tecnologia – como se a solução para todo e qualquer desafio global só dependa de mais profissionais STEAM para resolvê-los, ou que mais sustentabilidade é uma questão de mais tecnologia. O problema nessa forma de pensar é que ela reproduz o determinismo científico e uma visão neutralista da ciência, algo que a sociologia da ciência vem trabalhando para desfazer e que se mostra típico de modelos educacionais tecnicistas. É por isso que uma visão mais crítica sobre as questões socioambientais, sobre a natureza e a filosofia da ciência, bem como sobre as relações entre ciência-tecnologia-sociedade, deve tomar mais espaço nas práticas STEAM – especialmente nos programas que se propõem a ser efetivamente STEAM, no sentido de que arte representa no acrônimo todo o conjunto das ciências humanas e sociais.

Já em relação à adoção ou à criação de programas STEAM nas escolas de modo sistemático, uma questão é inevitável: a formação docente. Não há outro meio de avançar sem passarmos pela formação continuada de professores, especialmente uma formação que provoque autonomia e autoria nos professores, sem considerá-los meros aplicadores de programas STEAM e de planos de aula pré-fabricados. O Capítulo 10 desta publicação avançará nessa discussão, apontando alguns caminhos para a formação docente. Alguns programas STEAM têm de fato criado uma cultura de aulas mais envolventes, com experimentos e construção de protótipos, o que é um avanço.

Todavia, é uma pena que, muitas vezes, a via de atuação desses programas siga a mesma da linha tecnicista: põe-se os professores para executar planos de aulas previamente estabelecidos, uma perspectiva massificante. Falta-lhes, muitas vezes, a contextualização crítica do conhecimento, ou mesmo a transformação de uma postura de técnico para uma postura de educador, de que tanto se carece em professores brasileiros. Não me parece que anos de prática seja algo que falte aos nossos professores; portanto, uma saída seria ressignificar essa experiência por meio de uma pedagogia crítica e consciente. Da perspectiva da formação continuada, entendo que o STEAM *education* deva ser visto, portanto, como uma oportunidade. Todo o caráter de inovação e reforma curricular pode ser muito bem utilizado para melhorar a relação do aluno com o conhecimento interdisciplinar e dar ainda mais sentido à vida escolar.

Uma das formas de se trazer mais contexto e motivação para as propostas STEAM é conectar as práticas com a vida dos alunos. Infelizmente, a experiência pessoal de parte dos jovens é muitas vezes desconectada da experiência escolar. Portanto, devemos nos voltar, como formadores e criadores de currículo, ao tipo de experiência que o jovem vive a cada momento, ao tipo de mundo que devemos tentar conectar com aquele que representamos nos nossos currículos e planejamentos de aula.

Nesse sentido, a meu ver, é evidente que STEAM é uma questão de postura pedagógica. É um pensamento pedagógico que faz uma proposta ser STEAM, e não somente a escolha por uma atividade prática. É todo um contexto de preparo de projetos e princípios didáticos que embasa a prática escolar, e não apenas uma única aula divertida de vez em quando. Quando se tem preparo e postura pedagógica, a inovação que o STEAM ou qualquer outra proposta tem a trazer passa a fazer parte da atividade diária de docência, e não de umas poucas aulas isoladas.

Por isso, deve-se levar em conta que criar a atividade de robótica não funciona obrigatoriamente como elemento motivador, pois a lógica de que crianças e jovens gostam de robôs não é necessariamente verdadeira em todos ou até mesmo em porção razoável dos contextos escolares. Nem sempre tal atividade é acessível a todos os alunos. Por isso, há a necessidade de que cada proposta e cada projeto sejam pensados para um contexto específico de alunos, motivo pelo qual a massificação e a aplicação de currículos externamente predeterminados não servem ao nosso estudante. É por isso, também, que a única saída para essa dificuldade operacional de se estabelecer propostas personalizadas é por meio da garantia de autonomia para os professores: eles precisam ter condições de trabalho e capacitação suficiente para serem autores das próprias práticas. A questão é garantir que o professor esteja acima das propostas, e não refém delas.

REFERÊNCIAS

BALL, S.; JUNEMANN, C.; SANTORI, D. *Edu.net:* globalisation and education policy mobility. London: Routledge, 2017.

BLACKLEY, S.; HOWELL, J. A STEM narrative: 15 years in the making. *Australian Journal of Teacher Education*, v. 40, n. 7, p. 102–112, 2015.

BRASIL. *Base busca um novo caminho para o ensino da matemática.* Brasília: Ministério da Educação, c2018. Disponível em: http://portal.mec.gov.br/component/tags/tag/37841. Acesso em: 3 dez. 2019.

BRASIL. *Guia de implementação do novo ensino médio.* Brasília: Ministério da Educação, [2015]. Disponível em: http://novoensinomedio.mec.gov.br/#!/guia. Acesso em: 3 dez. 2019.

BRASIL. Lei nº 13.415, de 16 de fevereiro de 2017. Altera as Leis n º 9.394, de 20 de dezembro de 1996, que estabelece as diretrizes e bases da educação nacional, e 11.494, de 20 de junho 2007, que regulamenta o Fundo de Manutenção e Desenvolvimento da Educação Básica e de Valorização dos Profissionais da Educação, a Consolidação das Leis do Trabalho - CLT, aprovada pelo Decreto-Lei nº 5.452, de 1º de maio de 1943, e o Decreto-Lei nº 236, de 28 de fevereiro de 1967; revoga a Lei nº 11.161, de 5 de agosto de 2005; e institui a Política de Fomento à Implementação de Escolas de Ensino Médio em Tempo Integral. *Diário Oficial da União*, Brasília, 17 fev. 2017. Disponível em: http://www.planalto.gov.br/ccivil_03/_Ato2015-2018/2017/Lei/L13415.htm. Acesso em: 5 dez. 2019.

BREINER, J. M. *et al.* What is STEM?: a discussion about conceptions of STEM in education and partnerships. *School Science and Mathematics*, v. 112, n. 1, p. 3–11, 2012.

FRIEDMAN, T. L. *The world is flat:* a brief history of the twenty-first century. New York: Farrar; Straus and Giroux, 2005.

GRANOVSKIY, B. *Science, Technology, Engineering, and Mathematics (STEM) education:* an overview. [Washington]: Congressional Research Service, 2018. Disponível em: https://fas.org/sgp/crs/misc/R45223.pdf. Acesso em: 3 dez. 2019.

JASCHIK, S. Apology from Obama. *Inside Higher.* 2014. Disponível em: https://www.insidehighered.com/news/2014/02/19/professor-art-history-receives-handwritten-apology-president-obama. Acesso em: 5 dez. 2019.

JASCHIK, S. Florida GOP vs. social science. *Inside Higher Ed*, 12 Oct. 2011.

LEWIS, S. Governing schooling through 'what works': the OECD's PISA for schools. *Journal of Education Policy*, v. 32, n. 3, p. 281–302, 2017.

NATIONAL ACADEMY OF SCIENCES; NATIONAL ACADEMY OF ENGINEERING; INSTITUTE OF MEDICINE. *Rising above the gathering storm:* energizing and employing America for a brighter economic future. Washington: National Academies, 2006.

PUGLIESE, G. O. *Os modelos pedagógicos de ensino de ciências em dois programas educacionais baseados em STEM (Science, Technology, Engineering and Mathematics).* 2017. Dissertação (Mestrado em Genética e Biologia Molecular) – Instituto de Biologia, Universidade Estadual de Campinas, Campinas, 2017.

PUGLIESE, G. O. *STEM:* o movimento, as críticas e o que está em jogo. 2018. Disponível em: https://porvir.org/stem-o-movimento-as-criticas-e-o-que-esta-em-jogo/. Acesso em: 2 dez. 2019.

RIGHETTI, S. Austrália Canadá e EUA inspiraram base curricular do Brasil. *Folha de São Paulo*, 9 abr. 2017.

RITZ, J. M.; FAN, S. C. STEM and technology *education*: international state-of-the-art. *International Journal of Technology and Design Education*, v. 25, n. 4, p. 429–451, 2015.

SANDERS, M. STEM, STEM education, STEM mania. *The Technology Teacher*, v. 68, n. 4, p. 20–26, 2009.

VOLANTE, L. (ed.). *The PISA effect on global educational governance*. New York: Routledge, 2018.

XUE, Y.; LARSON, R. C. STEM crisis or STEM surplus? Yes and yes. *U.S. Bureau of Labor Statistics:* monthly labor review, v. 5, p. 1–15, 2015.

ZAKARIA, F. Why America's obsession with STEM education is dangerous. *The Washington Post*, 2015. Disponível em: https://www.washingtonpost.com/opinions/why-stem-wont-make-us-successful/2015/03/26/5f4604f2-d2a5-11e4-ab77-9646eea6a4c7_story.html. Acesso em: 5 dez. 2019.

3

A aprendizagem baseada em projetos e a abordagem STEAM

Leandro Holanda

Lilian Bacich

Em uma breve busca sobre o tema deste livro, é possível encontrar textos que apresentam o termo "metodologia" STEAM. Esse é o ponto de partida para o que será abordado neste capítulo. Quando tratamos do STEAM na educação, não existe uma metodologia única e específica para promover a integração das áreas presentes no acrônimo, e, nesse caso, é comum o equívoco de chamar o STEAM de metodologia. Da mesma forma, o STEM, ou STEAM, também não é considerado um currículo a ser seguido. Segundo Vasquez, Sneider e Comer (2013), essa abordagem não é um currículo: é uma forma de organizar e promover aprendizagem. Não é algo que pode ser somado em uma atividade, mas uma atividade que ajudará estudantes a enxergar relevância no que aprendem.

Pensando nessa forma de organizar e promover a aprendizagem, percebe-se que muitas atividades de STEAM se resumem a desafios curtos (CONDE *et al.*, 2019; MORIWAKI *et al.*, 2012), que têm como objetivo uma construção em que o estudante deverá aplicar os conhecimentos das áreas envolvidas no acrônimo para elaborar uma solução, geralmente focada em um contexto real. O grande desafio na elaboração dessas atividades é fazer esse momento ser uma aplicação e um aprofundamento de conhecimentos científicos, e não apenas uma produção a ser realizada e descontextualizada. Por exemplo, estudantes constroem uma catapulta, em um desafio de STEAM, com o objetivo de prototipar uma máquina simples capaz de lançar um objeto em termos de distância e altura. Nesse caso, apenas a construção não garante o aprofundamento de conceitos científicos, e estamos tratando de uma atividade muito mais relacionada com a *educação maker* do que de uma que promova a exploração de objetos de conhecimento de ciências, artes ou matemática. No entanto, ao propor a investigação das propriedades dos materiais utilizados na construção da catapulta, ao envolver os estudantes na pesquisa de modelos, ao sugerir a coleta, a análise e a comparação de dados, um desafio como esse assume um papel de conexão entre as áreas do STEAM. Ao realizar esse movimento, desdobrando a proposta em etapas, a atividade estará muito mais próxima de um projeto do que de um desafio isolado, visto que as etapas auxiliam na exploração de objetos de conhecimento.

Nesse segundo caso, uma metodologia que tem ajudado educadores na estruturação de projetos STEAM é a aprendizagem baseada em projetos (ABP). Para compreender melhor essa metodologia, vamos fazer um breve apanhado da concepção de projetos na educação.

UM BREVE OLHAR SOBRE A EVOLUÇÃO HISTÓRICA DA CONCEPÇÃO DE PROJETOS

A elaboração de projetos na educação é uma estratégia que permeia desde a educação básica até o nível superior e que envolve desde projetos simples, como fazer uma horta na escola, até um projeto de pesquisa, o que é comum no ensino superior. Usamos o mesmo termo, em diferentes situações, para designar uma estratégia que não é necessariamente a mesma, mas que possibilita a elaboração de algum produto pelos estudantes.

Projeto deriva do latim *projectus*, que representa a ação *lançar para a frente*. Já uma busca em dicionários da língua portuguesa apresenta o significado do termo como um conjunto de ideias para um texto, algo que se deseja construir, ou, ainda, do ponto de vista da engenharia, um esboço de algo que será construído fisicamente. Sobre a etimologia do termo *projeto*, conclui Barbier (apud MACHADO, 2000, p. 6): "O projeto não é uma simples representação do futuro, do amanhã, do possível, de uma ideia; é o futuro a fazer, um amanhã a concretizar, um possível a transformar em real, uma ideia a transformar em acto".

Passando pelas abordagens de projetos na educação, é importante citar a contribuição da pedagogia de Freinet, que defendia o "tatear experimental" e a importância de projetos paralelos às aulas comuns para incentivar a cooperação e o trabalho como forma de engajar os estudantes. É a partir dessas ideias que temos os primeiros estudos sobre as saídas pedagógicas e sobre o trabalho real, como uma horta na escola, um jornal, entre outras possibilidades que hoje conhecemos como projetos.

São muitos os autores que discutem a educação como espaço de construção social, no qual o aluno participa como ser ativo da construção do conhecimento. Nesse contexto, no final do século XX, o trabalho com projetos foi amplamente discutido e estudado na obra do educador espanhol Fernando Hernández.

Em entrevista concedida à *Revista Nova Escola*, o educador diz que, em 1982, usou uma oportunidade para reestruturar o currículo de uma escola de uma nova forma, pela pesquisa de projetos de trabalho. Ainda nessa entrevista, Hernández diferencia a pedagogia de projetos dos projetos de trabalho. Segundo o educador:

> A diferença fundamental é, em primeiro lugar, o contexto histórico. A pedagogia de projetos surge nos anos 1920, e projeto de trabalho surge nos anos 1980. Além disso, os princípios são diferentes. A pedagogia de projetos trabalhava um modelo fordista, que preparava as crianças apenas para o trabalho em uma fábrica, sem incorporar aspectos da realidade cotidiana dentro da escola. Os projetos de trabalho tentam uma aproximação da escola com o aluno e se vinculam muito à pesquisa sobre algo emergente. Eu não digo que uma coisa é melhor que outra, e sim que são diferentes. (HERNÁNDEZ, 2002, p. 18).

Esse é um marco importante na concepção de projetos na educação: eles precisam estar ancorados em temas que façam parte da realidade dos estudantes, seja no próprio ambiente escolar, seja em sua moradia, seja em sua comunidade, permitindo também uma aproximação dos conceitos que são abordados na escola com os problemas reais do cotidiano dos estudantes.

Outro ponto importante é pensar no contexto e nos conhecimentos que serão construídos durante a execução de um projeto. Muitas vezes, professores se frustram ao propor um projeto em sala de aula sem refletir sobre o caminho que os estudantes irão trilhar. Muitas vezes, o projeto parece não estar alinhado com a rubrica holística que é usada para descrever aquilo que é esperado dos estudantes.[1] Para o Buck Institute for Education (BIE), muitas vezes um projeto é uma espécie de sobremesa, uma estratégia usada pelo professor para finalizar determinado tema, que não necessariamente irá promover a aprendizagem da mesma forma que uma aula tradicional (BUCK INSTITUTE FOR EDUCATION, 2008). O desafio, no STEAM, é considerar os projetos como prato principal, pois é por meio deles que serão alcançados os objetivos de aprendizagem propostos.

---

[1] Ver mais sobre avaliação por rubricas no Capítulo 8 deste livro.

O QUE DEFINE A APRENDIZAGEM BASEADA EM PROJETOS?

Precisamos compreender como auxiliar a trajetória de construção do estudante, por meio de etapas que possam ajudá-lo a concretizar seus projetos. É nesse sentido que está estruturada a metodologia da ABP. Não existe uma única definição para a metodologia, porém, segundo Bender (2014, p. 15):

> A ABP pode ser definida pela utilização de projetos autênticos e realistas, baseados em uma questão, tarefa ou problema altamente motivador e envolvente, para ensinar conteúdos acadêmicos aos alunos no contexto do trabalho cooperativo para a resolução de problemas.

Em uma segunda definição, que podemos considerar como complementar à visão de Bender, de acordo com a obra *Aprendizagem baseada em projetos*, organizada pelo BIE, temos:

> [...] um método sistemático de ensino que envolve os alunos na aquisição de conhecimentos e de habilidades por meio de um extenso processo de investigação estruturado em torno de questões complexas e autênticas e de produtos e tarefas cuidadosamente planejados. (BUCK INSTITUTE FOR EDUCATION, 2008, p. 18).

Ao longo dos anos, a ABP se transformou de um tipo específico de aprendizagem estimulada pela resolução de problemas em uma gama de práticas e níveis de complexidade. Nas duas obras citadas anteriormente (BUCK INSTITUTE FOR EDUCATION, 2008; BENDER, 2014), a ABP tem como princípio elementar a investigação para promover a tomada de decisão e permitir que os estudantes busquem estratégias para construir aquilo que será tido como produto final do projeto.

Quais as vantagens da aprendizagem baseada em projetos?

Em um momento de reformas curriculares inspiradas na Base Nacional Comum Curricular (BNCC), faz-se necessário o aprofundamento de estudos, vivências e formação de educadores com base em metodologias que possam colaborar para a implementação de currículos baseados em competências.

A ABP constitui um importante elemento para a elaboração de projetos estruturados, que promovam o protagonismo dos estudantes e o desenvolvimento de competências como a cultura digital, a criatividade, a colaboração, a comunicação, o pensamento crítico e a responsabilidade social, também conhecidas como algumas das chamadas "habilidades para o século XXI".

Segundo o BIE, uma educação centrada no estudante deve servir para estimular a necessidade do saber, por meio de conteúdos relevantes e da produção de habilidades para o século XXI, como mostra a Figura 3.1.

Em um estudo brasileiro, Santos (2018) mostrou que a ABP aplicada no ensino médio apresentou benefícios para o desenvolvimento das habilidades interpessoais dos estudantes e para a melhoria da aprendizagem em matemática, por conta da temática escolhida para o projeto.

Segundo Kim e Choi (2013), quando se trata da relação da ABP com o STEAM, a sinergia pode ser útil para promover a produção de competências relacionadas à investigação científica. Em seu estudo, publicado no *Journal of Science Education*, os autores mostraram que essa combinação pode promover o engajamento dos estudantes em atividade práticas e que aqueles que vivenciaram essas experiências de aprendizagem têm uma diferença estatística significativa no desenvolvimento da criatividade e das habilidades para resolução de problemas.

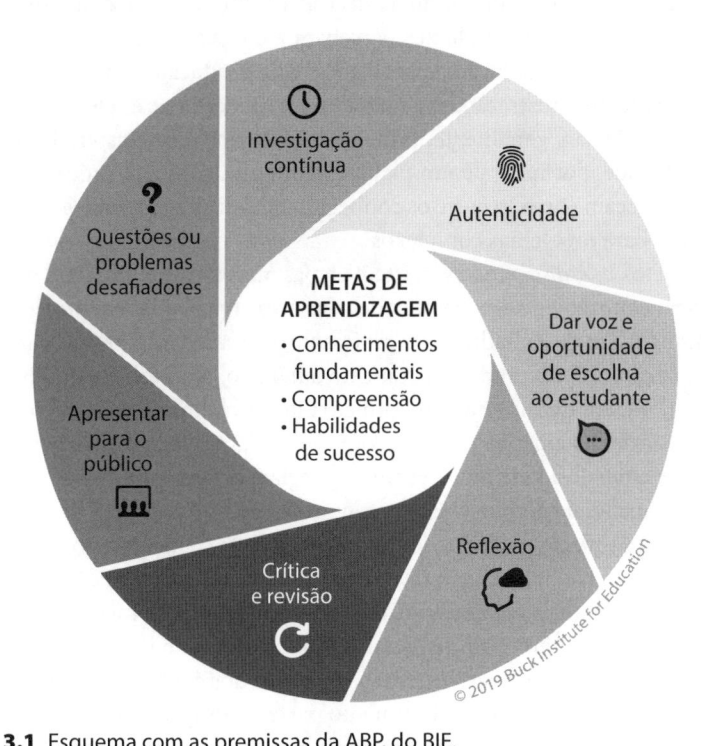

Figura 3.1 Esquema com as premissas da ABP, do BIE.
Fonte: Utilizada com autorização de Students at the Center Hub ([c2020]).

Qual é a relação entre o STEAM e a aprendizagem baseada em projetos?

Um projeto nos moldes propostos pela ABP não necessariamente precisa envolver o conhecimento de diversas disciplinas ou áreas do conhecimento. Podemos ter projetos inteiros focados em habilidades de uma única área, os chamados *projetos disciplinares*.

Outra forma comum de estruturar projetos escolares é por meio de temas centralizadores. Você já deve ter visto essa estratégia sendo utilizada, por exemplo, com o tema água: em matemática, o estudante aprende a analisar o consumo de água; em linguagens, explora poemas sobre a água; e, em geografia, realiza uma pesquisa sobre as bacias hidrográficas. Esse é um exemplo clássico de um projeto *multidisciplinar*, que não necessariamente conectará esses conhecimentos, mas os abordará como conhecimentos isolados, desenvolvidos pelas diferentes áreas do conhecimento.

Ao refletirmos sobre problemas reais, complexos, como o aquecimento global ou a produção de energia que gere menor impacto ao ambiente, não existem soluções triviais que dependam apenas dos conhecimentos de uma única área. É nesse sentido que reforçamos a importância do trabalho com projetos que sejam *interdisciplinares*, para que os estudantes percebam a conexão entre os conhecimentos de diferentes áreas na resolução de problemas e na produção de novas tecnologias.

É nessa vertente que traçamos a primeira intersecção entre o STEAM e a ABP. Projetos STEAM são, geralmente, projetos *transdisciplinares*, inspirados na estrutura da ABP, que, por meio de um planejamento minucioso, permitirão que estudantes estabeleçam conexão entre os conhecimentos de diferentes áreas para pensar em soluções para problemas complexos.

Em projetos *interdisciplinares*, existem etapas mais estruturadas para que o estudante crie a conexão entre as habilidades das áreas envolvidas no projeto. As etapas costumam ser desenhadas pelo professor, para auxiliar os estudantes a criar alguma solução, considerando um contexto autêntico, um problema ou uma questão norteadora. Por exemplo, em um projeto interdisciplinar com foco em STEAM, um professor de matemática trabalha com os estudantes na elaboração de gráficos para avaliar a pluviosidade de determinada região; observe que, nesse caso, existe uma intencionalidade no planejamento do professor.

Em projetos *transdisciplinares*, temos também esses elementos, porém os limites de aplicação dos conhecimentos das áreas não são tão claros. Pensando em um projeto transdisciplinar, por exemplo, ao criarem uma estação meteorológica, estudantes percebem que precisam registrar os dados obtidos e representá-los usando gráficos, momento em que partem, então, em busca dos conhecimentos necessários para essa ação. Nesse caso, o conhecimento parte da própria necessidade, e não se estabelece uma divisão de trabalho por disciplinas, e sim pelos conhecimentos fundamentais que serão necessários para desenvolver determinado tema.

A relação e a diferença entre projetos interdisciplinares e transdisciplinares são complexas. Conhecer elementos básicos de projetos interdisciplinares com certeza ajudará no planejamento de experiências de aprendizagem mais profundas, uma vez que, tanto no nível inter quanto no nível transdisciplinar, a metodologia que se usa é integrada entre as áreas, diferentemente de um projeto multidisciplinar, que permite a abordagem de conceitos com estratégias e metodologias estabelecidas pelas disciplinas envolvidas. Segundo Fazenda (1991, p. 31):

> O nível transdisciplinar seria o mais alto das relações iniciadas nos níveis multi, pluri e interdisciplinares. Além de se tratar de uma utopia, apresenta uma incoerência básica, pois a própria ideia de uma transcendência pressupõe uma instância científica que imponha sua autoridade às demais, e esse caráter impositivo de transdisciplinaridade negaria a possibilidade do diálogo, condição *sine qua non* para o exercício efetivo da interdisciplinaridade. Quanto à multi ou pluridisciplinaridade, implicando apenas a integração de conhecimentos, poderiam ser consideradas etapas para a interdisciplinaridade.

Para Vasquez, Sneider e Comer (2013), a principal diferença entre projetos interdisciplinares e transdisciplinares é que os primeiros integram duas ou mais disciplinas para desenvolver um aprendizado profundo, ao passo que no segundo caso os estudantes ajudam a moldar a própria experiência de aprendizagem, como demonstrado na Figura 3.2.

Disciplinar
Estudantes aprendem conceitos e habilidades separados em cada disciplina.

Multidisciplinar
Estudantes aprendem conceitos e habilidades separados em cada disciplina, mas com um tema em comum.

Intedisciplinar
Estudantes aprendem conceitos e habilidades interligados de duas ou mais disciplinas e desenvolvem um aprendizado profundo.

Transdisciplinar
Usando problemas reais ou projetos, estudantes aplicam conceitos e habilidades de duas ou mais disciplinas e ajudam a moldar a experiência de aprendizagem.

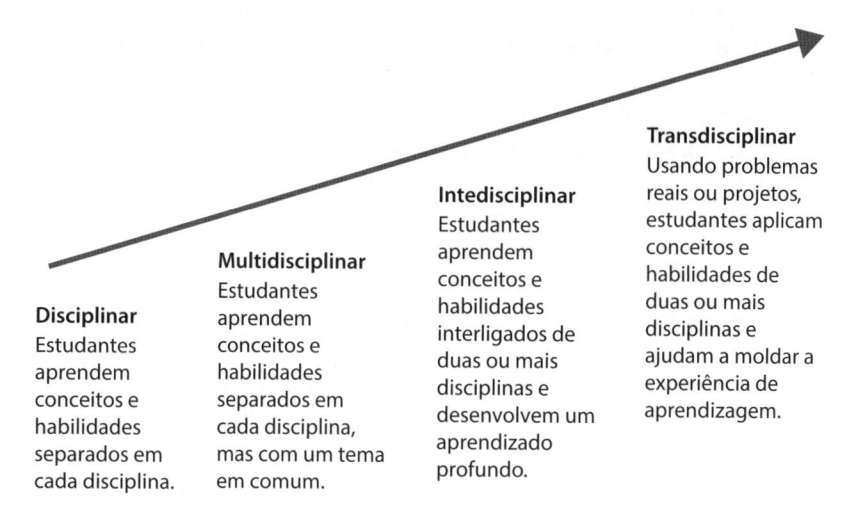

Figura 3.2 Níveis de integração entre disciplinas em projetos.
Fonte: Adaptada de Vasquez, Sneider e Comer (2013, p. 73).

ELEMENTOS BÁSICOS DA APRENDIZAGEM BASEADA EM PROJETOS

A ABP, por se tratar de uma concepção mais estruturada de projetos, contempla elementos que servem para nortear as ações e as aprendizagens dos estudantes. Conhecer esses elementos ajuda a refletir sobre o planejamento não como um passo a passo, mas como estratégias que podem colaborar para que os objetivos de aprendizagem previstos sejam alcançados.

Questão norteadora

Um projeto estruturado em um tema real e autêntico deve estimular o processo de investigação por meio de uma questão norteadora. Essa questão pode ser elaborada com os estudantes, por meio da exploração de algo que forneça ancoragem – artigo, vídeo, notícia que ajude a criar uma base para a exploração de um contexto – ou por meio do levantamento de problemas reais vivenciados na escola ou na comunidade.

Segundo Bender (2014), uma questão norteadora é a questão principal, que fornece a tarefa geral ou a meta declarada para o projeto de ABP. Ela deve ser explicitada de maneira clara e ser altamente motivadora; deve ser algo que os alunos considerem significativo e que desperte sua paixão.

Questões norteadoras não são simples a ponto de serem respondidas com uma listagem ou uma simples pesquisa. Além de estimularem a investigação, essas questões devem instigar e estimular os estudantes e devem ser abertas o suficiente para a produção de propostas diversificadas, que permitam a elaboração de soluções criativas e originais. Por exemplo, uma questão do tipo "O que é dengue?" pode até estimular a curiosidade, mas ela será facilmente respondida com uma breve pesquisa. Já uma adequação dessa questão pode levar a algo como: *Como podemos contribuir para a diminuição de casos de dengue em nossa comunidade?* Observe que, no segundo caso, a questão coloca o estudante como sujeito capaz de modificar sua realidade e apresenta a dimensão das ações que serão desenvolvidas, ou seja, nesse caso, com foco na comunidade.

Para além de apresentar uma estrutura adequada, a questão norteadora deve se conectar com um problema real de interesse do estudante. Problemas aventados pelos estudantes em suas comunidades podem servir como âncora para a elaboração de questões norteadoras capazes de mobilizá-los para o levantamento de informações e a produção de soluções.

Pesquisa

Em projetos STEAM, a etapa de pesquisa serve como um aprofundamento dos conceitos que serão necessários para o desenvolvimento de um projeto. Uma vez que se estabelece o tema de trabalho, com base em uma âncora ou um problema real, a pesquisa pode ser o momento de reunir informações que venham a contribuir com o que será concebido pelos estudantes.

Diferentemente de uma pesquisa que se transforma em um simples relatório, é preciso que os estudantes processem e compartilhem o que foi encontrado. Nesse sentido, são necessárias rodas de conversa para a troca das informações encontradas, além do uso de estratégias de síntese das informações, como a criação de infográficos ou registros gráficos em cartazes que possam ser compartilhados entre os grupos de trabalho.

Além disso, cada projeto deve ter uma etapa de coleta de informações alinhada com os objetivos de aprendizagem estabelecidos. Muitas vezes, essa coleta pode ser uma pesquisa em livros, revistas, jornais e *sites*, bem como uma pesquisa de campo, de modo a coletar informações com a comunidade por meio de entrevistas ou de formulários (*on-line* ou não) de pesquisa.

Levantamento de ideias

Também conhecida como *brainstorming*, esta etapa tem como objetivo o levantamento de ideias que possam ajudar na resolução de um problema ou contexto aventado a partir da questão norteadora. Para além do "pensar fora da caixa", é importante que os estudantes sejam capazes de pensar em ideias originais, mas que sejam também exequíveis em relação ao tempo e aos materiais disponíveis.

O *brainstorming* é uma técnica para estimular a investigação por meio do levantamento de ideias, o que pode gerar um registro; nesse caso, é comum usar *post-its* para descrever uma ideia, o que também pode acontecer oralmente, em uma roda de conversa, por exemplo.

Quando tratamos de projetos STEAM, o levantamento de ideias dará origem a um planejamento mais estruturado acerca do que será construído pelos estudantes ao longo do projeto. Esse planejamento serve também de insumo para que o professor possa ajudar os estudantes por meio de um *feedback* assertivo, estratégia que será aprofundada no capítulo desta obra que trata da avaliação (Capítulo 8).

Produto final

O produto final é algo que será construído pelos estudantes ao longo do projeto. No caso do STEAM, esse produto é geralmente um artefato, e sua produção poderá servir como base para o desenvolvimento de habilidades das diferentes áreas do conhecimento. Por exemplo, pensando no problema de consumo de energia elétrica, estudantes criam protótipos que possam colaborar com a redução do consumo de energia em suas moradias. Porém, esse produto final poderá também ser um artigo, uma apresentação, uma intervenção cultural, uma campanha de conscientização da comunidade, entre outras possibilidades.

Nesse sentido, podemos traçar uma conexão entre o produto final de um projeto de STEAM e as ideias defendidas por Seymour Papert sobre o construcionismo – construção do conhecimento baseada na elaboração de algo palpável, contextualizado e de interesse do estudante.

> Assim, o construcionismo, minha reconstrução pessoal do construtivismo, apresenta como principal característica o fato de examinar mais de perto do que outros ismos educacionais a ideia da construção mental. Ele atribui especial importância ao papel das construções no mundo como um apoio para o que ocorre na cabeça, tornando-se assim uma concepção menos mentalista. Também atribui mais importância à ideia de construir na cabeça, reconhecendo mais de um tipo de construção (algumas delas bastante longe de construções simples, como cultivar um jardim) e formulando perguntas a respeito dos métodos e materiais usados. (PAPERT, 1994, p. 137).

Devemos cuidar para que o produto final não se torne o foco do projeto; o mais importante é o aprendizado construído ao longo das etapas que permitirá chegar ao produto final, ou seja, o que mais importa é o processo.

Ao se estabelecer um produto final, também é necessária a elaboração de uma proposta que permita o desenvolvimento da autonomia do estudante no papel de quem cria uma solução, e, para isso, as etapas que antecedem essa produção devem estar alinhadas para a construção de habilidades e para a abordagem de temáticas que possam contribuir com o produto final. Por exemplo, se o produto final de um projeto for a criação de artefatos que possam amenizar o problema das enchentes, pode ser útil desenvolver, ao longo das etapas, uma pesquisa sobre o tema, uma oficina de *design* de produtos, entre outras técnicas e outros conhecimentos que possam auxiliar o estudante na condução de seus projetos.

Colaboração

Na estrutura da ABP, um dos objetivos é que os estudantes desenvolvam a colaboração. É importante que, ao longo dos projetos, eles possam realizar escolhas, organizar a divisão do trabalho e tomar decisões em conjunto.

Segundo a BNCC, documento que norteia as aprendizagens da educação básica, as experiências de aprendizagem devem tornar os estudantes capazes de:

> Exercitar a empatia, o diálogo, a resolução de conflitos e a cooperação, fazendo-se respeitar e promovendo o respeito ao outro e aos direitos humanos, com acolhimento e valorização da diversidade de indivíduos e de grupos sociais, seus saberes, identidades, culturas e potencialidades, sem preconceitos de qualquer natureza. (BRASIL, 2017, p. 10).

Pensando no caráter prático do trabalho em grupo, é importante levar em conta se a quantidade de participantes irá interferir nos momentos de protagonismo de cada aluno, e, por isso, o primeiro passo é formar grupos pequenos, de quatro ou cinco participantes. Na obra *Planejando o trabalho em grupo*, as autoras Elizabeth G. Cohen e Rachel A. Lotan apresentam diversas estratégias para estimular a criação de papéis que permitam o protagonismo de todos os elementos do grupo.

> Grupos de quatro ou cinco membros parecem ser ideais para a discussão produtiva e para a colaboração eficiente. Esse tamanho permite que os membros estejam em proximidade física para ouvir as conversas e sejam capazes de estabelecer contato visual com qualquer outro colega. Se o grupo for maior há chances de que um ou mais alunos sejam quase inteiramente deixados de fora da interação. (COHEN; LOTAN, 2017, p. 67).

Elaboração das etapas

Grande parte do fracasso atribuído ao trabalho com projetos em sala de aula se encontra nas expectativas sobre o produto final. Uma das situações é quando se utiliza uma rubrica holística – lista de objetivos ou pontos de chegada – para apresentar um projeto aos estudantes, fornecendo um tempo de execução e orientando que desenvolvam os projetos fora da sala de aula e sem o acompanhamento do professor. Após o prazo combinado, muitos grupos não conseguem cumprir as expectativas apresentadas na rubrica, e, com isso, um projeto que deveria estimular a criatividade e a confiança pode ter um efeito contrário.

Quando tratamos de projetos de STEAM nos moldes da ABP, as experiências de aprendizagem ajudam a compor os requisitos mínimos para que os estudantes consigam atingir as expectativas e os objetivos de aprendizagem. Nesse sentido, é importante que exista uma conexão entre a questão norteadora, as etapas do projeto e o produto final.

É preciso cuidado para não cair na armadilha de etapas como uma sequência didática e, assim, perder o potencial desenvolvimento da autonomia, da colaboração e da criatividade. As etapas de um projeto não são comandas ou atividades isoladas; são momentos ou períodos planejados para subsidiar a produção dos estudantes.

As etapas podem ser mais fechadas e objetivas, como uma oficina que capaz de contribuir com uma técnica aplicável pelos estudantes, ou mais abertas, como o levantamento de ideias e a prototipação de soluções, que permitem a cada grupo a escolha do que e como será construído.

Assim, uma das causas do fracasso é julgar que os estudantes irão desenvolver completamente sozinhos, do começo ao fim, seus projetos, em vez de entender a elaboração de um projeto como uma experiência de aprendizagem que é desenhada para que o professor possa atuar em parceria com os alunos. Porém, mesmo com o acompanhamento do professor, há recursos que são importantes ao ensinar os estudantes a assumir uma postura ativa no gerenciamento dos projetos. Tornar o planejamento visível para os alunos pode ajudá-los na administração do tempo que será utilizado, nas rodadas de *feedback* e revisão, na seleção dos materiais e na organização dos grupos de trabalho. O uso de um modelo de planejamento Canvas – da ferramenta Project Model Canvas – pode permitir essa organização, desde que esteja visualmente disponível ao longo do projeto (Figura 3.3).

Ao usar um modelo de planejamento Canvas, é possível customizar o instrumento, inserindo novas colunas de acordo com as necessidades do projeto. As datas das entregas podem ser definidas ao longo do projeto e podem ser remanejadas de acordo com a avaliação formativa, que permitirá o replanejamento. É importante estabelecer combinados com os estudantes, tornando o instrumento uma ferramenta de registro e cronograma do projeto.

Agora, tratando da relação entre as etapas e os objetivos de aprendizagem do projeto, não é simples pensar em momentos que se integram e colaboram para o produto que será desenvolvido pelos estudantes. Muitas vezes, escolhemos etapas que se encaixam no tempo disponível, que dividem os conteúdos, mas que não estão pensadas para atingir os objetivos de aprendizagem propostos. Por isso, é fundamental a elaboração de um planejamento minucioso que promova tanto as aprendizagens quanto o desenvolvimento das competências desejadas, como a colaboração, a criatividade e o pensamento crítico.

Título do projeto *Pensar em um título que motive os estudantes.*	**Etapa 1** *Descrição da etapa* Começa em: __/__/__ **Etapa 2** *Descrição da etapa* Começa em: __/__/__
Questão norteadora *Uma questão que seja ampla para permitir diferentes soluções.*	
Objetivos de aprendizagem *Listar os objetivos de aprendizagem essenciais do projeto.*	
Produto final *O que será construído pelos estudantes.*	

Figura 3.3 Modelo de *Canvas* para organizar as etapas com os estudantes.

Não existe uma prescrição de etapas ou ações que podem culminar em um planejamento eficiente para um projeto de STEAM, porém o uso do planejamento reverso pode colaborar para a elaboração de uma experiência de aprendizagem concisa e autêntica. Essa abordagem de planejamento foi desenvolvida por Grant Wiggins e Jay McTighe (2019, p. 14):

> O planejamento de ensino deliberado e focado requer que nós, como professores e autores de currículo, façamos uma mudança importante em nosso pensamento sobre a natureza do nosso trabalho. A mudança envolve pensar muito sobre as aprendizagens específicas almejadas, antes de pensar sobre o que nós, como professores, vamos fazer ou oferecer nas atividades de ensino e aprendizagem. Embora considerações sobre o que ensinar e como ensinar possam dominar nosso pensamento como uma questão de hábito, o desafio é focar primeiro nas aprendizagens desejadas a partir das quais o ensino apropriado logicamente irá se desenvolver.

O planejamento reverso se desenvolve em três estágios fundamentais para a elaboração de experiências de aprendizagem autênticas:

i. a determinação dos resultados esperados por meio da descrição de objetivos de aprendizagem claros e específicos;
ii. o levantamento de evidências que possam ajudar a verificar se os objetivos de aprendizagem se concretizam ao longo das atividades propostas;
iii. a elaboração de experiências de aprendizagens autênticas para que os estudantes possam demonstrar as habilidades e as competências almejadas.

Apesar de a ideia do planejamento reverso não ser necessariamente pensada para a ABP, o uso da estratégia no planejamento de projetos STEAM pode colaborar para que as etapas do projeto estejam alinhadas com os objetivos de aprendizagem almejados, sempre com o foco na integração dos conceitos e das habilidades inerentes às áreas envolvidas no acrônimo.

A BNCC pode servir como inspiração para o levantamento de habilidades que serão desenvolvidas e que, para um projeto ou currículo, poderão ser reescritas como objetivos de aprendizagem. Em algumas habilidades, como "(EF08CI12) Justificar, por meio da construção de modelos e da observação da Lua no céu, a ocorrência das fases da Lua e dos eclipses, com base nas posições relativas entre Sol, Terra e Lua" (BRASIL, 2019, documento *on-line*), é possível identificar com mais facilidade uma possibilidade de projeto STEAM. A própria habilidade, extraída da BNCC, apresenta uma proposta do trabalho com modelos físicos como possibilidade de produto final dos estudantes. Porém, o grande desafio é desenhar etapas nas quais sejam consideradas experiências que possibilitem aos estudantes atingir o objetivo de justificar, no contexto das posições relativas dos astros, e, ainda, que sejam desenhadas, no decorrer das etapas, as evidências que podem ser coletadas para compreender se o objetivo proposto foi alcançado.

Vamos usar a habilidade citada como exemplo para pensar nos estágios do planejamento reverso. Pensando em destrinchar essa habilidade, podemos, então, definir os seguintes objetivos de aprendizagem para um projeto STEAM:

- listar os movimentos relativos entre o Sol, a Terra e a Lua;
- investigar a dinâmica de formação dos eclipses e das fases da Lua;
- construir um modelo físico para demonstrar os movimentos relativos entre o Sol, a Terra e a Lua;
- colaborar com os colegas de turma na organização do trabalho em grupo;
- demonstrar a proporção entre tamanhos e distâncias entre o Sol, a Terra e a Lua na elaboração de um modelo físico.

A partir dessa definição, podemos levantar as evidências que servirão como instrumentos para a avaliação das aprendizagens, como:

- pesquisa e infográfico para demonstrar os movimentos relativos e as proporções matemáticas entre os astros envolvidos;
- planejamento compartilhado com o professor contendo a descrição dos papéis exercidos pelos diferentes participantes ao longo da produção;
- vídeo ao final da atividade para demonstrar os conceitos aplicados no modelo desenvolvido pelo grupo.

Como exemplos de experiências de aprendizagem, pensando na elaboração de um modelo e na gravação de um vídeo como produtos finais (e evidências de aprendizagem), podemos pensar em etapas como:

- oficinas de técnicas artesanais com papel, de roteirização de vídeos e produção de infográficos;
- pesquisa sobre modelos físicos usados em museus de astronomia para o estudo dos movimentos relativos dos astros;
- aulas abertas nas quais os grupos possam planejar, construir, testar, receber *feedback* e revisar os modelos físicos para o estudo dos movimentos relativos entre os astros.

Apesar de simplificarmos a lógica de planejamento, é importante ter em mente que desenvolver o planejamento reverso implica realizar diversas seções de planejamento, análise dos contextos, elaboração de objetivos de aprendizagem, *design* de experiências de aprendizagens e outras atividades ou instrumentos. Além disso, cada um desses elementos deve ser pensando de forma personalizada para cada projeto, que terá como público estudantes de determinada faixa etária, inseridos em realidade socioeconômica específica.

STEAM, APRENDIZAGEM BASEADA EM PROJETOS E *DESIGN THINKING*

Um dos grandes desafios de projetos STEAM nos moldes da ABP é garantir que os estudantes tenham oportunidades originais para o planejamento e a elaboração de artefatos, por meio de etapas que estimulem a criatividade e que estejam conectadas com a investigação de conceitos, alinhados com a proposta de *design*, comumente associada às aprendizagens de artes.

Para além da visão do *design* de artefatos, outra abordagem empregada com frequência em projetos de STEAM é o *design thinking* (BOY, 2013; GROSS; GROSS, 2016; LIAO, 2016), que se constitui no conjunto de ideias utilizadas por *designers* para desenvolver e implementar soluções com base nas necessidades do usuário. Apesar de não ser considerado uma metodologia, e sim uma forma de pensar soluções, o *design thinking* é um recurso que pode ajudar no planejamento de experiências de aprendizagem com foco na criação de artefatos.

O processo do *design thinking* tem princípios fundamentais que vão ao encontro dos objetivos de projetos STEAM para desenvolver a empatia, a colaboração, a criatividade e o otimismo. É desse processo que ficou famosa a expressão "pensar fora da caixa", que tem como base a elaboração de soluções inovadoras, nunca testadas, que podem auxiliar na resolução de determinado problema.

Pensando na produção de um artefato, com base em um problema real, as etapas do *design thinking* podem colaborar com a criação de um pensamento com foco na inovação, e, por esse motivo, enxergamos a sinergia com um projeto nos moldes da ABP com foco em STEAM (Figura 3.4).

Pensando em um projeto de STEAM que tenha como ancoragem o problema do avanço dos casos de dengue, vamos refletir sobre como as etapas do *design thinking* podem ajudar a estruturar a criação de um artefato. O objetivo aqui será também refletir sobre como esse conjunto de ideias pode servir como estratégia para estruturar práticas baseadas na ABP.

Na etapa *empatizar*, os estudantes terão contato com o tema por meio da exploração de uma notícia ou de um vídeo, que poderá levar a um processo de levanta-

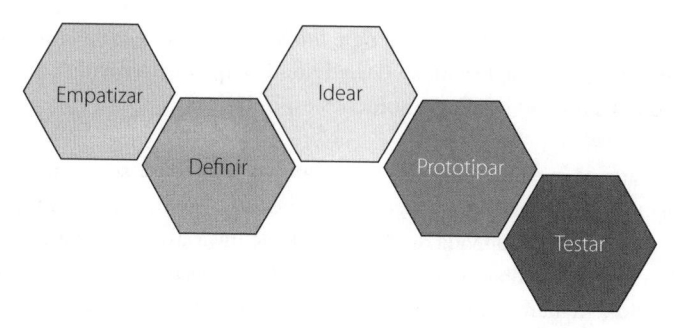

Figura 3.4 Etapas do *design thinking*.
Fonte: Bacich e Moran (2018, p. 161).

mento de informações e entrevistas com pessoas da comunidade que de alguma forma são afetadas pelo problema.

Para *definir* o objeto de estudo, é necessário um aprofundamento nas informações obtidas na etapa anterior por meio da sistematização e do compartilhamento dos dados e da definição de um problema da persona que foi identificada na etapa anterior. É quando relacionamos essa etapa com a ABP que nasce uma questão norteadora, responsável por pautar o processo investigativo realizado pelos estudantes.

Idear se relaciona com os momentos nos quais os estudantes levantam ideias possíveis para o desenvolvimento de seus projetos. Nesse momento, a técnica do *brainstorming*, já comentada, é utilizada para listar possíveis soluções para o problema. Quando tratamos de projetos STEAM, essa ideação é um processo mais complexo, que pode ser apoiado pela produção de instrumentos como um Canvas de planejamento, por exemplo. Pensando em uma atividade que se inspire nas etapas do *design thinking*, podemos relacionar com um desafio STEAM, no qual os grupos de estudantes deverão sugerir ideias e escolher uma para seguir para a próxima etapa.

A elaboração de artefatos está relacionada com o *prototipar*. Um protótipo pode ser considerado uma versão não finalizada do artefato, que traduza determinada aplicação, mesmo que no sentido figurativo. Por exemplo, ao elaborarem um protótipo de uma armadilha para mosquitos da dengue, estudantes usam lâmpadas de LED para representar sensores de proximidade, mesmo que estes não estejam disponíveis. Essa visão de protótipo pode abrir possibilidades para estimular a criatividade dos alunos, mesmo em cenários em que não haja materiais complexos para serem empregados em seus protótipos. Por fim, com os artefatos finalizados, os estudantes podem *testar* suas construções com foco na resolução do problema definido e aprimorá-las de acordo com os resultados do teste e dos possíveis *feedbacks* dos pares, do professor ou dos usuários com os quais empatizaram no início do percurso.

É importante ressaltar que, no *design thinking*, uma das premissas das etapas do processo é o tempo de execução das atividades, que, geralmente curto, procura estimular o pensamento criativo e soluções espontâneas.

> Pelo fato de ser limitado, neutro e iterativo, um processo impulsionado pelo *design thinking* parecerá caótico para as pessoas que o vivenciam pela primeira vez. Mas, ao longo da vida de um projeto, ele invariavelmente passa a fazer sentido e atinge resultados que diferem, de forma visível, dos processos lineares baseados em marcos que definem as práticas de negócios tradicionais. (BROWN, 2018, p. 17).

Quando essa abordagem é utilizada em projetos STEAM, os tempos podem ser diferentes da proposta original, considerando o período de processamento e execução dos estudantes da educação básica. Por isso, é comum que essas práticas (BOY, 2013; GROSS; GROSS, 2016; LIAO, 2016) se inspirem nas etapas do *design thinking*, mas não necessariamente sigam o mesmo processo que é aplicado no mundo corporativo.

O professor como *designer* de experiências autênticas de aprendizagem

Ao se desenvolver experiências de aprendizagem nos moldes da ABP e com a abordagem do STEAM, é nítida a mudança de pensamento para o planejamento de ações que sejam realizadas pelos estudantes, não apenas para aplicar objetos de conhecimento, mas como estratégia que permita o desenvolvimento de competências que vão além dos conteúdos e das estratégias empregados para aulas expositivas ou dialogadas.

> O papel ativo do professor como *design* de caminhos, de atividades individuais e de grupo é decisivo e o faz de forma diferente. O professor se torna cada vez mais um gestor e orientador de caminhos coletivos e individuais, previsíveis e imprevisíveis, em uma construção mais aberta, criativa e empreendedora. (BACICH; TANZI NETO; TREVISANI, 2015, p. 9).

O professor, como *designer* de experiências autênticas, pode cometer um equívoco ao acreditar que seguir apenas as recomendações da ABP, do planejamento reverso ou do *design thinking* será suficiente para a elaboração de projetos STEAM que realmente alcancem a aplicação de conhecimentos existentes e a construção de novas aprendizagens.

É necessário um amplo repertório, de conhecimentos técnicos e pedagógicos, além da reflexão sobre a prática, para alcançar um nível avançado na elaboração de práticas imersivas. Em determinado nível de maturidade, espera-se que o professor, como *designer* dessas experiências, consiga ultrapassar as recomendações de metodologias específicas, incrementando seu planejamento com base em vivências e em um conhecimento profundo sobre as estratégias que ajudarão seus estudantes na aprendizagem dos conceitos científicos e no desenvolvimento de competências e habilidades.

Os processos de aplicação e avaliação da prática docente servem como forma de aprimorar as estratégias que serão empregadas para se alcançar os objetivos de aprendizagem em um projeto. Em muitos casos, esses aprendizados estão relacionados com a pesquisa-ação, ou seja, um processo cíclico, que surge de hipóteses sobre estratégias de trabalho, e uma constante reformulação do planejamento e da prática docente.

Além de conhecer a parte metodológica, é necessário profundo conhecimento técnico sobre as ferramentas que serão empregadas no projeto. Nesse sentido, o desenvolvimento da cultura digital não é algo inerente apenas ao estudante, mas também ao professor, que pode conhecer e explorar recursos para integrá-los em seu planejamento. Recursos de programação e robótica, atividades para desenvolver o pensamento computacional, simuladores para a compreensão de conceitos científicos poderão ser instrumentos úteis na elaboração de projetos STEAM, desde que apropriados pelo professor. Ferramentas digitais de produtividade, que permitam a criação de textos, cartazes ou outras formas de comunicação, também devem fazer parte do repertório para o planejamento e para o desenvolvimento da cultura digital pelos estudantes.

A formação continuada de professores, os grupos de estudos nas instituições e o planejamento colaborativo e reflexivo podem servir como insumos para a construção das habilidades de um professor que terá desafios que podem não ter feito parte de sua formação inicial, mas que poderão trazer benefícios imensuráveis quando tratamos de uma educação pautada no desenvolvimento de competências.

Para além de todos esses desafios, é preciso criatividade e persistência, pois muitas vezes será necessário adaptar recursos, organizar aulas com outros professores, repensar projetos durante a aplicação – com base nas evidências coletadas – e, principalmente, assumir o papel de elaborador de experiências de aprendizagem capazes de tornar o professor um sujeito apto a fornecer devolutivas que irão proporcionar o sucesso dos protagonistas – seus estudantes.

> **PARA SABER MAIS**
>
> **Site: PBL Works (Buck Institute of Education)**
> Em inglês, o *site* disponibiliza uma série de materiais para educadores que desejam aprender o que é e como utilizar a ABP com estudantes na educação básica.
> Disponível em: https://www.pblworks.org/
>
> **Livro: *Aprendizagem baseada em projetos*: educação diferenciada para o século XXI. Willian Bender, Editora Penso, 2014.**
> O livro apresenta uma série de estudos que ajudam a compreender o potencial da ABP, além de estratégias e aprofundamento em seus elementos básicos.

REFERÊNCIAS

BACICH, L.; MORAN, J. *Metodologias ativas para uma educação inovadora:* uma abordagem teórico-prática. Porto Alegre: Penso, 2018.

BACICH, L.; TANZI NETO, A.; TREVISANI, F. M. *Ensino híbrido:* personalização e tecnologia na educação. Porto Alegre: Penso, 2015.

BENDER, W. N. *Aprendizagem baseada em projetos:* educação diferenciada para o século XXI. Porto Alegre: Penso, 2014.

BOY, G. A. From STEM to STEAM: toward a human-centred education, creativity & learning thinking. *In:* EUROPEAN CONFERENCE ON COGNITIVE ERGONOMICS, 31., 2013, Toulouse. *Proceedings* [...]. New York: ACM, 2013.

BRASIL. *Base Nacional Comum Curricular.* 2019. Disponível em: http://basenacionalcomum.mec.gov.br/abase/#fundamental/ciencias-no-ensino-fundamental-anos-finais-unidades-tematicas-objetos-de-conhecimento-e-habilidades. Acesso em: 21 já. 2020.

BRASIL. Ministério da Educação. Conselho Nacional de Educação. Conselho Pleno. *Resolução CNE/CP nº 2, de 22 de dezembro de 2017.* Institui e orienta a implantação da Base Nacional Comum Curricular, a ser respeitada obrigatoriamente ao longo das etapas e respectivas modalidades no âmbito da Educação Básica. Brasília, DF: Ministério da Educação, 2017. Disponível em: http://portal.mec.gov.br/index.php?option=com_docman&view=download&alias=79631-rcp-002-17-pdf&category_slug=dezembro-2017-pdf&Itemid=30192. Acesso em: 12 jan. 2020.

BROWN, T. *Design thinking:* uma metodologia poderosa para decretar o fim das velhas ideias. Rio de Janeiro: Alta Books, 2018.

BUCK INSTITUTE FOR EDUCATION. *Aprendizagem baseada em projetos:* guia para professores de ensino fundamental e médio. 2. ed. Porto Alegre: Artmed, 2008.

COHEN, E. G.; LOTAN, R. A. *Planejando o trabalho em grupo:* estratégias para salas de aula heterogêneas. 3. ed. Porto Alegre: Penso, 2017.

CONDE, M. Á. et al. RoboSTEAM: a challenge based learning approach for integrating steam and develop computational thinking. *In:* INTERNATIONAL CONFERENCE ON TECHNOLOGICAL ECOSYSTEMS FOR ENHANCING MULTICULTURALITY, 7., 2019, León. *Proceedings* [...]. New York: ACM, 2019. p. 24-30.

FAZENDA, I. C. A. *Interdisciplinaridade:* um projeto em parceria. São Paulo: Loyola, 1991.

GROSS, K.; GROSS, S. Transformation: constructivism, design thinking, and elementary STEAM. *Art Education,* v. 69, n. 6, p. 36-43, 2016.

HERNÁNDEZ, F. Entrevista. *Nova Escola,* São Paulo, n. 154, 2002.

KIM, M. G.; CHOI, S. Y. The effects of the STEAM project-based learning on students' creative problem solving and science achievement in the elementary science class. *Journal of Science Education,* v. 37, n. 3, p. 562-572, 2013.

LIAO, C. From interdisciplinary to transdisciplinary: an arts-integrated approach to STEAM education. *Art Education,* v. 69, n. 6, p. 44-49, 2016.

MACHADO, N. J. *Educação:* projetos e valores. São Paulo: Escrituras, 2000.

MORIWAKI, K. et al. Scrapyard Challenge Jr., adapting an art and design workshop to support STEM to STEAM learning experiences. *In:* INTEGRATED STEM EDUCATION CONFERENCE, 2., 2010, Ewing. *Proceedings* [...]. New York: IEEE, 2012. p. 1-6.

PAPERT, S. A. *A máquina das crianças:* repensando a escola na era da informática. São Paulo: Artes Médicas, 1994.

SANTOS, M. L. S. F. S. *Aprendizagem baseada em projetos aplicada no ensino de matemática do ensino médio.* 2018. Dissertação (Mestrado em Projetos Educacionais de Ciências) – Escola de Engenharia de Lorena, Universidade de São Paulo, Lorena, 2018.

STUDENTS AT THE CENTER HUB. *PBLWorks.* [c2020]. Disponível em: https://studentsatthecenterhub.org/resource/buck-institute-for-education-bie/. Acesso em: 12 jan. 2020.

VASQUEZ, J. A.; SNEIDER, C. I.; COMER, M. W. *STEM lesson essentials, grades 3-8:* integrating science, technology, engineering, and mathematics. Portsmouth: Heinemann, 2013.

WIGGINS, G.; MCTIGHE, J. *Planejamento para a compreensão:* alinhando currículo, avaliação e ensino por meio da prática do planejamento reverso. 2. ed. Porto Alegre: Penso, 2019.

LEITURAS RECOMENDADAS

BOSS, S.; KRAUSS, J. *Reinventing project-based learning:* your field guide to real-world projects in the digital age. Eugene: International Society for Technology in Education, 2014.

BUCK INSTITUTE FOR EDUCATION. *"Doing a project" vs. Project Based Learning.* [201-]. Disponível em: https://www.pblworks.org/doing-project-vs-project-based-learning. Acesso em: 12 jan. 2020.

# 4

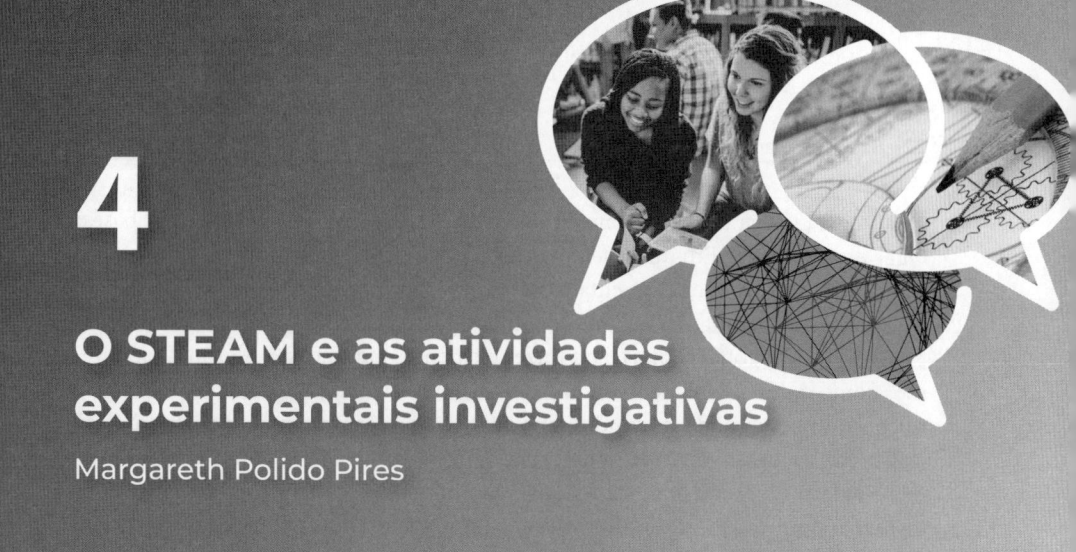

O STEAM e as atividades experimentais investigativas

Margareth Polido Pires

Podemos, com certa facilidade, constatar que professores, pesquisadores e uma série de profissionais vêm pautando cenários diversos ligados ao ensino de ciências, seja do ponto de vista didático-pedagógico – construção de boas práticas, desenvolvimento de competências e habilidades, avaliação, etc. –, seja do ponto de vista teórico-reflexivo – qual o papel das ciências na escola, qual visão de ciências pretendemos construir com nossas crianças e jovens, como potencializar o letramento científico, como a aprendizagem se efetiva. Esse cenário pulsante por vezes nos alimenta, mas pode também trazer certa dose de confusão, perturbação e ceticismo, principalmente quando parece atrelado a certo "modismo educacional".

Professores com uma vivência docente já sedimentada, com um trajeto construído, já se deram conta de que não só a sala de aula mudou: nossas crianças e jovens chegam com outras referências e desejos, e há também uma oferta variada batendo à porta, apresentando boas soluções.

Na ausência de um tempo para reflexão e estudo, na correria entre uma aula e outra, é possível que se coloquem em um mesmo balaio metodologias, estratégias, referências didáticas, resultados consolidados das pesquisas, produtos educacionais e, até mesmo, propostas dúbias alimentadas por interpretações superficiais. Fica-se à mercê da sorte, e por vezes tentativas de caminhos mágicos são colocadas em marcha, quase sempre em um processo de tentativa e erro nas salas de aula.

Não cabe, neste capítulo, lidar com todos os elementos apontados anteriormente; seriam muitas páginas, sem mencionar a ousadia e a pretensão. Porém, parece caber certa dose de reflexão sobre o "S" do STEAM, ou seja, sobre *science*, ciência.

Quanto de ciência deve haver no STEAM? Que ciência seria essa? Quais as bases? Qual a expectativa? Em que difere da ciência que temos praticado? Estamos todos em acordo sobre o que representa ciências nessa abordagem?

Para darmos conta desses questionamentos, navegaremos por algumas referências, não para esgotá-las, mas para trazer elementos para nossa reflexão. Discutiremos como o desenvolvimento de uma visão sobre ciências, tecnologia e sociedade se constitui como pano de fundo importante para o campo investigativo – potencializador do desenvolvimento de capacidades cognitivas – e como as atividades de resolução de problemas, atividades "mão na massa" e atividades experimentais dialogam com o campo da motivação e do interesse dos alunos e com o trabalho colaborativo. O olhar integrado para esses elementos poderá oferecer bases mais sólidas para entender a força do "S" na abordagem STEAM e permitir, talvez, um trabalho mais robusto em sala de aula.

DE QUAL CIÊNCIA ESTAMOS FALANDO?

Modelos pedagógicos para o ensino de ciências vêm se alternando ao longo do tempo, evidenciando novas características e elementos potencializadores da aprendizagem e tendo como marca, ainda que com diferentes nuanças e referências, um distanciamento cada vez maior do modelo de aluno passivo e professor que oferece o conhecimento.

Ao olharmos para marcos significativos dessa série de modelos, podemos também nos dar conta das alterações no olhar sobre a natureza das ciências e do trabalho científico com que professores e alunos estão lidando. Temos, assim, alterações tanto no escopo do olhar para o ensino e a aprendizagem de ciências quanto no que se pretende oferecer como concepção de ciências aos alunos.

Trazendo somente elementos mais marcantes, à guisa de exemplificação do exposto, podemos pensar no caminho (bem simplificado) entre os modelos tradicional, de redescoberta, construtivista e sociocultural. O primeiro tem como marcas, em um olhar bem pouco aprofundado, o aluno passivo, o cumprimento de tarefas e a memorização de conteúdo. É um modelo baseado na transmissão e na reprodução. O critério para seleção de conteúdo é de certa forma hierarquizado, uma vez que se considera somente aquilo que já está consolidado pela comunidade científica. Mesmo com o uso de experimentos, estes apresentam um passo a passo que gera pouquíssima ou nenhuma reflexão, que se assemelha à execução de uma receita, sem o levantamento de hipóteses, atingindo-se apenas a etapa de verificação do processo investigativo.

No segundo modelo, o de redescoberta, os métodos expositivos são substituídos por métodos mais ativos, marcados por atividades práticas e aprendizagem baseada em projetos, como no caso da abordagem STEAM. A perspectiva é considerar que o melhor caminho para se aprender ciências é fazendo ciências, no sentido de que para aprender algo é preciso descobrir algo. Parte-se do pressuposto de que o método científico, a aplicação rigorosa de uma estrutura de pesquisa, possibilita descobrir a ciência que está presente em nossa realidade, em nosso cotidiano. O método científico é também o método do ensino:

1. o professor deve facilitar a descoberta recorrendo a atividades mais ou menos guiadas;
2. os alunos seguem uma ação estruturada; e
3. o que se deseja aprender emerge pela ação bem realizada.

Até aqui, é possível notar que, entre um e outro modelo, afastamo-nos um pouco do olhar sobre o papel passivo do aluno – há abertura para atividades experimentais e busca-se uma participação mais abrangente, uma vez que trabalhar com experimentos e aprendizagem baseada em projetos é bem diferente de uma aula expositiva sobre um tema. De qualquer modo, ainda que se notem diferenças, a forma de ação do aluno se baliza sobre uma sequência definida *a priori* de ações organizadas pelo professor.

O modelo construtivista traz à tona a perspectiva cognitivista, reconhecendo o papel do aluno como aquele que constrói seu conhecimento, valorizando suas concepções prévias, alavancando o papel da contextualização, concebendo a força do social e do cultural no processo de aprendizagem. O aluno passa a ser visto como ativo e crítico, e o professor é orientador, e não mais aquele que transfere conhecimento. As abordagens nas aulas de ciências passam a priorizar a problematização e a resolução de problemas, bem como a interação entre os alunos e entre estes e o professor no processo de construção de soluções e de novas questões.

Temos, agora, um grande afastamento das características do modelo tradicional. A força do aluno ativo é muito clara; a necessidade de repensar as atividades de ensino se mostra necessária, incluindo formas mais contextualizadas e problematizadoras de ação. Além disso, novos referentes se incluem, como os elementos relativos à cognição, elementos estes que subsidiarão (novamente tendendo a um reducionismo para simplificar) o olhar para competências e habilidades, mobilizando o trabalho para um leque de capacidades cognitivas que se deseja desenvolver nos alunos.

Alunos mais críticos, mais participativos, que buscam no entorno referências a serem problematizadas e compreendidas, assim como ampliação da interação social, das propostas em pares e em grupos, etc., explicitam um quadro no qual a repetição, a memorização, o olhar específico para um conteúdo por vez, o olhar disciplinar, o trabalho solitário e pouco colaborativo, as tarefas sem contexto e com objetivos poucos claros para o desenvolvimento cognitivo não têm mais lugar. Pode-se perceber que, aqui, surgem as primeiras sementes do movimento ligado às metodologias ativas, repensando, entre outros elementos, o papel dos alunos e dos professores na imbricada arte de aprender e ensinar.

O modelo sociocultural oferece um olhar ainda mais abrangente. O lugar ativo do aprendiz e a clareza de novos referentes em sala de aula ficam bem mais contundentes; a educação em si é compreendida como emancipadora e transformadora, e o aluno é o sujeito dessa transformação. O diálogo ganha força, bem como o questionamento, a argumentação, a criticidade, a conscientização, a criação e a ação sobre o mundo.

Essa rápida apresentação da passagem do modelo tradicional ao modelo sociocultural, sem dúvida muito reducionista, tem como objetivo somente nos colocar diante daquilo que parece ser uma "criação atual": o papel ativo do aluno na experiência de aprendizagem e o novo protagonismo que se exige do professor. Mas esses papéis não são algo tão novo assim, não apareceram na última década! São construções que se alimentaram de pesquisas, de novos campos de conhecimento, de necessidades sociais, de novos referentes trazidos pela globalização, pelo desenvolvimento tecnológico, pelas alterações significativas nas formas de comunicação e acesso à informação, pela sociedade que se transforma e se vê transformada.

Com relação às "concepções sobre ciências", também são perceptíveis as alterações dessa visão ocorridas ao longo desse tempo. Uma visão neutra e positivista é a marca inicialmente presente, em que o discurso sobre ciências é um discurso sobre "verdades a serem assimiladas ou verdades a serem construídas". Há total despreocupação com a contextualização histórica; a experimentação tem como objetivo a verificação de tais verdades; a metodologia de ensino está diretamente pautada pelo método científico – o método infalível para se aproximar das ciências e do fazer científico. Do ponto de vista do trabalho de laboratório, o professor planeja o experimento. Por vezes, ele mesmo o executa, outras vezes, oferece uma receita a ser seguida pelo aluno, que deve partir, então, para a ação orientada – nesta, deve observar, realizar, registrar e responder. É algo centrado na eliminação da subjetividade: somente o que é objetivo e foi apontado como importante merece atenção.

> Essa concepção positivista, segundo a qual a ciência é uma coleção de fatos objetivos governados por leis que podem ser extraídas diretamente observando esses fatos com uma metodologia adequada, foi superada – entre filósofos e historiadores da ciência, mas não necessariamente nas salas de aula [...] (POZO; CRESPO, 2009, p. 20).

Atualmente, aproximamo-nos de outras referências, nas quais aspectos muito diferentes são apontados como favoráveis à construção sobre a visão de ciências, bem como dos conhecimentos científicos. Entre elas, o papel das hipóteses e das teorias como orientadoras da investigação e as possibilidades variadas de caminhos de resolução dos problemas. No que se refere aos problemas, estes devem aparecer em um contexto no qual se apresente de forma clara sua relação com o entorno social, político, econômico, cultural. Não são problemas forjados, caricaturados: são problemas reais. Aqui temos uma segunda conexão dos marcos referenciais do ensino de ciências com a abordagem STEAM, na existência de um contexto autêntico que norteia a aprendizagem baseada em projetos.

Temos um trabalho coletivo, em uma visão de aprendizagem em pares, em grupo ou equipes, dando lugar à desconstrução dos estereótipos que associam os cientistas a gênios loucos e isolados em ambientes assépticos e distantes da sociedade (e até mesmo a visão de que somente homens estão à frente do empreendimento científico). Uma visão de ciências não neutra, não descontextualizada, mas de um campo que estabelece relações com a sociedade, que se vincula à política, à economia, à cultura. Nesse sentido, a ciência se apresenta como cultura, como forma de expressão e criação humana, como construtora de significados e formas de compreensão do mundo.

Briccia (2017) reúne algumas características relativas à construção do conhecimento científico capazes de nos auxiliar na busca por uma ação intencional que ajude na construção de uma visão de ciências. Reunindo olhares de diferentes pesquisadores, ela nos aponta que:

- Não há um "método científico" fechado, com base em etapas bem definidas e fundamentado unicamente na experimentação.
- O conhecimento científico é aberto, sujeito a mudanças e reformulações.
- O desenvolvimento da ciência está relacionado aos aspectos sociais e políticos.
- A ciência é humana, e é necessário que seja caracterizada e interpretada como tal, a partir de pontos de vista distintos, de acordo com os interesses de quem a enfoca.

Essas contribuições nos aproximam do campo investigativo na sala de aula. Ensinar ciências pautadas pela investigação, e não pelo método científico, oferece possibilidades de diálogo, argumentação, experimentação, interação entre sujeitos, resolução de problemas, elementos que favoreçam a construção de uma visão sobre ciências atual, afastada do modelo positivista. Se pudermos nos dar conta das visões sobre ciências que se vinculam, por vezes sem querer, em sala de aula, podemos agir de forma deliberada para evitá-las e até mesmo erradicá-las.

Então, o que devemos esperar da educação científica? Como ela pode nos ajudar a ter percepção dos contributos importantes para o que ensinar em ciências? Segundo Jiménez Aleixandre e Sanmartí (1997), alguns elementos podem ser estabelecidos: a aprendizagem de conceitos e a construção de modelos; o desenvolvimento de habilidades cognitivas e de raciocínio científico; o desenvolvimento de habilidades experimentais e de resolução de problemas; o desenvolvimento de atitudes e valores; a construção de uma imagem de ciências. Como já abordado no Capítulo 3, tanto a resolução de problemas quanto a construção de modelos são estratégias que estão fortemente relacionadas à aprendizagem baseada em projetos e, consequentemente, ao STEAM.

Estamos, finalmente, diante de duas questões importantes – uma questão ligada a ensinar ciências (conceitos, modelos, teorias, procedimentos) e outra relativa a ensinar sobre ciências (o que é ciência, a natureza das ciências, seu lugar na educação e na cultura). Nesse sentido, estamos diante de algo mais potente, que é nos colocarmos diante do ensino das ciências associado ao ensino da cultura e da educação científica: um tanto distante de memorizar fatos ou conceitos, um bocado mais atrelado ao protagonismo, a formas diferenciadas de pensamento e ação, ao desenvolvimento de habilidades e competências, à formação integral e cidadã dos indivíduos.

Até aqui, buscou-se chamar atenção para dois componentes que se articulam como potentes – ensinar ciências e ensinar sobre ciências. Tanto um quanto outro exigem uma compreensão ampla de seus significados, da articulação entre eles e de uma abordagem que potencialize a integração. Advogamos que não se deve colocar foco em uma vertente sem trazer a outra. Não cabe escolher temas e conceitos científicos interessantes e dar-lhes uma abordagem que apresente uma visão distorcida sobre ciências e sobre o empreendimento científico.

E a prática da sala de aula?

De certo modo, durante muito tempo parece ter ocorrido uma mistura de referências no campo de ação dos professores. Fernandes (2015, p. 34) aborda essa questão de modo muito claro:

> Ressaltamos que na prática escolar cotidiana esses modelos adquirem diversas caracterizações, podendo, até mesmo, muito frequentemente, coexistirem e se suportarem ao menos parcialmente. Boa parte dos professores costumam, inclusive, misturar princípios e métodos de dois ou mais modelos em suas práticas cotidianas, criando de certo modo modelos híbridos. [...] Mais comum é o professor utilizar (ou misturar) diferentes modelos pedagógicos na sua lida diária profissional.

Não é nossa intenção explorar essas práticas diferenciadas, tampouco a razão dos professores em criá-las. Contudo, uma marca que nos parece interessante e que se fez presente foi a de associar a eficiência do ensino de ciências à possibilidade de atividades experimentais, considerando que essa associação contribuiria para tornar o ambiente mais ativo e motivador, engajando mais os estudantes.

Contudo, não raras vezes, tais atividades eram apresentadas aos alunos como uma lista de ações previamente definidas, chamadas por muitos de "protocolo experimental". Tal lista ou protocolo propõe, certamente, um olhar único para o processo e, em consequência, para os resultados. Também, como caminho único, "a experiência" se encerrava, como forma de registro, com a redação e a apresentação de um relatório experimental ou científico.

Esse modelo de ação acabaria por potencializar, ainda que sem intencionalidade declarada, uma força no método científico (e não na metodologia do trabalho científico), uma concepção de ciência neutra, detentora de verdades e acabada, em uma idealização de que a aprendizagem estaria essencialmente dependente da ação (e da repetição) para alcançar a compreensão de um conceito, fenômeno, modelo ou teoria.

Etapas previstas e definidas, ainda que revelem preocupações com a ação e tenham traços de investigação, estão um tanto distantes da potência e da eficiência da proposta. Não é difícil perceber que os alunos podem realizar as etapas de modo irrefletido, sem questionar o roteiro, o processo e, infelizmente, o quanto os resultados apoiam de fato uma conclusão ou constatação a que se quer chegar (por vezes já declarada pelo professor, pelo livro didático ou até mesmo pelo protocolo experimental).

Iniciemos considerando que ensinar ciências envolve bem mais do que um fazer, do que uma ação. É bem diferente de pensar em atividades de laboratório ou outras quaisquer em que os alunos estão em ação. Podemos propor uma atividade que envolva ação do aluno sem estabelecer elementos como problematizar, hipotetizar, testar, ler, pesquisar, registrar, confrontar, argumentar; sem envolver um contexto, uma proposta ou um desafio de resolução, uma reflexão crítica ou uma criação. Colocar os alunos em ação pode, sim, oferecer sinais positivos, como alta motivação, engajamento, sensação de pertencimento. Contudo, as ações podem não ser estruturadas o suficiente para ir além do envolvimento, ainda que genuíno, o que dificulta ou inviabiliza aprendizagens desejadas.

Além disso, ou talvez principalmente por conta disso, essas ações podem nos colocar diante de situações complexas, que, além de pouco contribuírem para a aprendizagem desejada, podem gerar ou reforçar concepções distorcidas sobre a natureza das ciências e do que representa fazer ciências, como discutimos anteriormente.

O campo da ação é um campo vasto. Envolve, sim, manuseio, montagem, construção, mas também leituras, registros, debates e reflexões. Para ser efetivo, deve oportunizar ação, pensamento, envolvimento, trocas, dúvidas, certezas. Há que permitir acessos mais amplos e propostas articuladas.

Estamos, portanto, diante da necessidade de colocar definitivamente os alunos em uma situação ativa, mas também temos que ter como premissa colocá-los em uma posição ativa e reflexiva, que permita não só a aquisição de conhecimentos científicos, mas também o reconhecimento de que estão produzindo conhecimento, bem como do que representa a ciência e o fazer científico.

Se um professor apresenta uma atividade experimental aos seus alunos em um formato desafiador e contextualizado, se potencializa o levantamento de hipóteses, se prevê a construção de um plano de ação, se oportuniza caminhos diferentes de solução e se tem essa atividade atrelada a outras atividades que ajudam a atingir objetivos claros, então estamos mais próximos de uma investigação de fato ativa.

> Quando falamos em investigação estamos nos referindo a ações e atitudes que permitam mais do que o simples fazer, ações e atitudes que permitam também o compreender. Esse binômio fazer-compreender explica o trabalho prático e o trabalho intelectual que ocorrem na manipulação de objetos reais e mentais [...] (SASSERON; MACHADO, 2017, p. 26).

Essa preocupação com o caminhar integrado entre o trabalho prático e o intelectual abre a perspectiva de um olhar que permite que os alunos questionem, pesquisem e resolvam problemas aliando destrezas, conhecimentos adquiridos (ou em processo), capacidades cognitivas e atitudes científicas e socializadoras, estas últimas inerentes àquelas requeridas em trabalho em equipe.

Apontamos, então, para propostas integradas, para um conjunto articulado que envolve o planejamento da ação, da reflexão, das trocas e das aprendizagens desejadas, sem perder de vista o campo específico dos alunos reais e dos potenciais individuais e de equipe que se encontram e interagem nessas propostas. Apontamos para elementos que oportunizem o reconhecimento de um problema ou um desafio, em um contexto claro e real, o *design* dos caminhos de ação, o processo de resolução em si, em que se podem introduzir questões procedimentais que se deseja que o aluno experimente ou reflita (como usar um equipamento ou refletir sobre como testar as variáveis ou como lidar com os erros experimentais), o processo conceitual, a tomada de consciência do que se fez, como se fez e o que se obtêve, inclusive o quanto se está satisfeito ou não com o processo.

Parece um caminho longo demais e impossível de ser realizado em um tempo curto de aula. Sim, de fato é longo, mas está longe de ser impossível. Basta planejar as etapas e ajustá-las ao tempo disponível. É bem possível.

AS APRENDIZAGENS PRETENDIDAS

Encontramos, em sala de aula, alunos que não atingem habilidades necessárias para ações que são demandadas em diferentes situações. Podemos levantar exemplos variados, tais como interpretar um texto ou o enunciado de um problema ou gráfico; elaborar um desenho que ilustre uma situação; ordenar etapas do que deve ser realizado para cumprir uma tarefa; entre outros. Por vezes, eles sabem fazer, mas não entendem o que estão fazendo e não dão conta de aplicar esse saber a outras situações.

Uma explicação que pode nos ajudar a entender essa questão está ligada às práticas oferecidas aos estudantes, como discutimos anteriormente, centradas em etapas a serem cumpridas, em um passo a passo que leva ao resultado esperado, mas que não ajuda na reflexão e na compreensão do processo.

Outra possibilidade está na oferta de uma atividade mais aberta, uma proposta, digamos, mão na massa, que tenha como propósito realizar, construir, resolver algo. Contudo, durante a atividade, podemos nos esquecer de lançar questões, oferecer mediações, solicitar registros, conduzir discussões e debates. Desse modo, mesmo sendo uma atividade diferenciada, que mobiliza a ação do estudante, inibe a reflexão e o desenvolvimento do letramento científico durante a ação.

O que estamos tentando defender aqui é que precisamos mobilizar os estudantes para a ação e para a reflexão, continuamente. Um aluno ativo não é aquele que está somente em uma ação prazerosa, movido apenas por objetivos finais a serem alcançados, mas aquele que age refletidamente, que busca compreensão para o que está fazendo, que abre espaço para trocar e discutir com o outro, que considera novas possibilidades e enfrenta de modo mais amplo o desafio. A ação irrefletida se assemelha mais a uma competição – chegar aos resultados da maneira mais rápida possível, o que claramente desloca o campo da reflexão, que é mais moroso.

Para além das escolhas de envolvimento dos alunos por inteiro nas atividades, há também que se pensar no que deverá ser apreendido. Vivemos na sociedade da informação, do conhecimento complexo, do aprendizado contínuo. Nesse momento, o que se torna mais relevante? Reter uma série de informações, dados e referências ou desenvolver capacidades ligadas a interpretação, comparação, análise e criação?

A escola não pode mais proporcionar toda a informação relevante, porque esta é muito mais móvel e flexível do que a própria escola; o que ela pode fazer é formar os alunos para que possam ter acesso a ela e dar-lhe sentido, proporcionando capacidades de aprendizagem que permitam uma assimilação da informação. (POZO; CRESPO, 2009, p. 24).

Selecionar conteúdos para a aprendizagem é uma tarefa complexa, considerando que aquilo que deve estar em jogo vai além de repetir informações, mas deve se apresentar como elemento potente para o desenvolvimento de capacidades de lidar com elas. Aprender a aprender se constitui como uma meta mais importante a ser atingida e que acompanhará os estudantes para além da escola. O currículo de ciências tem muito a contribuir nesse sentido, mobilizando estratégias e capacidades que permitam reelaborar e transformar os conceitos que circulam, concebendo-os como necessários para que atinjam formas de pensamento que poderiam não ser desenvolvidas sem o ensino das ciências (POZO; CRESPO, 2009).

Planejar uma sequência de aulas para o ensino de determinado assunto requer pensar nas capacidades desejadas para a aprendizagem e, a partir disso, tecer toda a rede de conexões. As capacidades desejadas não significam o mesmo que conteúdos, temas ou conceitos a serem escolhidos. São alicerces e estruturas que permitirão que os temas se mostrem relevantes e façam sentido, que os conteúdos ganhem potência e os conceitos sejam de fato compreendidos.

As capacidades que podem ser elencadas são diversas, de modo que vamos nos ater a um conjunto apontado como indicadores de letramento científico (SASSERON, 2018), por considerarmos que se articulam com os elementos que temos discutido ao longo do capítulo: visão de ciências e da natureza do conhecimento científico, base investigativa que potencializa a ação e a reflexão e ferramentas essenciais para se envolver no enfrentamento da resolução de problemas. Cabe ressaltar que o termo utilizado pela autora é "alfabetização científica", mas este se assemelha ao que consideramos, hoje, fundamental no letramento científico, como apontado na BNCC.

Um primeiro conjunto de tais capacidades pode ser resumido como o campo das informações, que lida tanto com uma lista de dados, observações, materiais, evidências quanto com as diferentes formas de organizá-los e agrupá-los, abrindo espaço para a criação de categorias que possam ser úteis para reconhecer a importância das partes e a complexidade do todo. As partes e o todo remetem a processos desejáveis de análise e síntese.

Construir listas, quadros, tabelas e gráficos ganha significado. Os suportes para esses registros também podem ser pensados – construir gráficos em papel milimetrado e no Excel traz perspectivas diferentes; elaborar um quadro ou um infográfico potencializa contatos diversos com as informações obtidas; filmar o comportamento de experimentos reúne informações que podem ser exploradas após o fenômeno ter ocorrido, ampliando o olhar pontual. Explorar como as informações circulam por diversas mídias é algo a se pensar e a se experimentar também nesse momento.

Um segundo grupo poderia ser grosseiramente chamado de capacidades de raciocínio (é grosseiro porque o raciocínio decerto é bem mais amplo), em que podemos pensar tanto nas formas de raciocínio lógico quanto proporcional. No primeiro caso, temos desde a lógica dos acontecimentos, na forma como se dão, nas grandezas que ficam evidentes, na sequência descritiva que se coloca em marcha, até o repertório que é utilizado – sejam termos utilizados, adjetivos trazidos, conceitos nomeados. É claro que é esperado que a cada nova experiência se verifique uma alteração significativa tanto da compreensão quanto das formas de verbalizá-la, registrá-la, interpretá-la e compreendê-la. Com relação ao raciocínio proporcional, passam a ser importantes as referências comparativas entre as grandezas envolvidas, a dependência ou não entre as variáveis e até mesmo o grau ou o tipo de dependência. Parece claro que atividades experimentais são especialmente potentes nesse grupo, mas não nos esqueçamos de que documentários, artigos, imagens, etc., são também ferramentas potentes para explorar diferentes aspectos envolvidos nesse campo, como buscar evidências de veracidade, recolher argumentos para um debate ou até mesmo desconstruir o que foi apresentado oferecendo interpretações mais consistentes.

Por fim, o terceiro grupo é o que chamaremos de capacidades científicas, por envolver elementos como levantamento e teste de hipóteses e construção de explicação. A construção de uma explicação é algo realmente importante, porque pode sustentar um conjunto de argumentos ou relações que oferecem análises mais robustas do problema ou desafio em questão.

Longe de querermos defender uma hierarquia entre as capacidades ou um ordenamento para seu ensino ou aprendizagem, é interessante notar que esperar por uma explicação robusta sem ter noções de como lidar com as informações ou com os processos de resolução efetiva do problema é bem audacioso e, por vezes, não efetivo.

Dados os elementos apresentados, podemos perceber como uma rede de ações intencionais deve ser pensada para o trabalho efetivo, de ação e reflexão, que estamos defendendo. Boas intenções não bastam; é preciso desenhar claramente o plano de ação, planejar com cuidado as propostas. Podemos dizer que deve haver tanto planejamento de conteúdo (por onde se pretende circular) quanto planejamento das ações (como se pretende caminhar), além de planejamento de indicadores, como recolher informações sobre as aprendizagens efetivas.

E o STEAM?

Nossa proposta, agora, é lançar um olhar sobre os elementos discutidos até aqui à luz do STEAM, tentando, finalmente, provocar algumas reflexões sobre a força do "S", de *science*, ou seja, da ciência, nessa abordagem.

O primeiro e o segundo capítulos deste livro buscaram explorar diferentes questões em relação aos conceitos e ao contexto do movimento STEAM, bem como trouxeram significativas reflexões sobre a importância de não entrarmos nesse movimento irrefletidamente e de maneira acrítica. A reflexão apresentada também procurou evidenciar que o STEAM não é a solução de todos os problemas, não trará por si só a motivação dos estudantes para a sala de aula e não desencadeará uma sequência de aprendizagens em cascata. No entanto, ainda assim, é um movimento muito interessante para pensarmos em diversos elementos em conjunto, considerarmos cada qual em sua potencialidade e orientarmos ou orquestrarmos de modo mais significativo e intencional nossa ação e, por conseguinte, nossa avaliação e nossos ajustes no processo.

É nesse sentido que partimos, agora, para uma reflexão mais integralizadora, recorrendo aos elementos anteriormente apresentados que dialogam com as características potentes da abordagem STEAM.

Um dos pontos fortes do STEAM está na transdisciplinaridade, na conexão entre diferentes áreas do conhecimento dadas pelo acrônimo: ciências, tecnologia, engenharia, artes e matemática. Todavia, essa conexão deve ser entendida além dessas áreas.

Primeiro, podemos retomar nossa reflexão sobre o quanto, como professores de ciências, somos responsáveis por aproximar os estudantes do papel, do significado e da natureza das ciências. Sobre como esse olhar deverá ajudá-los a construir uma visão de ciência como cultura, sujeita às relações sociais, políticas, econômicas e ambientais, aos modos de vida e aos valores de uma sociedade, de um tempo e de um lugar historicamente dados. O que estamos procurando dizer é que relegar os conteúdos de ciências às produções em si, sem trazer os contextos em que foram geradas, deforma a visão de ciências e empobrece a participação das outras áreas do conhecimento. Há, assim, uma potência transdisciplinar na concepção e nos modos de ação das ciências.

A partir desse mesmo olhar, podemos também trazer outro elemento – a escolha de temas que façam sentido, que explorem as relações existentes entre os fenômenos naturais e as ações humanas sobre eles. Não estamos somente nos referindo às questões ambientais, mas principalmente ao fazer científico, ao modo como construímos sentido a todos esses fenômenos naturais. As teorias e os modelos científicos são construções humanas; não são algo que a natureza sussurrou em nossos ouvidos. Há um modo de construção de sentido que fomos refinando ao longo do tempo, que exigiu mais tecnologia, mais recursos, mais pessoas, diferentes formas de ação. E, como modo de construção de conhecimento, adentrou por diferentes áreas. Podemos dizer que não há ciência na arte, na história, na sociologia? Podemos dizer que a ciência não influencia ou é influenciada por essas áreas?

No campo da reflexão crítica que pretendemos lançar acerca da transdisciplinaridade do movimento STEAM, queremos propor um pensamento mais amplo do que o acrônimo nos mostra. Ao pensarmos no "S", podemos, sim, olhar para ciências de forma mais abrangente, como integradora de outras ciências para além das explicitamente declaradas no acrônimo.

Outra potência do STEAM é buscar ampliar o campo de motivação e interesse das crianças e dos jovens pelas áreas destacadas.

Certamente, a motivação não é algo que está ou não nos alunos, mas o resultado das ofertas de ação e reflexão, do valor dado àquilo a que eles se entregarão, bem como da interação social, da comunidade de aprendizagem que se instituirá. Como discutimos, se a proposta faz sentido, se tem um valor (local, social, político, etc.), se apresenta certa liberdade de ação e a certeza de que alguém estará junto na condução, esse conjunto ajudará no envolvimento, na motivação, no desejo de embrenhar-se mais e mais na solução. Faz sentido aprender umas coisas e outras, faz sentido aquela aula expositiva que o professor preparou, faz sentido ter que planejar um arranjo experimental ou construir perguntas para uma entrevista com a comunidade local. Uma mistura de estratégias e metodologias se conectam favoravelmente e ganham força nesse momento. No entanto, uma proposta sem contexto, cujo esforço não faz sentido porque a última palavra virá do professor, dos lindos *slides* que ele preparou para mostrar como seria o resultado desejado, não servirá para aguçar seu interesse em situações futuras.

Estamos, aqui, apontando para duas questões: uma relacionada ao campo do envolvimento e do interesse dos alunos pela aprendizagem e outra relativa às possibilidades de referências e metodologias que podem, sim, coexistir, sem que caiam na zona do proibido. É possível caber uma aula expositiva, um projeto nos moldes STEAM, um vídeo, um aplicativo, um texto ou um jogo virtual. Portanto, cabe muita coisa, STEAM ou não. No entanto, se o desejo é encarar o desafio da abordagem STEAM, deve-se ir além de pensar na ciência como uma potência transdisciplinar – é preciso fazer escolhas que mobilizem os jovens para se envolverem em projetos ou propostas mais amplos, que sustentem e alimentem o esforço da jornada.

Como terceiro ponto para a força do movimento STEAM, podemos retomar o entusiasmo em torno da ação dos estudantes, algo por vezes confusamente chamado de propostas *maker* ou cultura *maker*. Não vamos nos ater a essas diferenciações; vamos apenas refletir sobre esse campo da ação, do aluno estar em ação, do aluno estar ativo, não apenas executando uma ação, mas em um processo com etapas finamente planejadas (pelo professor) para promover a construção do conhecimento e a exploração dos conceitos essenciais de ciências.

Podemos entender STEAM como uma proposta associada a uma forma de ensinar ciências baseada em atitudes favoráveis para o envolvimento dos estudantes, como resolução de problemas ou desafios, na construção de *designs* e na prototipagem de soluções ou produtos, na consolidação de conceitos, na integração dos sujeitos envolvidos e na melhoria da qualidade da educação.

Contudo, todos esses elementos, como buscamos discutir neste capítulo, devem ser operados de modo articulado. Não raras vezes, na tentativa de traduzir essa nova tendência, do aluno ativo, deparamo-nos com atividades frágeis, com objetivos difusos, com resultados que confundem o educador. Propor um desafio em aula, que exige uma solução, desperta, sim, a motivação dos alunos e coloca-nos em ação. Entretanto, se for uma atividade isolada, além de rapidamente perder sua força, também poderá se apresentar ineficaz quanto às aprendizagens pretendidas.

Por exemplo, uma atividade experimental pode, sim, mobilizar os estudantes, contribuir para a aprendizagem de conceitos e procedimentos, enriquecer o trabalho colaborativo dos alunos, mas é preciso saber o quanto também contribui para a compreensão da natureza das ciências, o quanto valoriza soluções diferenciadas, se potencializa o pensamento divergente, a argumentação consistente, o desenvolvimento de habilidades de alta ordem. É isso que está em jogo!

Pesquisar por atividades diferenciadas na internet ou em manuais é um caminho importante. Contudo, é muita ingenuidade considerar que essa ação isolada poderá revolucionar a sala de aula. De fato, reduzir toda a estrutura de ensino a algumas (ou muitas) práticas ativas nem sempre tem como resposta o espírito criativo, curioso, indagativo e autônomo que desejamos para nossos alunos. Não podemos pensar que a motivação dos alunos levará à aprendizagem considerando a apresentação de algumas atividades incríveis e bem-intencionadas. Certamente, eles não estão interessados em aprender ciências; é papel da escola justamente despertar esse interesse e fazê-lo se perpetuar, considerando as estratégias relacionadas ao aprender a aprender que os estudantes desenvolverão.

O caminho STEAM, em nossa concepção, exige planejamento articulado, contextos significativos para os alunos, desafios na medida de suas potencialidades e de seus interesses, problematização, abertura para múltiplos caminhos e diferenciadas respostas, mediação constante, avaliação de processo. Envolve também leitura, pesquisa, registro, debates, trocas. É, sobretudo, um projeto em ação, e não uma atividade em ação. É um trabalho transdisciplinar. E, ainda que somente um professor esteja à frente desse empreendimento, é preciso pensar além dos limites temáticos com os quais costuma trabalhar, além da visão de ciências estereotipada que pode estar escondida nas sombras.

Outro elemento que discutimos e que deve ser integrado a esse planejamento articulado se refere às capacidades que precisam ser desenvolvidas, sem as quais tudo o que foi discutido até aqui ficará em uma zona de superficialidade e fragilidade sem igual.

> O professor tem um papel fundamental na condução do processo de construção do conhecimento pelo aluno. Atualmente fica cada vez mais claro que um dos papéis do professor deve ser o de favorecer que seus alunos superem a metodologia das superficialidades no tratamento do mundo natural. Mas, para que tal mudança metodológica ocorra, é óbvio que o professor deve estar atento não somente aos conteúdos conceituais, mas também aos procedimentais e atitudinais. O professor deve ter muito claro quais são os conteúdos do ensino-aprendizagem e ter em mente que deve contemplar o ensino de procedimentos e atitudes para favorecer a superação da metodologia da superficialidade. (CAMPOS; NIGRO, 2010, p. 46).

Como temos defendido, ação e reflexão devem caminhar juntas, e não entrar em um caminho superficial ou frágil (na ação ou na reflexão). Exigem ferramentas de trabalho e capacidades cognitivas. A menos que a intenção seja construir de qualquer jeito a solução para um problema, não importando as razões das escolhas e que tipo de pensamento as ampara, características próprias do "somente fazer", é preciso apresentar e desenvolver ferramentas apropriadas. Esse escopo exige a escolha de objetivos de aprendizagem que, por conseguinte, alimentarão as escolhas de atividades, produtos, processos, estratégias e avaliações.

O trabalho transdisciplinar, o interesse em motivar os jovens, a compreensão sobre as ciências e o fazer científico e o planejamento coerente de todos esses aspectos assentados nas capacidades que se deseja desenvolver impulsionam um olhar para o trabalho integrado e em equipe. Trabalhar em equipe oportuniza o reconhecimento de diferentes caminhos de pensamento e solução de problemas, possibilita a valorização da diversidade em seus amplos aspectos e oportuniza compreender e trabalhar com pensamentos divergentes. Seria, então, um terceiro elemento potente, que vai ao encontro das competências delineadas como relevantes para o século XXI e que sustentam o movimento STEAM.

Se o planejamento delineado se desenrola sobre um bom contexto, que faça sentido para o aluno envolver-se; se dialoga com outros campos do conhecimento; se se estrutura sobre um bom problema ou dilema a resolver; se oferece ao aluno estratégias diferenciadas de contato, de registro, de reflexão e de comunicação; se potencializa o desenvolvimento de capacidades que permitem um afastamento da superficialidade e da fragilidade de pensamento e ação; estamos mais próximos de uma visão de ciências menos estereotipada e mais antenada com os tempos atuais.

Nossa crença é a de que propostas STEAM, imersas nesse conjunto de elementos, podem, sim, aprimorar a compreensão, desenvolver atitudes positivas em relação à ciência, incentivar a criatividade na solução de problemas, promover a autonomia e desenvolver capacidades e habilidades diversas, inclusive as de alta ordem.

Por fim, é altamente positivo que professores e alunos atribuam seus fracassos a fatores modificáveis, que possam controlar e modificar suas estratégias, seus esforços, seus conhecimentos. Isso resultará em nova possibilidade de empenho, e não em inevitabilidade do fracasso. O que todos buscamos, em essência, é encontrar caminhos que possam potencializar o desenvolvimento de capacidades cognitivas, que lidem com a resolução de problemas, dialoguem com o campo de estratégias de motivação e interesse dos alunos, com o trabalho colaborativo e com o desenvolvimento de uma visão sobre ciências, tecnologia, sociedade.

REFERÊNCIAS

BRICCIA, V. Sobre a natureza da ciência e o ensino. *In:* CARVALHO, A. M. P. (org). *Ensino de ciências por investigação*: condições para implementação em sala de aula. São Paulo: Cengage Learning, 2017. cap. 7, p. 111-128.

CAMPOS, M. C. C.; NIGRO, R. G. *Teoria e prática em ciências na escola*: o ensino-aprendizagem como investigação. São Paulo: FTD, 2010. (Teoria e prática).

FERNANDES, R. C. A. *Inovações pedagógicas no ensino de ciências dos anos iniciais*: um estudo a partir de pesquisas acadêmicas brasileiras (1972-2012). 2015. Tese (Doutorado em Educação) – Faculdade de Educação, Universidade Estadual de Campinas, Campinas, 2015.

JIMÉNEZ ALEIXANDRE, M. P.; SANMARTÍ, N. Que ciencia enseñar?: objetivos y contenidos de la educación secundária. *In:* CARMEN, L. (ed.). *La enseñanza y el aprendizaje de las ciencias de la naturaleza en la educación secundaria*. Barcelona: Horsori, 1997. (Cuadernos de Formación del Profesorado de Educación Secundária).

POZO, J. I.; CRESPO, M. A. G. *A aprendizagem e o ensino de ciências*: do conhecimento cotidiano ao conhecimento científico. 5. ed. Porto Alegre: Artmed, 2009.

SASSERON, L. H. Ensino de ciências por investigação e o desenvolvimento de práticas: uma mirada para a base nacional comum curricular. *Revista Brasileira de Pesquisa em Educação em Ciências*, v. 18, n. 3, p. 1061-1085, 2018.

SASSERON, L. H.; MACHADO, V. F. *Alfabetização científica na prática*: inovando a forma de ensinar Física. São Paulo: Livraria da Física, 2017.

LEITURAS RECOMENDADAS

BLIKSTEIN, P.; WORSLEY, M. Children are not hackers: building a culture of powerful ideas, deep learning, and equity in the maker movement. *In:* PEPPLER, K.; HALVERSON, E. R.; KAFAI, Y. B. *Makeology*. New York: Routledge, 2016. cap. 5, p. 78-94.

FERREIRA, M. P. P. *Análise e interpretação de um curso de segundo grau sobre as Leis de Newton.* 1997. Dissertação (Mestrado em Física) – Faculdade de Educação, Universidade de São Paulo, São Paulo, 1997.

KRASILCHIK, M.; MARANDINO, M. *Ensino de ciências e cidadania.* São Paulo: Moderna, 2004.

VASQUEZ, J. A.; SNEIDER, C. I.; COMER, M. W. *STEM lesson essentials, grades 3-8:* integrating science, technology, engineering, and mathematics. Portsmouth: Heinemann, 2013.

VILLANI, A.; FERREIRA, M. P. P.; FIORAVANTE, M. A. C. (1997) Contribuições para o ensino de ciências: o ajuste inicial. *In:* ENCONTRO NACIONAL DE PESQUISADORES EM ENSINO DE CIÊNCIAS, 1., 1997, Águas de Lindóia. *Anais* [...] [*S. l.*]: ABRAPEC, 1997.

5
Considerações sobre o ensino e a aprendizagem de tecnologia no contexto do STEAM

Francisco Tupy Gomes Correa

Jean Rafael Tomceac

Ao iniciarmos a escrita deste capítulo, pensamos em explicar o STEAM a partir da função da letra "T" no acrônimo e trazer referências bibliográficas para a devida fundamentação e exemplos inovadores para inspirar professores. Contudo, à medida que íamos progredindo na escrita, vimos que, de tão futurista aquilo que havíamos planejado, não se encaixaria no presente e, principalmente, na realidade vivida. Apesar da intenção de (suposta) inovação, uma discussão sobre a tecnologia traria pouca contribuição efetiva ao cotidiano da sala de aula e aos impactos concretos nos processos de ensino e de aprendizagem de modo bem estruturado e condizente com o ambiente em que vivemos.

Após esse momento de encarar a realidade e buscar a prática, fizemos um exercício de pensar sobre o cotidiano. O que acontece quando surge algo novo? Quando a novidade vira uma obrigação trazendo demandas e alterando rotinas? Em diversos momentos isso aconteceu conosco e com todos aqueles que conhecemos, não apenas com a dita terminologia STEAM, mas também com tantas novidades educacionais que não alcançaram a inovação e a mudança que se pretendia com sua implementação.

Para que este capítulo possa oferecer contribuições de ordem prática, iniciamos nossa abordagem que oscila entre dois termos: tendência e modismo – o primeiro como um fenômeno determinante de situações que estão por vir e que ditarão novas possibilidades metodológicas; o segundo, associado a uma pressão mercadológica que gera uma condição efêmera. Ainda sobre o segundo termo, devemos evitar que tais questões momentâneas e infrutíferas gerem demandas que sobrecarreguem os professores, com mais ajustes no ecossistema escolar, até um próximo ciclo de mudanças com a nova solução *ex machina*,[1] que, com o passar do tempo, será substituída, perdendo-se tempo e recursos sem os devidos resultados pretendidos.

Tais tendências e modismos muitas vezes são propostos por empresas de tecnologia que movimentam milhões e que representam um mercado em expansão de produtos direcionados à escola, com a promessa de revolucionar o ensino. Vê-se, de um lado, grande quantidade de máquinas físicas (*hardwares*), como computadores, dispositivos móveis, artefatos tecnológicos de última geração, e, de outro, conteúdos digitais (*softwares*), como aplicativos, sistemas, *games*, etc. Em comum entre eles, está o fato de, muitas vezes, serem pensados por profissionais que estão alheios às reais necessidades da educação.

Os desenvolvedores dessas tecnologias, encantados com a possibilidade de ofertar uma solução mágica para os problemas da educação, em geral promovem seus produtos como se trabalhassem no ramo de alimentos. O jornalista Peter Green, em recente matéria da revista *Forbes*, critica projetos dessa área comparando-os a *food trucks* (GREENE, 2017). O autor faz uma analogia bastante peculiar dizendo que, caso uma empresa de comida de rua seja encerrada, basta procurar outra mais próxima. No texto, o autor cita que é preciso que as empresas da área de educação e tecnologia criem soluções a partir das reais necessidades da sala de aula.

Entendemos que o trabalho com tecnologia na escola envolve atores engajados que compreendem que a transformação da educação surgirá da identificação e da proposição de projetos que sejam realmente aderentes às salas de aula. E, nesse ponto, propomos o STEAM não como modismo, tendência ou solução mágica – mas como alternativa efetiva de mudança possível. Vemos que a tecnologia, nesse contexto, tanto em sua prática quanto em teoria, visa criar uma estrutura voltada à emancipação, e não ao condicionamento e à mera reprodução. Desejamos planos de aulas e orientações que não sejam "receitas de bolo", mas modelos adaptáveis a ambientes escolares distintos, que sejam uma inspiração inicial, podendo ser apropriados pelas escolas e pelos professores e adaptados aos seus contextos.

---

[1] Remete à expressão greco-latina *Deus ex machina*, associada às peças de teatro, em que um mecanismo resolvia a trama de forma inusitada. Também se aplica quando uma nova tecnologia surge e é encarada como solução para uma questão quase de forma mágica e instantânea.

DE QUE TECNOLOGIA E EDUCAÇÃO TRATAMOS

A palavra "tecnologia", no âmbito educacional, permite uma série de associações e entendimentos, e, não raro, a vemos relacionada a termos como "robótica", "programação", "prototipação digital", entre outros. Haja vista suas dimensões, imbricações e seus consequentes impactos em nossas vidas, é totalmente compreensível a confusão que se faz quando falamos sobre tecnologia em sala de aula.

Para começar a explicar a palavra "tecnologia", vale trazer um exemplo resumido e corriqueiro, que é o uso de uma pequena máquina de computar dados: o computador. Quando você usa o computador, está, ao mesmo tempo, trabalhando com a parte física e virtual da máquina. Ao ligá-lo, digitar os comandos de *login* e mexer no *mouse*, tem contato com o que chamamos de *hardware*. Desde o momento em que o sistema se iniciou, uma parte virtual passa a funcionar, resultado de uma série de combinações binárias (ligado e desligado, logo, zero e um), mostrando na tela uma caixa de diálogo ou ícones que dão acesso a diversos programas e aplicativos, como editores de texto, tocadores de música, entre outros. A essa parte não física damos o nome de *software*. Máquinas de computar dados com *hardware* e *software* são utilizadas como extensões da capacidade humana de intervir no mundo; são o ser humano ampliado (SANTAELLA, 2007), em que braços e pernas estão simbolicamente ligados à ideia do *hardware*, e o cérebro (memória e inteligências), ao *software*.

A partir da analogia entre ser humano e máquina de computar, podemos nos aproximar do entendimento sobre o início/ápice do desenvolvimento tecnológico atual, quando nos deparamos com a imensa quantidade e variedade de dispositivos computacionais que potencializam as atividades humanas de comunicação, interação social, transporte, segurança (controle e vigilância), preservação (saúde e reprodução), armazenamento, entretenimento, etc.

Na tecnologia, entre a capacidade de computar dados e o uso de *hardwares* e *softwares*, existe um horizonte imenso de aplicações, técnicas, conceitos e abordagens. Na educação básica, bem diferente do ensino superior, um dos objetivos dos currículos progressistas é trazer uma gama de conhecimentos e saberes (acadêmicos, científicos, socioemocionais e valores) com diferentes visões e contrapontos. Aliás, não se espera que a educação básica tenha a profundidade de abordagem de programação que um curso de Ciências da computação oferece, tampouco que haja especialistas em dados, redes, tecnologia da informação, mídia, desenvolvimento de *games*, etc. Pelo contrário, quanto maior for a diversidade de temas e conceitos oferecidos ao estudante em formação, maior será sua oportunidade de experimentar algo que realmente o interesse e, a partir do contexto em que se encontra, decidir se realmente deseja seguir o caminho X ou Y, seja na área da tecnologia, seja nas nove diferentes grandes áreas do conhecimento e suas mais de mil subáreas (CONSELHO NACIONAL DE DESENVOLVIMENTO CIENTÍFICO E TECNOLÓGICO, 2001).

Se você encontrar alguma notícia com a manchete "Jovem cria aplicativo e fica milionário", não se admire. Harari (2018, p. 21) alerta que "Os humanos pensam em forma de narrativas, e não de fatos [...]". Podemos ser críticos o suficiente para entender que reportagens descrevendo a jornada de um pequeno talento com mente privilegiada podem até existir, mas serão apenas casos isolados entre pessoas que também têm talentos que ainda não foram despertados ou mesmo descobertos. Quando pensamos na realidade da sala de aula, percebemos que cada estudante tem um potencial e que nem todos estão aptos a seguir uma carreira na área de tecnologia ou têm o desejo de fazer isso. No entanto, eles precisam de flexibilidade o suficiente para entender que a tecnologia permeia quase todas as áreas do conhecimento e do mundo do trabalho.

A função da educação básica, assim como a tecnologia em propostas STEAM, deve estar alinhada com o objetivo de preparar os estudantes para viverem em uma "[...] sociedade complexa, diversificada e múltipla que vem se transformando" (TEIXEIRA, 2006, p. 44). O foco de uma educação progressista se baseia em oferecer oportunidades de ensino para todos, e um plano pedagógico de instituição deveria se pautar também pelo ensino para a vida, o que inclui formar um cidadão crítico, ciente de seu papel de atuação no mundo e pronto para agir dentro de uma ética sustentável.

Nessa sociedade complexa, e com a rapidez com que a tecnologia influencia cada meandro do cotidiano, como fazer para estudá-la dentro da escola? A simples ação de ligar o computador pode iniciar um debate técnico e, por que não, filosófico sobre o funcionamento de uma máquina para além de uma simples caixa preta (FLUSSER, 2013).

A tecnologia se altera rapidamente, e aquilo que se demonstra como senso comum ou é apontado como tendência pode mudar brevemente. No que tange às linguagens de programação e aos *softwares*, o que vale são as opiniões formadas pelos desenvolvedores e programadores sobre eles e o quanto estes os utilizam, além de considerar-se, claro, o aval do usuário final. Mesmo o Adobe Flash Player, um dos mais diversificados *softwares* para rodar vídeos, jogos e animações de criação, que reinou absoluto por quase duas décadas, teve seu trono destituído. Muito utilizado para criar pequenas animações e interações entre o final dos anos 1990 e a primeira década dos anos 2000, ninguém apostaria que ele um dia seria descontinuado. Com seu uso massificado, desenvolvedores e programadores apontaram cada vez mais brechas de segurança e o alto consumo de bateria, além de usuários reclamarem da necessidade de *plugin* local (instalar na máquina) –

estava decretado, aí, o início do desuso. Logo, fabricantes de *tablets*, *smartphones* e de alguns modelos de computadores passaram a não permitir sua instalação, dando espaço para que outras linguagens, como HTML5 e Python, pudessem crescer e se estabelecer. O sepultamento do Flash foi anunciado pelo fabricante no segundo semestre de 2019 (MICROSOFT, 2019).

A única coisa que se estabelece na tecnologia é a mudança e, com isso, seus aspectos técnicos de consequências políticas e culturais, conforme previu Lévy, ao afirmar que não existe:

> [...] essência congelada do computador, mas sim um campo de novas tecnologias intelectuais, aberto, conflituoso e parcialmente indeterminado. Nada está decidido *a priori*. Os dirigentes das multinacionais, os administradores precavidos e os engenheiros criativos sabem perfeitamente [...] que as estratégias vitoriosas passam pelos mínimos detalhes "técnicos", dos quais nenhum pode ser desprezado [...], e que são todos inseparavelmente políticos e culturais, ao mesmo tempo que são técnicos [...] (LÉVY, 1993, p. 9).

Logo, em propostas STEAM, utilizar o *software* mais atual e demonstrar o uso da máquina mais rápida pode limitar em muito o papel emancipador e crítico que o trabalho pedagógico com educação e tecnologias pode realizar. Mas o que realmente é necessário ensinar sobre tecnologia ao desenhar um projeto de STEAM? Quais são os conceitos básicos e/ou mínimos que devem ser trabalhados? Essas questões estão em debate por especialistas de diversas áreas da prática e da pesquisa de campo, no sentido de tentarem mostrar o caminho a ser percorrido, ou seja, o currículo, quando se pretende oferecer uma abordagem ampla e não circunscrita da tecnologia.

O Centro de Inovação para Educação Brasileira (CIEB) publicou, em 2018, a primeira versão do Currículo de Tecnologia e Computação (CTC),[2] que tem como objetivo disponibilizar diretrizes e orientações para subsidiar redes de ensino e escolares para que trabalhem com tecnologia e computação, as quais podem subsidiar também possibilidades para o emprego da abordagem de tecnologia em propostas STEAM. Esse documento mesclou diversas fontes, como a Base Nacional Comum Curricular (BNCC), o Currículo da Cidade de São Paulo e a Sociedade Brasileira de Computação (SBC), além de elementos do currículo da Austrália, de entidades estadunidenses e do Reino Unido. A proposta é dividida em três grandes eixos, que se subdividem em conceitos:

---

[2] Disponível em: http://curriculo.cieb.net.br/.

Eixo Cultura Digital
Conceitos:

- Letramento digital
- Cidadania digital
- Tecnologia e sociedade

Eixo Pensamento Computacional
Conceitos:

- Reconhecimento de padrões
- Decomposição
- Algoritmos
- Abstração

Eixo Tecnologia Digital
Conceitos:

- Representação de dados
- *Hardware* e *software*
- Comunicação e redes

A versão interativa do CTC-CIEB oferece um norte para o trabalho em sala de aula para os anos iniciais e finais do ensino fundamental. Com poucos cliques no *site*, é possível verificar como cada eixo se relaciona com um conceito, uma habilidade e uma forma de avaliação. Gráficos gamificados ajudam a orientar o nível de maturidade necessário tanto da instituição quanto do professor para realizar a proposta. Ademais, existe a descrição das habilidades e competências gerais da BNCC, além de materiais complementares de referência para a prática, como jogos, *sites*, entre outros.

Apesar de não serem citadas explicitamente no CTC-CIEB, duas abordagens podem ser trabalhadas nos eixos e conceitos de forma transversal: a cultura *maker* e a computação desplugada. A primeira pode se relacionar com todo o espectro dos eixos de cultura digital, pensamento computacional e tecnologia digital, e a segunda, especificamente com o eixo pensamento computacional. Tanto a cultura *maker* como a computação desplugada têm suas potencialidades e podem ser aplicadas a propostas STEAM desde que se tenha claro o objetivo a ser alcançado.

A cultura *maker* está associada a expressões como "mão na massa" (*hand-on*), "faça você mesmo" (*Do it yourself* – DIY) e "fabricação digital". Elas se referem a práticas de realização de projetos de prototipação de equipamentos que se tornaram mais acessíveis nos últimos anos com máquinas como as cortadoras a *laser* e as impressoras 3D. Uma das lógicas por trás desse pensamento é a ideia de que não precisamos mais comprar utensílios ou ferramentas e de que podemos, sim, desenvolver nossas próprias soluções, saindo da lógica do consumismo para uma prática de criação. A origem desse movimento na educação vem do primeiro FabLab, criado na Costa Rica por Mikhak, Gershenfeld e outros criativos do Massachussets Institute of Technology (MIT), em 2002 (BLIKSTEIN; KRANNICH, 2013).

De forma resumida, a cultura *maker* enfatiza que os estudantes podem se envolver com projetos e resolver problemas de seu entorno com criatividade e bastante senso do fazer sem que precisem abandonar teorias e conceitos que os fundamentam Logo, o que conta nesse tipo de abordagem é o processo e o percurso de aprendizado realizados, dando menor relevância para o produto final, desde que seja funcional.

Já a computação desplugada é uma abordagem criada para o ensino da ciência da computação que propõe o desenvolvimento e o compartilhamento de atividades que simulem situações de aprendizagem dessa área sem o uso do computador. O Computer Science Unplugged (CS Unplugged)[3] é uma organização que oferece uma série de práticas e sugestões de planos de aula, lições, tutoriais e integração curricular para o ensino de programação e conceitos da ciência da computação.

Contudo, além dos conceitos e abordagens de educação e tecnologias em nossas pesquisas e experiências práticas, vimos que outras questões influenciam na dinâmica do trabalho em uma escola. Essas questões estão relacionadas à visão que a instituição tem sobre a tecnologia e ao modo como sua comunidade incentiva ou não sua utilização, criando uma espécie de atmosfera de tecnologia na escola.

Sobre a atmosfera de tecnologia na escola

A comunidade escolar, especialmente seus gestores, precisa ser sensibilizada sobre o real poder da tecnologia em alterar o projeto pedagógico da instituição de forma crítica, para não fazer da tecnologia uma simples ferramenta ou recurso de atratividade para sua clientela. Isso inclui a compreensão de que a tecnologia, quando utilizada em projetos significativos, pode oferecer diversos meios de realizar determinada tarefa ou criar um protótipo. Logo, o que vale é a forma como se partiu de uma ideia e se chegou a algo tangível (físico ou virtual). Nesse sentido, para a realização de tais projetos pelos estudantes, faz-se necessária a motivação de educadores, com ideias transformadoras que valorizem a diversidade em todas as suas manifestações. Essa atmosfera é alcançada quando coabita, em todos os níveis de

---

[3] O *site* do CS Unplugged dá acesso a todos esses materiais. Disponível em: https://csunplugged.org/en/. Acesso em: 8 dez. 2019

uma instituição, o consenso amigável do papel da tecnologia como potencial para alteração de perspectivas e exista, para tanto, uma agenda executiva em comum, na ótica da escola como rede, e não como parede (SIBILIA, 2012). Do contrário, corporativismos e interesses distantes daqueles condizentes com uma escola ética se sobressaem, e aquilo que Apple (2006) já destacava como os meandros de um currículo oculto, repaginado e potencializado pela virtualidade pode vir à tona, esmaecendo todas as demais camadas de um currículo progressista.

Em uma instituição escolar que almeja o trabalho com STEAM, o "T" vai além da simples lógica de ensino ferramental. A instituição educacional tem dinâmicas, objetivos de ensino e de transformação de vidas. Em nossa visão, as escolas que avançaram no uso da tecnologia compreendem que ela não tem um fim em si mesma e tomam decisões técnicas e de infraestrutura tecnológica no sentido de dar suporte às ações pedagógicas criadas com o objetivo de atender a uma necessidade de ensino apontada por profissionais envolvidos com educação.

O estabelecimento escolar funciona à sua maneira, que é bem distinta da maneira de uma empresa ou uma corporação, o que já era advogado por Seymour Papert, em meados de 1960. Papert, um dos precursores do uso do computador com propósitos educacionais e criador da linguagem de programação Logo, afirmava que a criação dessa linguagem só foi possível graças a "[...] pessoas que têm prazer nesse tipo de discussão [...] Os criadores de outros sistemas de computação têm interesse e ideias diferentes sobre que tipos de atividades são mais adequadas para crianças" (PAPERT, 1985, p. 47).

Estabelecidas as relações entre os especialistas de tecnologia e a interface educacional, e que as necessidades dos primeiros não devem se sobrepor às dos segundos, passemos a analisar em profundidade o "T" dentro do STEAM, suas possibilidades e potencialidades para o trabalho inter e transdisciplinar.

O papel do "T" no STEAM

O papel da tecnologia perante o ensino e a vida cotidiana encontra no STEAM uma possibilidade de desenvolver conteúdos e habilidades dentro de uma atmosfera de curiosidade e criatividade, visando a motivação não só do aluno, mas também de outros interatores do ecossistema escolar (professores, gestores, famílias e comunidade).

A tecnologia, nessa abordagem, se estabelece não como área do conhecimento isolada, mas como uma possibilidade de desenvolver o letramento digital e o pensamento computacional, para que os estudantes possam pensar e criar soluções em projetos que integrem conhecimentos de diversas áreas. Na prática, observa-se que projetos STEAM empregam, frequentemente, ferramentas de robótica e de programação, para que os estudantes possam integrar esses conhecimentos a um contexto e aos saberes que serão requisitados para o desenvolvimento de suas criações.

Buscando uma tangibilidade maior em relação à temática, devemos trazer sua aplicação à sociedade, sobretudo relacionando-a com a formação de jovens que, em um futuro próximo, estarão no mercado de trabalho, mas que, desde que começam a acessar dispositivos que os estão conectando à internet, se tornam consumidores e produtores, muitas vezes apáticos, de conteúdo. Por mais que a temática seja atrativa aos alunos, pode ser que a questão da aprendizagem se faça negativa, oscilando de hipermotivação (onde quer se renovar o suporte tecnológico, mas não se quer sair da zona de conforto) até falta de interesse por várias razões: medo, não querer envergonhar-se, falta de acesso a dispositivos e carência de propostas que realmente envolvam cognitivamente os estudantes na resolução de problemas.

Apesar da exposição constante a tais meios, o grande desafio para a educação, especificamente em relação à tecnologia, é romper a dicotomia entre o interesse em usar os dispositivos e a falta de vontade em compreender, de fato, seu uso consciente. Podemos traçar um paralelo em relação à questão psicogenética de Wallon (1975), quando ele pondera sobre as terminologias centrípeta e centrífuga. Perante o termo "tecnologia", existe tanto atratividade quanto repulsão, conforme descrito anteriormente. Nesse quesito, a abordagem educacional de STEAM tem como função crucial estimular o interesse e equalizar a relação entre o uso do instrumento tecnológico e sua aplicabilidade prática, assim como mobilizar todas as questões associadas, como iremos observar especialmente no que tange aos conceitos de letramento digital e pensamento computacional.

Diferentemente de outras disciplinas, como matemática e artes, que, de certa forma, são consolidadas e têm seus devidos espaços bem delimitados, o ensino de tecnologia não é algo consensual, nem sempre se apresenta como uma disciplina e, mesmo quando presente no currículo escolar, tem diferentes nomes – tecnologia educacional, informática, letramento digital – e abordagens de conteúdos diversas (indo desde a instrumentalização até outros temas específicos, como programação e robótica).

No final dos anos 1990 e começo dos anos 2000, com o advento da informática, muitas escolas optaram por inseri-la em seus currículos como disciplina, e, nesse período, era comum que os estudantes tivessem aulas sobre como usar *softwares* de produtividade e sistemas operacionais. Com o aumento da inclusão tecnológica e a vinda de uma nova geração, a dos nativos digitais, criou-se um mito de que os estudantes já têm as habilidades necessárias para manipular as tecnologias digitais, e, com isso, muitas instituições educacionais optaram por não mais desenvolver a informática como currículo, e sim como uma ferramenta que pode ser usada por qualquer professor, com finidade planejada e intencionalidade pedagógica.

Nesse mesmo contexto, começa, então, uma discussão que aponta para a necessidade de trabalharmos a cultura digital, mais recentemente inserida como uma competência geral na BNCC, sendo obrigatório seu desenvolvimento em todas as áreas. Desse modo, perdeu-se, de certa forma, a intencionalidade de se ensinar informática, e esta passou a ser um complemento da aula, dando origem aos departamentos de tecnologia educacional, muito presentes em escolas privadas na atualidade.

No senso comum, existe o entendimento de que a tecnologia é algo moderno, avançado, inovador – o digital que se opõe ao analógico. Pois bem: a ideia é ampliar esse leque de compreensão. A origem do termo deriva da junção de duas palavras gregas: τεχνη (técnica, arte, ofício) e λογια (estudo). Na Grécia antiga, a técnica se opunha à filosofia por ser uma linha de pensamento divergente da contemplação, focando na solução de problemas práticos em relação à sobrevivência (VARGAS, 2008). Logo, para entendermos devidamente a tecnologia, devemos compreender a ciência e a filosofia em um contexto de pensamento integrado:

- **Filosofia**: saber para saber
- **Ciência**: saber para fazer
- **Tecnologia**: fazer para dominar

A compreensão de tecnologia deve ir muito além daquilo que se caracteriza pela expressão popular e classificatória daquilo que é "tecnológico"; deve remeter a algo holístico na questão da compreensão, da realização e da otimização de um procedimento.

Tal postura tem por objetivo pensar a tecnologia de modo crítico, tal como preconiza Rushkoff (2010) no título de seu livro *Programe para não ser programado* (tradução livre). A ideia aqui, que podemos generalizar em relação a este capítulo, é usar a tecnologia para não sermos usados por ela. Existe uma diferença entre saber e realmente utilizar e ser apenas um usuário, fazendo uso mecânico da tecnologia. Para isso, o intento é trazer uma abordagem consciente de como a tecnologia pode promover suas potencialidades, democratizando o acesso e o conhecimento.

O ensino e o aprendizado da tecnologia têm dois vieses que devemos considerar:

- como área do conhecimento, em que existe a necessidade da instrumentalização, das habilidades e das competências específicas;
- como área transversal do conhecimento, em que vem para fomentar outras áreas do conhecimento, em caráter interdisciplinar, oferecendo o suporte ao desenvolvimento de outras habilidades e competências, bem como outros temas e conteúdos.

O STEAM visa estabelecer um norte para o ecossistema escolar, desde a gestão, passando pelos professores, até, por fim, os estudantes, pois traz as bases sobre onde os processos de ensino e aprendizagem devem focar: em projetos desenvolvidos pelos estudantes, em contextos reais e autênticos. Além disso, existe outra questão que constantemente aparece: as profissões do futuro em relação ao saber tecnológico. Tal preocupação promove certa "corrida do ouro", na qual previsões pessimistas e supostas análises visam criar o terror para que, posteriormente, possam ser vendidas a segurança e a tranquilidade advindas de determinadas soluções.

Apesar dos medos e das preocupações que a tecnologia pode inspirar (no senso comum e nas distopias da ficção científica), é importante considerar dois pontos focais na preparação dos estudantes:

1. **a adaptação**: uma base sólida associada ao pensamento computacional (da lógica) que permite a migração de habilidades e técnicas entre diferentes *softwares* de uso semelhante, bem como inserir o estudante em um movimento que acompanha a evolução das aplicações e dos meios de produção.
2. **o STEAM**: tal abordagem permite a integração de saberes e de habilidades, dentro de um contexto transversal, em que o estudante se vale dos conhecimentos necessários para perceber as finalidades possíveis e até mesmo propor novas finalidades. Essa visão ampla em função das necessidades propostas mobiliza o conhecimento de forma dinâmica, e não estanque.

Não importa em que direção a tecnologia vai, como ela vai e onde chegará, e sim como nos preparamos para lidar com o presente e o futuro, marcados pela indefinição. Independentemente de quais tecnologias e carreiras se apresentem em um futuro não tão distante, estamos formando estudantes para ocupações que estão se transformando ou que ainda nem existem. O que importa é construir uma base sólida de habilidades, e para isso o STEAM pode contribuir, no sentido de alicerçar conhecimento por meio dos quatro pilares da Organização das Nações Unidas para a Educação, a Ciência e a Cultura (Unesco), de acordo com Jaques Dellors (2012): aprender a conhecer, aprender a fazer, aprender a viver juntos e aprender a ser.

Letramento digital

O desenvolvimento de propostas STEAM dentro de uma escola pode se iniciar por diversas frentes, como questionamentos dos estudantes, planejamento do educador para mudar sua prática, orientação da direção ou coordenação escolar, entre outras. Independentemente de onde se originam, as práticas que geram mais frutos são as que têm aderência na comunidade escolar e, entre elas, principalmente as propostas que realmente estão contextualizadas à transformação de realidades e dos indivíduos nelas inseridos.

Trabalhar com a tecnologia em projetos com abordagem STEAM é uma forma de propor aos alunos a possibilidade de desenvolver suas habilidades dentro da realidade na qual estão inseridos. Usar os meios disponíveis em cada situação, promovendo a criatividade, insere os alunos no universo digital que vai ao encontro de suas expectativas.

É pela lente do olhar crítico que também precisamos analisar o que não fazer com a tecnologia nas suas relações com as demais áreas do conhecimento no STEAM. É frequente nossa luta por projetos e propostas que ultrapassem a abordagem tradicional determinística do currículo como fetiche e permitam a existência da "ambiguidade, a contradição, a indeterminação" (SILVA, 2007, p. 108) presentes, mas não circunscritas às práticas progressistas educacionais. Com o desejo de incrementar projetos que chamem a atenção da comunidade escolar, observamos muitas vezes educadores que colocam de lado a seriedade do trabalho educacional para se beneficiar de aplicações superficiais da tecnologia, surfando na onda de tendências do *marketing* educacional.

No entanto, no universo escolar, iniciativas de ensino têm-se focado no letramento digital. Gilster (1997), um dos primeiros a buscar uma definição de letramento digital, argumenta que seu conceito está para além das práticas de leitura. O autor pondera que se trata de uma habilidade de ler em busca de um significado, de compreensão; trata-se de "[...] um ato fundamental da cognição" (GILSTER, 1997, p. 2).

Soares (2002) faz uma análise histórica percorrendo algumas definições de letramento. Em seu texto, relata as possíveis diferenciações existentes entre a leitura em papel desde os pergaminhos, passando pela evolução para o livro, até a estrutura fundamental organizada em códex de Gutenberg, que, segundo ele, "[...] alterou profundamente as formas de produção, de reprodução e de difusão da escrita, e, consequentemente, modificou significativamente as práticas sociais e individuais de leitura e de escrita [...]" (SOARES, 2002, p. 5).

O autor não chega a definir a expressão "letramento digital", mas sugere que o letramento com computador também influencia mudanças em relação aos meios de produção, reprodução e disseminação da escrita e da leitura, as quais, segundo Braga e Ricarte (2005, p. 36-37), são advindas de práticas sociais. Para esses autores, o letramento digital se caracteriza por modificações que surgem com o uso eficaz do computador para armazenar e resgatar ampla quantidade de informações, como práticas de uso de caixas eletrônicos, declaração do imposto de renda, etc. Segundo eles, a forma de o indivíduo se incluir na dinâmica da sociedade atual seria por meio de práticas sociais que perpassam o uso do computador.

Leander (2002) aprofunda a visão das práticas sociais e debate a questão do letramento digital e sua complexidade a partir de concepções sobre a inserção do letramento digital no contexto e a produção de contexto por meio do letramento, que serão debatidas a seguir.

O autor, em uma de suas análises, aborda as concepções de letramento digital no contexto e como elas são produzidas no tempo, no espaço e no discurso, advindas de estudos sobre o Estado, instituições, escolas, raça, etc. Para ele, existe uma limitação nesses estudos quando apenas o "[...] contexto influencia a prática, mas o reverso não acontece [...]" (LEANDER, 2002, p. 3, tradução nossa). Ele faz uma crítica ao fato de que essa abordagem ainda não foi aprofundada por não revelar o sentido das práticas de letramento localizadas ou como estas criam localizações. O autor propõe, ainda, outras dimensões de análise do contexto espaço-tempo para localização do letramento digital, a saber:

- **Redes de pessoas** – o espaço-tempo físico em que as práticas individuais e seus momentos de letramento acontecem
- **Redes digitais** – as redes sociotécnicas que permitem as práticas *on-line*
- **Redes de texto** – os textos originados de conexões sociotécnicas, interseções, etc.
- *On-line/off-line*, **coconstrução e imersão** – os letramentos *on-line* e *off-line* e sua inseparabilidade
- **Contextos interacionais múltiplos** – as negociações de contextos existentes nas práticas de letramentos
- **Contextos de construções discursivas na interação** – as formas de interação que emergem da interação e criam linguagens multimodais
- **Reificações de discurso no contexto** – a produção, a recriação e o ato de referenciar o próprio discurso

Bawden (2008), após análise de concepções de diversos autores, sugere que a definição de letramento digital pode ser alicerçada sobre quatro fundamentos. O primeiro fundamento está relacionado ao letramento *per se* e ao letramento ligado ao computador/tecnologia da informação e comunicação. O segundo fundamento se refere ao conhecimento anterior do indivíduo e se baseia na disposição do que o autor denominou de mundo da informação e natureza dos recursos de informação. Já o terceiro fundamento diz respeito a competências centrais, como leitura e entendimento de formatos digitais e não digitais; criação e comunicação de informação digital; avaliação da informação; letramento informacional; letramento midiático. Por último, o quarto fundamento está associado a perspectivas e atitudes, como aprendizado independente e letramento moral/social (BAWDEN, 2008, p. 29-30).

Buzato (2010), na perspectiva do que denomina "novos letramentos/letramentos digitais", faz uma relação desse conceito com apropriações ligadas à tecnologia e, como consequência, às produções resultantes daquilo que se extrai desse contato. Para o autor:

> Essas apropriações põem em evidência processos e conflitos socioculturais que sempre existiram e que não deixarão de existir, mas também abrem a possibilidade de transformações (inovações, aberturas de sentido, instabilidades estruturais, etc.) [...] (BUZATO, 2010, p. 289).

Pensamento computacional

Desde os anos 1960, Papert já trabalhava com a linguagem Logo, um dos primórdios do que viria mais tarde a ser chamado de pensamento computacional. Para desenvolver sua teoria, o autor considerou que a comunicação com a máquina e, mais especificamente, a forma como sua lógica se descreve por meio da programação eram a "[...] linguagem que tanto ele (computador) quanto o homem podem 'entender'" (PAPERT, 1985, p. 18). De forma ampla, o autor postulou que, uma vez desenvolvido o que chamou de germes ou sementes culturais que estão contidos no computador, tais conhecimentos irão se aprofundar e florescer em um pensamento que irá amadurecer.

Nos anos 2000, Wing (2006) cunhou a expressão "pensamento computacional". Ela descreveu a influência desse conceito em muitas áreas do conhecimento e postulou que sua essência está na abstração e na automação da computação. Diferentemente das abstrações encontradas na matemática e na física, que se utilizam de números e conjuntos para representar o mundo real, a abstração no pensamento computacional emprega dados processados em algoritmos que, segundo a autora, captam informações de entrada (*input*) e oferecem uma resposta (*output*). Assim, o processo de abstração do pensamento computacional é visto como uma ferramenta mental da computação. Quando abstrações computacionais são colocadas em diferentes níveis para interagirem entre si, e existe um entendimento da relação entre elas, chega-se à automação que pode ser realizada por algum tipo de máquina.

Wing (2006) considera que não apenas as máquinas processam informações; humanos também o fazem. Para ela, "[...] raciocínio computacional não requer uma máquina" (WING, 2008, p. 3719, tradução nossa). A capacidade computacional do humano e a da máquina podem ser combinadas para elevar o poder de processamento. Para tanto, é necessário que o pensamento computacional esteja acessível a todos e seja essencial para o desenvolvimento dos alunos. A autora considera que um dos desafios seria ensinar conceitos sem necessariamente utilizar a máquina e dá o exemplo do uso da calculadora para fazer contas, afirmando que é recomendável aprender a fazer cálculos antes de utilizá-la para obter resultados. Contudo, Wing (2006, p. 35) acredita que o pensamento computacional envolve a resolução de problemas e a criação de sistemas. Para ela, suas principais características são: a conceitualização sobre como pensar em diferentes níveis de abstração, porque a ciência da computação não está ligada apenas à programação; o pensamento computacional como um conhecimento fundamental para o ser humano na sociedade moderna; a maneira como os humanos reconhecem que o pensamento computacional é a forma de resolver problemas; o uso de computadores de maneira habilidosa e criativa soluciona problemas que antes da era da computação não eram possíveis de dirimir; a complementação e a combinação de pensamento matemático e de engenharia; a relação com o modo como os conceitos de pensamento computacional se aproximam, solucionam e gerem as rotinas diárias; bem como a forma como nos comunicamos e interagimos uns com os outros. Além disso, os computadores são para todos, em qualquer lugar, e poderão ser considerados uma realidade, principalmente quando envolverem mudança intelectual e engajamento científico de quem os utiliza.

Entre todas as características gerais do pensamento computacional citadas, Wing (2017) resume seu conceito e propõe a seguinte definição: "Pensamento computacional é o processo envolvido na formulação de um problema e a expressão de sua solução, de tal forma que o computador – máquina ou humano – possa efetivamente executá-las" (WING, 2017, p. 8, tradução nossa).

No entanto, ainda falta consenso entre especialistas e pesquisadores acerca de uma definição sobre pensamento computacional. Em dois grupos de trabalho realizados pela National Academy of Sciences, em 2009 e 2011, dos quais participaram pesquisadores de diversas áreas para desenvolver e caminhar em um consenso sobre a natureza do pensamento computacional, pouco se avançou. No primeiro ano, os participantes não entraram em um acordo geral sobre o tema (NATIONAL RESEARCH COUNCIL, 2010, p. 65), e, em 2011, divergiram em visões sobre o conceito de pensamento computacional tanto em sua natureza quanto em sua aplicação pedagógica (NATIONAL RESEARCH COUNCIL, 2011, p. 133).

Para Valente (2016, p. 886), o fato de não existir uma definição comum tanto da área da ciência da computação quanto da área de tecnologias educacionais contribui para aumentar a complexidade do tema quando abordado na área de educação, principalmente em relação à questão da formação de educadores sobre o assunto.

Kalelioglu, Gülbahar e Kukul (2016) descreveram uma busca bibliográfica em que pesquisaram 125 artigos relacionados ao pensamento computacional. A partir de critérios preestabelecidos, os autores acessaram seis plataformas digitais de bibliotecas com o objetivo de revelar o sentido dessa expressão. O resultado indica a impossibilidade de encontrar uma única definição entre os diversos autores e trabalhos que foram analisados.

Grover e Pea (2013) trazem a influência de Wing na definição do pensamento computacional e descrevem ampla pesquisa de fontes para atualização do conceito a partir das seguintes características relacionadas:

- abstrações e reconhecimento de padrões (inclui modelos e simulações);
- processamento sistemático de informações;
- sistema de símbolos e representações;
- noções de controle de fluxo de algoritmos;
- decomposição de problemas estruturados (modularização);
- pensamento iterativo, recursivo e paralelo;
- lógica condicional;
- eficiência e restrições de desempenho;
- depuração e detecção de erro sistemático.

Brackmann (2017) aplicou o pensamento computacional por meio de atividades desplugadas – sem o uso de computadores ou máquinas – na educação básica de escolas do Brasil e da Espanha. O autor desenvolveu atividades que foram direcionadas a turmas de 5º e 6º anos nos dois países. Aplicando pré-testes e pós-testes, ele fez um estudo estatístico, gerando resultados a partir de diferentes grupos de aplicação e comparando-os com um grupo-controle. A conclusão da pesquisa sugere que, após as atividades, se percebeu melhoria no entendimento do pensamento computacional por parte dos alunos e recomenda que a abordagem desplugada seja complementada a partir de estratégias de ensino com o uso do computador, a fim de proporcionar uma experiência completa de aprendizagem ao aluno. No caminho para a definição do pensamento computacional, o autor cita os avanços de diversos autores e se apoia na definição resumida desenvolvida por Code.org (c2020), Liukas (2015) e BBC Learning (c2020), que descreve os quatro pilares do conceito como sendo decomposição, reconhecimento de padrões, abstração e algoritmo (BRACKMANN, 2017, p. 27-32).

ALGUMAS CONSIDERAÇÕES

Uma das questões que aparecem quando trabalhamos com diversas áreas de conhecimento entrelaçadas é por onde começar e qual ênfase e importância deve-se destinar a cada uma, ou até mesmo se deve existir uma relação de hierarquia e classificação entre elas. Na verdade, antes mesmo de pensar em uma ordem ou sequência a ser abordada dentro do STEAM, devemos pensar que o estudante já traz uma bagagem de experiências. No que tange à tecnologia, esse estudante, de forma geral, vive imerso em uma cultura que com maior ou menor facilidade permite acesso a algumas tecnologias,[4] sejam elas *softwares*, sejam elas *hardwares*. Cabe aos docentes investigar em sua comunidade, juntamente com os estudantes, quais temas e assuntos lhes interessam antes de impor seus desejos e seu senso de ordem para desenvolver um conteúdo ou currículo.

Para tanto, muito mais do que avaliação diagnóstica, sondagens de perfis de aprendizagens, identificação de desejos e vontades sobre o que o discente deseja estudar, o educador precisa criar um ambiente de diálogo. É sobre esse espaço de debate e sobre as perguntas norteadoras que podem nele ser feitas que se fundamentam as primeiras inquietações. O docente deve se preparar para desvelar, de forma organizada, aquilo que o mundo apresenta a ele e a seus estudantes, tendo sensibilidade o suficiente para que sua visão não se sobreponha às demais, seja por capricho, seja por conforto em abordar um tema que lhe é familiar por já ter sido trabalhado por ele em outra turma. Pelo contrário, é a intermediação que o docente faz entre aquele caminho de estudo que deve ser percorrido – o currículo – e os reais anseios cognoscentes dos alunos, identificados em um diálogo inicial, que deve ser colocada na rota de aprendizagem, ou seja, o planejamento. Conforme ilumina Freire sobre a organização do conteúdo programático:

> [...] não se faz de "A" para "B" ou de "A" sobre "B", mediatizados pelo mundo. Mundo que impressiona e desafia a uns e a outros, originando visões ou pontos de vistas sobre ele. Visões impregnadas de anseios, de dúvidas, de esperanças ou desesperanças que implicam em temas significativos, à base dos quais se constituirá o conteúdo programático [...] (FREIRE, 1987, p. 48).

Quando entrelaçamos diferentes áreas de conhecimentos do STEAM para a criação de um projeto, o objetivo é conectar uma diversidade de áreas, a ponto de os alunos fluírem entre elas e realizarem a tão esperada criação de relações entre conceitos distintos; é propiciar ao aluno a percepção de que, na construção de um projeto, as áreas de conhecimento escancaram uma proximidade e/ou complementariedade que não era possível antes, nas abordagens curriculares estanques.

É nesse ponto que mora a necessidade de efetiva mudança de cultura pedagógica, já preconizada por Fazenda (2011), pois, para ela, a perspectiva de transformação vem pela interdisciplinaridade, como possibilidade de trabalhar diversas formas de colaboração entre áreas distintas. Nesse sentido, existe a necessidade de criação de uma relação qualificada entre os envolvidos que supere a simples inte-

---

[4] Segundo relatório TIC Escola 2018, 97% dos estudantes usam celulares com acesso à internet em áreas urbanas (NÚCLEO DE INFORMAÇÃO E COORDENAÇÃO DO PONTO BR, 2018).

gração de disciplinas e que conceba vínculos de colaboração e propriedade mútuas. A autora afirma que isso só será possível quando, individualmente, o posicionamento perante o que será trabalhado se transformar, no sentido de "[...] uma mudança de atitude diante [...] do conhecimento, uma substituição da concepção fragmentária para a unitária do ser humano" (FAZENDA, 2011, p. 71).

Tal característica de interação entre áreas se põe distante da visão de currículo como um território em disputa (ARROYO, 2011). A área a ser priorizada, qual deve ser aprofundada e, principalmente, o que deve ser abordado no planejamento de STEAM se diferencia das visões estanques de currículo, pelo fato de, pelo menos por princípio, não induzir disputas ou preferências.

Tornar o tecnológico menos técnico e o pedagógico mais tecnológico passa a ser um desafio. Como tecnológico menos técnico entende-se que boa parte das atividades que envolvem tecnologia pode ser realizada com orientações simples e objetivas. A maioria das tecnologias digitais, por exemplo, é criada em interfaces (telas) que passaram por estudo de *design* de experiência do usuário, ou seja, uma área do *design* que estuda nossos comportamentos em situações de tomada de decisão para realizar uma atividade tocando em botões e interagindo com objetos em uma tela. Logo, temos *sites* e aplicativos intuitivos que podem ser considerados muito fáceis de serem utilizados, cabendo aos educadores entender a lógica inicial da proposta e reservar mais tempo para conceber uma proposta pedagógica aderente e significativa da tecnologia com sua área do saber.

Por sua vez, o pedagógico mais tecnológico refere-se à forma como os profissionais de ensino estão mais ou menos abertos a transformar suas práticas por meio da integração com a tecnologia – por exemplo, o trabalho colaborativo com documentos na nuvem, a adesão de linguagem audiovisual como complemento à linguagem escrita, os multiletramentos possíveis quando se concebe uma proposta de repensar a tecnologia em dinâmicas sociais atuais.

Nesse sentido, a abordagem educacional que integra as áreas de STEAM e a aprendizagem baseada em projetos oferece um panorama de mudança na educação, no qual a tecnologia pode ser utilizada em práticas de aprendizagem que, para além da formação técnica sobre tecnologia, permitam que os estudantes se tornem capazes de aplicar conhecimentos para criar formas de intervir em sua realidade e, assim, perceber o verdadeiro potencial da tecnologia.

Referências para o planejamento

Mais do que oferecer uma breve receita de como fazer ou tratar de forma trivial o papel da tecnologia, desenvolvemos, neste capítulo, uma linha que perpassa por diversas contribuições para a concepção da tecnologia, não somente no STEAM, mas na educação básica, de forma mais ampla.

Contudo, sabemos que, para compreender melhor quais são as tecnologias frequentemente aplicadas em projetos de STEAM, nada melhor do que conhecê-las na prática. Com esse intuito, listamos a seguir algumas terminologias e alguns recursos que podem ser explorados em propostas STEAM, não os limitando como únicos, mas como uma possível inspiração para quem está iniciando seus estudos sobre o tema. Esses recursos, de forma isolada, não promovem uma abordagem STEAM. Esta só acontece quando eles são usados em um contexto e com uma finalidade específica.

1. **Scracth:** trata-se de uma linguagem visual de programação desenvolvida pelo Media Lab, do MIT. Além de ser de relativamente simples acesso, tanto para educadores quanto para estudantes, a plataforma permite a criação em dispositivos móveis, possibilitando aplicar o pensamento computacional para a criação de simuladores, apresentações, jogos, etc.
   Onde acessar: scratch.mit.edu
2. **PhET – simuladores virtuais:** em muitos contextos, faz-se necessário o uso de simuladores virtuais, seja para representar fenômenos complexos, seja para investigar variáveis. Desenvolvida pela Universidade de Colorado em Boulder, e com diversas simulações em português, esta é uma boa ferramenta para que estudantes possam aprofundar seus conhecimentos científicos, desde que problematizada e integrada ao projeto a ser desenvolvido.
   Onde acessar: phet.colorado.edu/_m/pt_BR/
3. **Instructables:** utilizado pelos entusiastas da cultura *maker*, este *site* funciona como um banco colaborativo de projetos, tutoriais e técnicas de robótica, programação e prototipagem digital. Pode ajudar estudantes e professores na busca de inspiração para projetos, principalmente para aqueles que envolvem o uso de robótica, impressoras 3D e cortadoras a *laser*.
   Onde acessar: instructables.com

REFERÊNCIAS

APPLE, M. *Ideologia e currículo*. 3. ed. São Paulo. Brasiliense, 2006.

ARROYO, M. G. *Currículo, território em disputa*. Petrópolis: Vozes, 2011.

BAWDEN, D. Origins and concepts of digital literacy. *In*: LANKSHEAR, C.; KNOBEL, M. (ed.). *Digital literacies*: concepts, policies and practices. New York: Peter Lang, 2008. cap. 1, p. 17–32.

BBC LEARNING, B. *What is computational thinking?* c2020. Disponível em: http://www.bbc.co.uk/education/guides/zp92mp3/revision. Acesso em: 2 jan. 2020.

BLIKSTEIN, P.; KRANNICH, D. The makers' movement and fablabs in education: experiences, technologies, and research. *In*: INTERNATIONAL CONFERENCE ON INTERACTION DESIGN AND CHILDREN, 12., 2013, New York. *Proceedings* [...] New York: ACM, 2013. p. 613–616.

BRACKMANN, C. P. *Desenvolvimento do pensamento computacional através de atividades desplugadas na educação básica*. 2017. Tese (Doutorado em Informática na Educação) – Centro Interdisciplinar de Novas Tecnologias na Educação, Universidade Federal do Rio Grande do Sul, Porto Alegre, 2017. Disponível em: http://hdl.handle.net/10183/172208. Acesso em: 8 dez. 2019.

BRAGA, D. B.; RICARTE, I. L. M. *Letramento e tecnologia*. São Paulo: Unicamp, 2005.

BUZATO, M. K. Cultura digital e apropriação ascendente: apontamentos para uma educação 2.0. *Educação em Revista*, v. 26, n. 3, p. 283–303, 2010. Disponível em: http://www.scielo.br/pdf/edur/v26n3/v26n3a14.pdf. Acesso em: 8 dez. 2019.

CODE. *Code.org*. c2020. Disponível em: https://code.org/. Acesso em: 2 jan. 2020.

CONSELHO NACIONAL DE DESENVOLVIMENTO CIENTÍFICO E TECNOLÓGICO. *Tabela de áreas do conhecimento*. [2001]. Disponível em: http://www.cnpq.br/documents/10157/186158/TabeladeAreasdoConhecimento.pdf. Acesso em: 8 dez. 2019.

DELORS, J. (org.). *Educação*: um tesouro a descobrir. 7. ed. São Paulo: Cortez, 2012. Relatório para a Unesco da Comissão Internacional sobre Educação para o Século XXI.

FAZENDA, I. C. A. *Integração e interdisciplinaridade no ensino brasileiro*: efetividade ou ideologia. 6. ed. São Paulo: Loyola, 2011.

FLUSSER, V. *Filosofia da caixa preta*: ensaios para uma futura filosofia da fotografia. São Paulo: Annablume, 2013.

FREIRE, P. *Pedagogia do oprimido*. 17. ed. Rio de Janeiro: Paz e Terra, 1987.

GILSTER, P. *Digital literacy*. New York: Wiley Computer, 1997.

GREENE, P. *When does EdTech become snake oil?*. 2017. Disponível em: https://bit.ly/2LSdLyh. Acesso em: 8 dez. 2019.

GROVER, S.; PEA, R. Computational thinking in K-12: a review of the state of the field. *Educational Researcher*, v. 42, n. 1, p. 38–43, 2013.

HARARI, Y. N. *21 lições para o século 21*. São Paulo: Companhia das Letras, 2018.

KALELIOGLU, F.; GÜLBAHAR, Y.; KUKUL, V. A framework for computational thinking based on a systematic research review. *Baltic Journal of Modern Computing*, v. 4, n. 3, p. 583–596, 2016.

LEANDER, K. M. Situated literacies, digital practices, and the constitution of space-time. *In*: NATIONAL READING CONFERENCE, 52., 2002, Miami. *Proceedings* [...] Fort Worth: Texas Christian University, 2002.

LÉVY, P. *A inteligência coletiva:* por uma antropologia do ciberespaço. 4. ed. São Paulo: Loyola, 2003.

LÉVY, P. *As tecnologias da inteligência:* o futuro do pensamento na era da informática. Rio de Janeiro: 34, 1993.

LIUKAS, L. *Hello Ruby:* adventures in coding. New York: Feiwel & Friends, 2015.

MICROSOFT. *Adobe Flash end of support on December 31, 2020*. 2019. Disponível em: https://support.microsoft.com/en-us/help/4520411/adobe-flash-end-of-support. Acesso em: 8 dez. 2019.

NATIONAL RESEARCH COUNCIL (USA). *Report of a workshop of pedagogical aspects of computational thinking*. Washington: The National Academies. 2011.

NÚCLEO DE INFORMAÇÃO E COORDENAÇÃO DO PONTO BR. *Pesquisa sobre o uso das tecnologias de informação e comunicação nas escolas brasileiras:* TIC educação 2018. São Paulo: Comitê Gestor da Internet no Brasil, 2019. Disponível em: https://www.cetic.br/media/docs/publicacoes/216410120191105/tic_edu_2018_livro_eletronico.pdf. Acesso em: 8 dez. 2019.

PAPERT, S. A. *LOGO:* computadores e educação. São Paulo: Brasiliense, 1985.

RUSHKOFF, D. *Program or be programmed:* ten commands for a digital age. New York: OR Books, 2010.

SANTAELLA, L. *Linguagens líquidas na era da mobilidade.* São Paulo: Paulus, 2007.

SIBILIA, P. *Redes ou paredes:* a escola em tempo de dispersão. Rio de Janeiro: Contraponto, 2012.

SILVA, T. T. *O currículo como fetiche:* a poética e a política do texto curricular. Belo Horizonte: Autêntica, 2007.

SOARES, M. Novas práticas de leitura e escrita: letramento na cibercultura. *Educação & Sociedade*, v. 23, n. 81, p. 143–160, 2002. Disponível em: http://www.scielo.br/pdf/es/v23n81/13935.pdf. Acesso em: 8 dez. 2019.

TEIXEIRA, A. *Educação e o mundo moderno.* Rio de Janeiro: UFRJ, 2006.

VALENTE, J. A. Integração do pensamento computacional no currículo da educação básica: diferentes estratégias usadas e questões de formação de professores e avaliação do aluno. *Revista e-Curriculum*, v. 14, n. 3, p. 864–897, 2016. Disponível em: https://bit.ly/2VpUgRZ. Acesso em: 8 dez. 2019.

VARGAS, M. *Para uma filosofia da tecnologia.* São Paulo: Alfa - Omega, 1994.

WALLON, H. *Psicologia e educação da infância.* Lisboa: Editorial Estampa, 1975.

WING, J. M. Computational thinking. *Communications of the ACM*, v. 49, n. 3, p. 33–35, 2006. Disponível em: https://bit.ly/1du6QJB. Acesso em: 8 dez. 2019.

WING, J. M. Computational thinking and thinking about computing. *Journal of Philosophical Transactions of The Royal Society A:* mathematical, physical and engineering sciences, v. 366, n. 1881, p. 3717–3725, 2008.

WING, J. M. Computational thinking's influence on research and education for all. *Italian Journal of Educational Technology*, v. 25, p. 7–14, 2017. Disponível em: https://ijet.itd.cnr.it/article/view/922/874. Acesso em: 8 dez. 2019.

LEITURAS RECOMENDADAS

BLIKSTEIN, P.; MARTINEZ, S. L.; PANG, H. (ed.). *Meaningful making:* projects and inspirations for fab labs and makerspaces. Torrance: Constructing Modern Knowledge, 2016.

BLUMENFELD, P. C. *et al.* Motivating project-based learning: sustaining the doing, supporting the learning. *Educational Psychologist*, v. 26, n. 3-4, p. 369–398, 1991.

DOUGHERTY, D. The maker movement. *Innovations*, v. 7, n. 3, p. 11–14, 2012.

JOHNSON, L. *et al. NMC Horizon report:* 2016 higher education edition. Austin: The New Media Consortium, 2016.

KRAJCIK, J. S.; BLUMENFELD, P. C. Project-based learning. *In:* SAWYER, R. (ed.). *The Cambridge handbook of the learning sciences.* Cambridge: Cambridge University, 2006. p. 317–34.

MARTINEZ, S. L.; STAGER, G. *Invent to learn:* making, tinkering, and engineering the classroom. Torrance: Constructing Modern Knowledge, 2013.

OLIVEIRA, E. A. A técnica, a techné e a tecnologia. *Itinerarius Reflectionis*, v. 2, n. 5, 2008. Disponível em: https://www.revistas.ufg.br/rir/article/download/20417/19175/. Acesso em: 8 dez. 2019.

PELLEGRINO, J. W.; HILTON, M. H. (ed.). *Education for life and work:* developing transferable knowledge and skills in the 21st century. Washington: National Academies, 2012.

SANTOS, L. G. *Politizar as novas tecnologias:* o impacto socio-técnico da informação digital e genética. 2. ed. São Paulo: 34, 2011.

SOUSA, D. A.; PILECKI, T. *From STEM to STEAM:* using brain-compatible strategies to integrate the arts. Thousand Oaks: Corvin, 2013.

UNESCO. *Educação para uma cidadania global:* preparando alunos para os desafios do século XXI. Brasília: UNESCO, 2015.

UNITED NATIONS CONFERENCE ON TRADE AND DEVELOPMENT. *Digital economy report 2019:* value creation and capture: implications for developing coutries. Geneva: United Nations. 2019. Disponível em: https://unctad.org/en/PublicationsLibrary/der2019_overview_en.pdf. Acesso em: 8 dez. 2019.

RESNICK, M. *Give P's a chance:* projects, peers, passion and play. [2014]. Disponível em: constructionism2014.ifs.tuwien.ac.at/papers/1.2_1-8527.pdf. Acesso em: 8 dez. 2019.

WAGNER, T.; DINTERSMITH, T. *Most likely to succeed:* preparing our kids for the innovation era. New York: Scribner, 2015.

6

M de matemática

Rodrigo Morozetti Blanco

Quando pensamos na matemática e em sua relação com as ciências ditas exatas, é comum imaginarmos que os objetos matemáticos servem de ferramenta para essas ciências ou que as exatas são campos de aplicação do saber matemático. Isso também costuma acontecer com o STEAM: é comum imaginar que as aulas STEAM são formas de aplicação dos conteúdos matemáticos.

Essa linha de raciocínio leva à crença de que é preciso conhecer determinados conteúdos com alguma profundidade para só então poder resolver problemas contextualizados, sejam eles de contextos sociais, sejam eles da própria matemática ou de outros componentes curriculares, como física ou química, por exemplo. Esse tipo de abordagem comumente leva os professores a evitar projetos interdisciplinares por entenderem que terão de gastar tempo com esses projetos para além das poucas horas disponíveis para uma quantidade densa de conteúdos que devem ser ensinados.

O que se pretende tratar aqui é a possibilidade de inversão dessa lógica, utilizando-se, para isso, uma série de argumentos históricos e propostas de ensino. Para começar, vejamos dois exemplos práticos que partem de questões disparadoras muito alinhadas à proposta STEAM.

Situação 1 – O problema da filtragem[1]
Apresenta-se aos alunos uma série de reportagens sobre casos de enchentes e alagamentos em regiões urbanas. A partir das reportagens, direciona-se a discussão para a compreensão do caso de famílias desalojadas pela enchente e acolhidas em abrigos, com acesso restrito a água e alimentação.

Um dos problemas que os alunos podem resolver consiste em analisar a possibilidade de filtrar a água das enchentes para torná-la própria para alguns usos, como lavagem de roupas e utensílios. Os alunos devem testar alguns processos de filtragem usando cascalho, areia, algodão, filtro de papel, etc., e analisar qual seria o filtro com a melhor relação de custo-benefício capaz de gerar determinada quantidade de água filtrada, a fim de permitir que todas as famílias do abrigo possam lavar roupas por certo período de tempo.

Situação 2 – O problema das bactérias[2]
Apresenta-se aos alunos um vídeo sobre o caso de uma jovem que está hospitalizada por apresentar uma infecção bacteriana com alta resistência a antibióticos, além de alguns textos sobre superbactérias e a importância do uso correto de medicamentos. A partir das situações, discute-se sobre como identificar a duração necessária do tratamento com antibióticos para que, em uma infecção bacteriana, os microrganismos não desenvolvam resistência ao remédio.

Um dos problemas que os alunos podem resolver consiste em criar uma estratégia de determinação da duração do ciclo do antibiótico a partir da análise de uma série de amostras de colônias de bactérias. A resolução do problema passa por desenvolver métodos de contagem que permitam inferir se o antibiótico está funcionando e por quantos dias ele deve ser aplicado, calculando-se, para isso, a velocidade de reprodução dos microrganismos. Para tal, os alunos podem usar amostras de material infectado que deverão ser analisadas em microscópio (caso o objetivo inclua aprender a manipular esses instrumentos) ou fotografias das análises microscópicas dessas amostras.

Em ambas as situações, o sucesso dos experimentos demanda alguns processos matemáticos. Ressalta-se, aqui, que a abordagem STEAM, alinhada com a pedagogia de projetos, pode passar por diversas etapas, algumas envolvendo a matemática,

---

[1] Este problema foi adaptado a partir de uma situação didática apresentada na formação de professores do programa de especialização docente (PED) oferecido pelo Instituto Canoa em parceria com o Lemann Center for Educational Entrepreneurship and Innovation da Stanford University.

[2] Este problema foi adaptado do livro *Science and engineering for grades 6-12*: investigation and design at the center (MOULDING; SONGER; BRENNER, 2019).

e outras não. O que todas as atividades STEAM têm em comum são alguns passos, que podem ser observados nas duas situações propostas:

- As ações propostas para os alunos devem partir de uma situação contextualizada acessível, relacionada direta ou indiretamente com a realidade deles.
- A situação apresentada deve ter uma questão disparadora que permita aos alunos fazer investigações e descobertas, criando hipóteses e modelando problemas relacionados ao contexto.
- As questões devem permitir diferentes abordagens, incentivando os alunos a estabelecer relações intra e interdisciplinares, desenvolvendo e transferindo saberes de diferentes áreas.
- A proposta deve incluir um produto a ser criado pelos alunos, de modo a representar, sistematizar e sintetizar seus aprendizados. É importante que esse produto seja elaborado em grupo, para que todo o processo seja desenvolvido com interação entre os pares e auxilie os alunos a acessar e compreender diferentes pontos de vista.
- A avaliação deve incluir reflexão e replanejamento, fazendo parte de toda a atividade.

Desse modo, é preciso compreender que, nessa abordagem, os conhecimentos matemáticos se fazem presentes em recortes da atividade. O desafio do professor aqui é definir em que momento do desenvolvimento desses conhecimentos os experimentos podem se tornar mais pertinentes. Para isso, é preciso situá-los em relação ao currículo, considerando os objetivos de aprendizagem que a experiência pretende atingir e os conhecimentos prévios necessários para que os alunos consigam embarcar na atividade.

Chegamos, aqui, à dicotomia apresentada no início do capítulo. Um dos maiores escopos do trabalho do professor está justamente na etapa de planejamento. É uma etapa que demanda muito tempo e reflexão e que, muitas vezes, acontece com profundidade no início da carreira docente e tende a rarear ao longo dos anos, uma vez que os planejamentos podem se repetir ano a ano. É no planejamento que o professor define quais conhecimentos devem ser abordados primeiro e quais os objetivos de cada aula ou período letivo, refletindo justamente sobre esta tríade: quais saberes os alunos devem ter no início da aula, o que se deseja que eles aprendam e quais atividades serão propostas para promover essa aprendizagem.

Como dito anteriormente, é comum imaginar que o conhecimento matemático serve de ferramenta para as aulas STEAM. Assim, entende-se que a Situação 1, por exemplo, só pode ser apresentada a alunos que tenham amplo conhecimento sobre as unidades e os instrumentos de medida de capacidade e tempo, além de grande familiaridade com as noções de razão e proporção, de modo que seja possível definirem o filtro mais rentável – considerando aqui apenas os saberes matemáticos. Supõe-se, então, que o professor deve ter ensinado anteriormente uma série de conteúdos, como transformação de unidades de tempo e de capacidade, arredondamento, medidas aproximadas de acordo com a significância do instrumento de medida, etc. Assim, a atividade seria própria para um aluno do ensino médio ou de um dos dois anos finais do ensino fundamental.

Vamos supor, entretanto, que essa atividade seja apresentada a uma turma do 5º ano do ensino fundamental. Os alunos constroem alguns filtros, despejam em cada um certa quantidade de água e observam a filtragem. Em seguida, precisam decidir qual filtrou mais água em menos tempo com o menor custo. A partir dessa demanda, eles notam a necessidade de escolher instrumentos de medida que permitam a comparação.

Se os recipientes utilizados para coletar a água filtrada não forem iguais, surgirá a primeira questão: como saber em qual deles cabe mais água sem poder comparar apenas a altura que o líquido atingiu? Independentemente dessa questão, outras devem surgir: em que momento devemos começar e terminar de contar o tempo? Como medir o tempo com precisão? Como ler as medidas de tempo em um cronômetro caso esse instrumento seja utilizado? Como calcular a quantidade e o custo do total de filtros que devem ser utilizados para todas as famílias? – só para citar alguns exemplos.

Uma vez cientes dos conhecimentos que devem obter para finalizar sua tarefa, os alunos provavelmente apresentarão uma disposição prévia a aprender e a fixar esses conteúdos, relacionando-os automaticamente às suas utilidades práticas. Nesse caso, o conteúdo matemático não se torna uma ferramenta das ciências da natureza, mas é reconhecido como necessário para resolver problemas que foram gerados nessa área do conhecimento.

Essa inversão da abordagem altera a prática do professor em dois momentos: na visão sobre o STEAM, entendendo agora que essas situações servem como experiências de aprendizagem de matemática, e na visão do planejamento, entendendo agora que o foco do plano de aula pode estar nas questões que se quer despertar nos alunos, e não nas respostas que se quer entregar para eles.

Vejamos agora a Situação 2. Os alunos recebem fotografias com amostras de bactérias, cada uma delas com uma quantidade bastante grande de indivíduos. Recebem também a informação de que as fotografias mostram as bactérias presentes em 1 mL de material, mas deseja-se saber o total de bactérias em 100 mL. Nota-se que, para abordar o problema, os alunos precisam saber apenas contar e multiplicar. Entretanto, alguns direcionamentos podem levá-los a buscar técnicas de contagem mais eficazes e métodos estatísticos mais eficientes para estimar a quantidade de bactérias presente nos 100 mL de material.

Essa atividade pode ser apresentada como um exercício de concretização de conceitos estatísticos. O professor pode, anteriormente, apresentar os conceitos de amostra, média e estimativa estatística para, então, propor essa atividade de aplicação. Outro caminho, entretanto, é possível. O professor pode apresentar essa atividade como desafio para uma turma com pouco ou nenhum conhecimento estatístico formal como modo de introdução ao conteúdo. Pode incentivá-los a estimar a quantidade de bactérias com o menor erro possível e máxima eficiência, o que inclui fazê-lo em pouco tempo. Essa abordagem pode levar os alunos a desenvolver estratégias de contagem amostral das bactérias e inferência da quantidade média de bactérias por mL, calculando, assim, uma estimativa para a quantidade de bactérias no material total.

A proposta de apresentar o problema antes do conteúdo, nesse caso, difere do exemplo anterior em um aspecto significativo. Na Situação 1, o problema explicita para os alunos a necessidade de buscarem um novo conhecimento matemático. Já na Situação 2, a própria resolução do problema pode levar os estudantes a desenvolver conceitos de amostra, média, estimativa e inferência. Ao professor, caberá apenas sistematizar e validar as descobertas da turma. Em ambas as situações, o conhecimento matemático obtido é mais carregado de significado do que seria se tivesse sido apresentado de maneira formal, descontextualizada.

Nota-se, assim, que inverter a lógica de apresentação do conteúdo implica a transformação de uma série de outras ideias, entre as quais as mais importantes talvez sejam a noção de como se constrói o saber matemático e de quais são os papéis do aluno e do professor na sala de aula.

Rever esses papéis implica reconhecer que, ao professor, cabe muito mais criar ambientes e experiências de aprendizagem significativas do que transmitir conhecimento. Para que o professor gerencie uma atividade como a das bactérias tendo como objetivo o desenvolvimento – e não a aplicação – de conteúdos estatísticos, é preciso que ele reflita e ressignifique também a imagem que tem de seus alunos, permitindo-se enxergá-los como atores dotados de saberes prévios e capazes de construir sozinhos uma gama importante de novos saberes. Em última instância, essa mudança na visão do professor de matemática pode incluir também uma revisão da sua própria concepção acerca dessa ciência.

Vimos, então, que, para o professor de matemática que deseja começar a incorporar STEAM nas suas aulas, o primeiro passo deve incluir uma reflexão sobre sua forma de pensar o processo de ensino e aprendizagem em pelo menos três instâncias:

- Considerando que tudo começa com um bom **planejamento**, é preciso pensar primeiro sobre como a tríade "saberes prévios", "objetivos de aprendizagem" e "atividades de sala" se estrutura.

- Tendo em vista o aluno e o professor como principais agentes na execução desse plano, é preciso ressignificar seus **papéis na sala de aula**, repensando as responsabilidades de cada um no processo de transformar os saberes prévios em novas aprendizagens.
- Por fim, é preciso que o professor reveja a própria concepção que tem dessa ciência e de como a **compreensão matemática** se constrói, permitindo-se questionar certezas que muitas vezes são antigas.

Essa autoanálise não é simples. Sendo também fruto da educação que teve, o professor tem seu conhecimento construído dentro de um processo educacional que reflete gerações e cujas transformações tendem a ser morosas. Desse modo, antes de detalharmos cada um desses tópicos, pode ser pertinente falar sobre como o ensino de matemática reflete muitas vezes o processo histórico de construção desses saberes.

UM POUCO DE HISTÓRIA[3]

Antes de seguir, é importante ressaltar que a visão dicotômica entre as duas faces do saber matemático – a pura e a aplicada – existe há milênios: por um lado, a matemática é vista como um conhecimento abstrato, fruto do pensamento humano; por outro, há quem a enxergue como um conhecimento empírico, proveniente das necessidades práticas sociais. Essa dicotomia remonta aos processos históricos de formação e formalização dessa ciência. Supõe-se, por exemplo, que o ato de contar tenha surgido à época do estabelecimento das primeiras civilizações, advindo da necessidade de determinar algumas quantidades, como a de dias antes da próxima colheita ou a de cabeças em um rebanho. Entretanto, a matemática como ciência organizada surge séculos depois, com os grandes filósofos gregos e o pensamento lógico.

A antiga civilização grega deixou como legado para a matemática atual sua construção axiomática. Vem deles a visão de que o conhecimento matemático se estrutura a partir de definições sobre as quais se constroem as propriedades dos objetos, os processos matemáticos e os teoremas.

Ocorre, entretanto, que esse não é o único legado grego para a matemática atual. Uma das características dos saberes matemáticos daquela civilização era o fato de que os processos matemáticos cotidianos, praticados pelos agrimensores e comer-

---

[3] Todo o trecho sobre história da matemática foi baseado em *História da matemática*: uma visão crítica, desfazendo mitos e lendas (ROQUE, 2012).

ciantes, por exemplo, não eram considerados saberes verdadeiros, científicos. Apenas a discussão filosófica e lógica sobre a matemática era vista como ciência.

Consideremos, então, que o fim do período helenístico foi marcado pelo início do Império Romano, que durou até o fim da Idade Antiga. Com a queda de Constantinopla, tem início a Idade Média, não raro denominada Idade das Trevas, sendo marcada pelo dogmatismo religioso e pelo abandono do raciocínio. O pensamento grego, absorvido pelos romanos, estava apenas se estabelecendo quando se iniciou a nova era, que teria sido encerrada pelo Renascimento.

Sendo a história contada sempre pelas classes dominantes, e tendo a sociedade renascentista a intenção de se distanciar do período anterior, considerado bárbaro, seu legado histórico tratou de buscar associar a Idade da Razão, como ficou conhecido o Renascimento, ao pensamento filosófico rigoroso de Platão, fundado na busca pela verdade. Dessa forma, o movimento de resgate da cultura grega que sugeria o protagonismo contínuo da Europa no desenvolvimento científico carregou, assim como era feito na Grécia, uma negligência de tudo que se desenvolvera de forma prática. Essa atitude desmerecia, por exemplo, muita matemática que era feita por outros povos, como chineses e árabes.

É necessário notar que essas matemáticas "estrangeiras" eram apresentadas por meio da resolução de problemas cotidianos, sendo, assim, caracterizadas – de acordo com o pragmatismo grego – como atividades intelectuais menores.

É bem verdade que, ao longo dos anos, a matemática das grandes universidades europeias se apropriaria do conhecimento gerado por árabes e chineses, como o desenvolvimento da linguagem algébrica e dos números negativos. É bem verdade, também, que, se Apolônio de Perga não tivesse escrito, no século II a.C., sua dissertação sobre as formas cônicas, aos moldes da busca grega pelo desenvolvimento filosófico da matemática e pelo estudo abstrato dos objetos geométricos, ela não poderia ser usada séculos depois por Johann Kepler para explicar o formato elíptico das órbitas planetárias.

Assim, é importante ressaltar que, embora a matemática surja muitas vezes de situações cotidianas e seja diretamente aplicada a elas, seu poder vai muito além dos conhecimentos obtidos a partir das necessidades sociais, resolvendo, muitas vezes de forma abstrata, problemas que ainda não foram sequer identificados.

Foi o reconhecimento desse poder que levou os matemáticos do fim do século XVIII a reorganizar todo o saber que tinham na época em uma construção sólida de axiomas e teoremas, fortalecendo a concepção abstrata da matemática como uma ciência cuja veracidade independia de observação empírica. Esse movimento atingiu as universidades e, com os anos, se difundiu para os currículos escolares, solidificando aos poucos a ideia de que a única forma de ensinar matemática é apresentando conteúdos, conceitos e procedimentos em uma cadeia lógica.

Matemática e currículo no Brasil

Os currículos brasileiros sofreram uma série de alterações desde que Euclides Roxo propôs, em 1927, a unificação dos ramos da álgebra, da geometria e da aritmética em uma mesma disciplina, que passaria a compor o currículo do Colégio Pedro II sob o nome de matemática.

Nessa época, as orientações curriculares sofreram forte influência do geômetra alemão Felix Klein, cujo trabalho permitiu a organização de todo o conhecimento geométrico (mesmo o não euclidiano) sobre uma estrutura de axiomas, ou seja, princípios tidos como verdades e que sustentam toda uma teoria. Foi a partir desse trabalho que surgiu, em meados do século XX, o Movimento da Matemática Moderna (MMM), baseado nos princípios de um grupo de matemáticos franceses que, sob o pseudônimo de Nicolas Bourbaki, assinaram um tratado intitulado *Èlements de mathemátiques*, visando refundar a matemática a partir de suas grandes estruturas – álgebra, relação de ordem, topologia, etc.

O MMM invadiu os materiais didáticos e os planos de ensino brasileiros, norteando todo o currículo da educação básica ao redor da teoria dos conjuntos. Entendia-se, então, que saber matemática implicaria reconhecer os conjuntos numéricos, identificar seus elementos e saber operar com eles; conhecer os conceitos de ponto, reta e plano para, a partir deles, definir polígonos, figuras circulares, figuras espaciais e posições relativas; compreender a linguagem algébrica e operar com ela, estabelecendo diferentes representações dos mesmos objetos.

Dificilmente é possível refutar o fato de que tudo isso faz parte do saber matemático. Entretanto, é cada vez mais consensual a ideia de que compreender matemática deve ir muito além disso. Poucas décadas se passariam até que as críticas ao MMM surgissem, vindas, inclusive, de nomes importantes como Jean Piaget. Atribui-se à descontextualização dos conteúdos matemáticos própria do MMM uma forte influência no fracasso escolar, e ainda hoje esse movimento é por vezes responsabilizado pela visão de que a matemática é uma ciência "muito difícil".

Assim, conforme as críticas ao MMM aumentavam, novas teorias curriculares ganhavam força. Em 1983, o National Council of Teachers of Mathematics (NCTM) apresentou a *An agenda for action: recommendations for school mathematics of the 1980s*, ressaltando a importância da resolução de problemas relacionados a aspectos sociais e culturais dos alunos para viabilizar uma compreensão mais profunda da matemática. Nesse mesmo período, ampliou-se o espectro de conteúdos considerados essenciais, incluindo já no ensino fundamental o estudo de estatística e probabilidade.

No Brasil, esse movimento reflete também a história econômica e política, como é possível notar ao reconhecer que o MMM surge em uma época ditatorial na qual se clamava pela reformulação de práticas visando o rigor e o formalismo. O fim da ditadura militar marcaria também o início desses novos movimentos, em que a inclusão do pensamento estatístico no currículo soa consonante com a busca pela formação de cidadãos críticos e autônomos.

Um dos principais expoentes desse novo movimento da educação matemática foi Ubiratan D'Ambrósio, cujos estudos levaram ao desenvolvimento do conceito de etnomatemática, defendendo a ideia de que as matemáticas são muitas e estão intrinsecamente ligadas ao contexto e à identidade social de quem as aprende. Foi também no final da década de 1980 que surgiu a Sociedade Brasileira de Educação Matemática (SBEM), ampliando em âmbito nacional a discussão sobre a necessidade de adaptações curriculares que trouxessem de volta ao ensino de matemática o contexto que lhe havia sido retirado.

De lá para cá, foram muitas as ações visando a estruturação de currículo, passando pela Constituição de 1988, pela criação do Conselho Nacional de Educação (CNE) em 1994, pela Lei de Diretrizes e Bases (LDB) de 1996 e pelos Parâmetros Curriculares Nacionais (PCNs) em 1998. Os PCNs foram elaborados buscando-se respeitar as diversidades brasileiras e, ainda assim, sustentar referências nacionais comuns, a fim de ampliar a qualidade do processo educativo em todas as regiões do País. Foi a partir deles que surgiu, anos depois, a Base Nacional Comum Curricular (BNCC), cuja versão final para o ensino fundamental e a educação infantil foi homologada em 2017.

Ao longo desse processo, mexeu-se muito na ordem dos conteúdos e muito pouco na forma de abordá-los. Embora os PCNs trouxessem uma visão de ensino menos conteudista e já voltada para o desenvolvimento de habilidades e competências, uma breve análise de livros didáticos pode mostrar que a inclusão da resolução de problemas contextualizados nas aulas de matemática se deu, desde então, como forma mecânica de aplicação do conteúdo.

Essa análise reflete mais uma vez movimentos externos ao contexto brasileiro. Desde o início dos anos 1990 já existia, nos Estados Unidos, a percepção de que a falta de contextualização, integração e aplicação prática das ditas disciplinas exatas estava causando grande defasagem de conhecimento nos estudantes e futuros profissionais. Foi para sanar essa defasagem que surgiu o movimento STEAM (que no início não incluía as artes e era chamado apenas de STEM, como visto no Capítulo 2 deste livro), marcado por alguns princípios que norteariam a forma de recuperar a contextualização de determinados conceitos que estavam sendo ensinados de maneira estanque, tanto na matemática quanto nas ciências, na engenharia e na tecnologia.

Essa aparente dificuldade em trazer de volta ao ensino da matemática os contextos de onde ela surge e aos quais ela se aplica corrobora a ideia que estamos tentando desenhar aqui de que o processo histórico de construção dessa ciência e o consequente processo de elaboração de seu ensino solidificaram uma imagem da aula de matemática que é difícil de desconstruir. A seguir, retomaremos as certezas que perpassam a sala de aula e que propomos que sejam questionadas.

Alterações nos livros didáticos

Para que seja possível entender melhor o momento e a forma como a resolução de problemas contextualizados se insere na sala de aula como elemento essencial do ensino e da aprendizagem matemáticos, é interessante refletir sobre a estrutura de alguns livros didáticos.

Uma análise sobre os livros escolares da época do MMM mostra que a estratégia didática para a matemática era baseada na apresentação do conteúdo formal, com grande uso de linguagem simbólica, seguida de exemplos resolvidos e exercícios de aplicação procedimental, sem necessariamente incluir situações contextualizadas (SANTOS, 2015).

Uma segunda análise, feita agora sobre o livro mais distribuído nas escolas públicas brasileiras em 2014, mostra que a inclusão de situações-problema após os exercícios de aplicação apresenta dois contextos possíveis: o primeiro é proveniente da própria disciplina, em que a matemática serve de lugar de aplicação dos conteúdos; o segundo consiste em uma semirrealidade, em que a situação de aplicação é criada exclusivamente para o problema, sem ter necessariamente vínculo com a realidade do aluno ou com a realidade social (SANTOS, 2015). Em ambos os casos, o papel do aluno é aplicar um procedimento aprendido anteriormente, tendo apenas a dificuldade de identificar os dados no enunciado e escolher um processo de resolução entre os que foram estudados no capítulo.

Esses estudos sugerem que uma aula tradicional de matemática no século XX consistia em um professor ou professora apresentando um conteúdo formal e, em seguida, resolvendo alguns exercícios para exemplificar para os alunos como esse conteúdo deve ser praticado. O passo seguinte era propor aos estudantes que resolvessem exercícios por si, seguindo o procedimento aprendido. Esse modelo, além de mobilizar ações cognitivas de baixa complexidade, colocava o aluno em uma posição bastante desfavorável: ao iniciar a aprendizagem a partir da absorção de um conteúdo apresentado em linguagem formal e simbólica, o aluno encontrava logo no início do estudo uma barreira complexa que, se não transposta, o impedia de ir além.

Já no início do século XXI, a proposta de estratégia de ensino vinha menos carregada de linguagem simbólica, com livros mais cheios de imagens e representações e uma aparente preocupação com a aproximação entre o conteúdo e o cotidiano do aluno. Entretanto, a sequência "apresentar os objetos matemáticos, mostrar um exemplo e exercitar o conteúdo" foi apenas acrescida da ação "propor a aplicação do conteúdo em um contexto". Note que todas essas são ações do professor. Ao aluno continuava cabendo o papel de prestar atenção e tentar transpor a barreira inicial de compreensão abstrata do conteúdo para, em seguida, aplicá-lo. Suas ações cognitivas continuavam sendo de baixa complexidade, e, embora a barreira inicial tivesse sido simplificada pela retirada do excesso de formalismo na linguagem, havia uma barreira posterior de aplicação do conteúdo em problemas que muitas vezes não tinham relação real com seu cotidiano.

Esse processo, chamado erroneamente de resolução de problemas, não se tornou menos mecânico do que o processo de resolução de exercícios práticos. Ao contrário, aumentou a gama de questões que, aos alunos, pareciam sem sentido, dando espaço inclusive à criação de problemas absurdos nos quais personagens fictícios faziam coisas como jogar uma mesma moeda para cima 400 vezes, comprar 15 melancias na feira ou andar de *skate* sobre um trem em movimento.

Essas abordagens, do modo como se apresentam, têm grandes chances de não serem eficazes. Tornou-se tão comum o fracasso dos estudantes na resolução desses problemas que frequentemente se ouve nas escolas a reclamação de que eles não conseguem compreender os enunciados, indicando que isso talvez seja uma falha do ensino de língua portuguesa. Entretanto, mesmo para entender um enunciado, é preciso saber mais do que a língua materna: não só os termos como a própria linguagem usada nos enunciados matemáticos são específicos do conteúdo desse componente.

Um exemplo de como isso ocorre na prática pode ser encontrado na situação em que uma aluna dos anos iniciais do ensino fundamental, ao ser questionada sobre qual a diferença entre 5 e 2, respondeu que um tem a "barriga" para um lado e o outro tem a "barriga" para o outro. O exemplo mostra que mesmo as expressões da língua materna podem receber significados distintos quando utilizadas em contexto matemático.

Ressalta-se, aqui, que esse tipo de problema em quase nada se parece com aquilo que propunha D'Ambrosio, ou Jean Piaget, ou que havia sido recomendado pelo NCTM e pelos defensores do uso do STEAM. Da mesma forma, não condizia com o que era proposto nos PCNs como forma de desenvolvimento de habilidades e competências. Como veremos adiante, o tipo de problema recomendado para o desenvolvimento de habilidades matemáticas de alta complexidade cognitiva apresenta algumas características marcantes, que não se encontram nos exemplos citados aqui.

Esse panorama nos mostra que, embora as críticas ao MMM tenham trazido à tona o antigo debate sobre a necessidade de aplicação dos conceitos matemáticos como forma de atribuir-lhes sentido, a inclusão didática dessa aplicação não seria tarefa simples. A formação básica dos estudantes que se tornaram professores de matemática não havia sido permeada pela resolução de problemas. Além disso, a formação inicial de professores de modo geral também apresenta uma matemática acadêmica e descontextualizada, ampliando o abismo entre a matemática da escola básica e a matemática do ensino superior. Assim, os que ascendem à licenciatura terminam por perpetuar a ideia de que a matemática é uma ciência para poucos, de difícil assimilação e muito mais abstrata do que aplicável.

Para facilitar a compreensão do que é e do que pode ser feito na prática de sala de aula, vejamos um exemplo. Observe estas questões, que exemplificam a forma como as relações métricas em triângulos equiláteros e hexágonos são contextualizadas com certa frequência em livros didáticos de matemática:

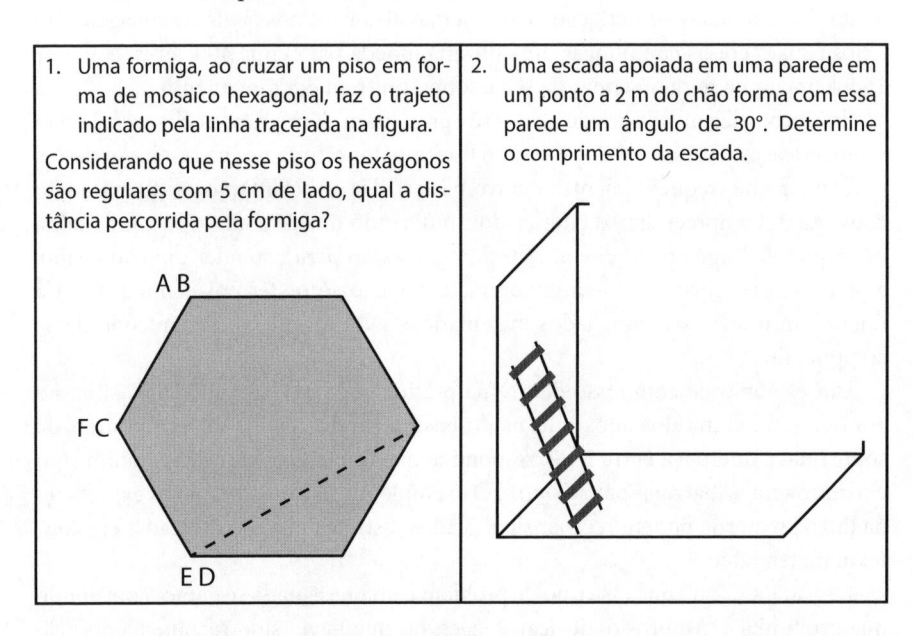

1. Uma formiga, ao cruzar um piso em forma de mosaico hexagonal, faz o trajeto indicado pela linha tracejada na figura.

   Considerando que nesse piso os hexágonos são regulares com 5 cm de lado, qual a distância percorrida pela formiga?

2. Uma escada apoiada em uma parede em um ponto a 2 m do chão forma com essa parede um ângulo de 30°. Determine o comprimento da escada.

De modo geral, essas questões representam exercícios de aplicação contextualizada do conteúdo de geometria. São bons exemplos de semirrealidade: embora apresentem relação com o contexto social do aluno, não demonstram aplicações reais com sentido relevante para seu desenvolvimento.

Veja, agora, uma possibilidade de projeto envolvendo STEAM que pode ser manancial para questões bem próximas a essas:

Questão disparadora: Apresente aos alunos dados e reportagens sobre a importância das abelhas para o ecossistema e fale sobre seu risco de extinção.

Investigação: A partir dessa questão disparadora, proponha a busca por soluções para esse problema social.

Descobertas: Uma possibilidade de interdisciplinaridade entre ciências e matemática é o desenvolvimento de um projeto de apiário, como na imagem a seguir.

Fonte da foto: @shutterstock.com/OlgaKok/Apicutor no apiário.

Para esse desenvolvimento, os alunos precisarão estudar a disposição de uma malha hexagonal em um retângulo, utilizando os mesmos cálculos da primeira questão mostrada anteriormente.

Além disso, é possível propor questões relacionadas à triangulação que ocorre quando usamos traves cruzadas em estruturas retangulares (como no pé do apiário da imagem), demandando, assim, cálculos como os que aparecem na segunda questão mostrada anteriormente.

Conexões: Outras abordagens podem gerar discussões muito ricas, como, por exemplo, o estudo de por que os favos de mel têm formato hexagonal. Para responder a essas questões, os alunos podem estudar as características dos mosaicos, envolvendo interdisciplinaridade também com o componente de artes.

Produtos, reflexão e avaliação: Os produtos desse projeto podem ser diversos e envolver desde o uso de ferramentas digitais (como canais no Youtube, *podcasts*, *sites*) para fornecer informações sobre o caso até a construção de apiários ou maquetes.

É essencial que os produtos incluam reflexões dos estudantes sobre os temas dos diferentes componentes curriculares.

Esse tipo de abordagem se alinha não só com as propostas de contextualização defendidas pelo STEAM e outras correntes de resolução de problemas como também com a proposta de desenvolvimento de habilidades da BNCC. Veja, a seguir, algumas habilidades propostas para o 9º ano do ensino fundamental:

- (EF09MA13) Demonstrar relações métricas do triângulo retângulo, entre elas o teorema de Pitágoras, utilizando, inclusive, a semelhança de triângulos.
- (EF09MA15) Descrever, por escrito e por meio de um fluxograma, um algoritmo para a construção de um polígono regular cuja medida do lado é conhecida, utilizando régua e compasso, como também *softwares*.
- (EF09MA14) Resolver e elaborar problemas de aplicação do teorema de Pitágoras ou das relações de proporcionalidade envolvendo retas paralelas cortadas por secantes.
- (EF09CI12) Justificar a importância das unidades de conservação para a preservação da biodiversidade e do patrimônio nacional, considerando os diferentes tipos de unidades (parques, reservas e florestas nacionais), as populações humanas e as atividades a eles relacionados.
- (EF09CI13) Propor iniciativas individuais e coletivas para a solução de problemas ambientais da cidade ou da comunidade, com base na análise de ações de consumo consciente e de sustentabilidade bem-sucedidas.
- (EF69AR06) Desenvolver processos de criação em artes visuais, com base em temas ou interesses artísticos, de modo individual, coletivo e colaborativo, fazendo uso de materiais, instrumentos e recursos convencionais, alternativos e digitais.
- (EF69AR07) Dialogar com princípios conceituais, proposições temáticas, repertórios imagéticos e processos de criação nas suas produções visuais.

Com tudo o que foi exposto, nota-se que a estrutura tradicional das aulas de matemática reflete um profundo enraizamento nos embates próprios da construção dessa ciência que se ramifica nos currículos, nos materiais didáticos, na formação inicial e na prática de grande parte dos professores. Resta, então, questionar que novas raízes podemos criar para colher frutos um pouco diferentes.

Pensando, então, no professor que deseja iniciar a utilização do STEAM nas suas aulas visando como fruto alunos mais conscientes e habilidosos acerca dos objetos de conhecimento matemático, propomos uma reflexão sobre três pilares fundamentais na aula de matemática: a noção de como a **compreensão matemática** se constrói, os **papéis do aluno e do professor na sala de aula** e a forma do seu **planejamento** diário.

COMPREENSÃO MATEMÁTICA

Embora isso não tenha sido tratado diretamente no estudo histórico apresentado, é possível notar que a estrutura dos materiais didáticos e sua reflexão no encaminhamento das aulas de matemática demonstram de forma implícita que há uma suposição de como o conhecimento matemático se constrói na mente do aprendiz.

Quando vemos a matemática da forma como é ensinada nas universidades e transposta para o ciclo básico, respeitando sua estrutura axiomática, pressupõe-se que saber matemática é o mesmo que saber um conjunto de definições e conhecer algumas formas de aplicação dessas definições na resolução de exercícios. Entretanto, ver a matemática dessa forma implica desconsiderar não só toda a aplicação prática desses conhecimentos, a exemplo do que faziam os gregos, como também ignorar um longo caminho que precisou ser trilhado para que essas mesmas definições fossem estabelecidas.

Olhando com cuidado para o desenvolvimento histórico e social dos saberes matemáticos, nota-se que é preciso uma série de movimentos até que determinado objeto matemático se construa, seja definido e possa, então, ser ensinado. Logo, ensinar a partir da definição implica desconsiderar esse processo e partir diretamente para o fim dele.

Tomemos como exemplo os números negativos. Essa classe de números foi, por séculos, negada pela comunidade acadêmica, principalmente por se considerar que nada pode ser menor do que zero. Entender e admitir a existência desses objetos implica ressignificar o zero: ao passar dos naturais para os inteiros, o zero deixa de representar a ausência total para poder, então, representar um marco de relatividade, simbolizando que o que está de um lado é positivo e o que está do outro lado é negativo.

Essa nova concepção não pode ser compreendida (e não pôde, na história do zero) sem que haja uma série de situações contextualizadas que justifiquem e exemplifiquem esse novo sistema de contagem. Por isso, compreender os números negativos deve ir além de saber seu posicionamento na reta numérica e decorar regras operatórias: inclui conhecer uma série de modelos de aplicação e reconhecer situações em que os números negativos podem ser usados para representar algo.

Assim, usar subterfúgios mnemônicos como "o amigo do meu inimigo é meu inimigo" para auxiliar os alunos a memorizarem a regra de sinais parece ser uma estratégia ineficiente quando, mesmo sabendo a regra de cor, o aluno se depara com uma questão do tipo "quanto é 3 - 2 x 5?" e pergunta se o sinal indicador da subtração é "da conta ou do número 2".

Situação semelhante acontece com os números irracionais, que são tradicionalmente definidos como "aqueles que não podem ser escritos na forma de fração".

Da mesma forma como aconteceu com os matemáticos ao longo dos séculos, só é possível para os alunos reconhecer a existência de números que não podem ser racionais a partir da exposição a uma gama abrangente de situações que demandam soluções com números irracionais. Não é factível imaginar que dizer a um aluno que "irracional é o número que não é racional" seja o suficiente para fazê-lo aprender sobre números irracionais. Desse modo, é essencial que o professor de matemática tenha em mente que compreender um objeto matemático vai sempre além de saber sua definição: passa por reconhecê-lo em diversas representações, aplicá-lo em diversos modelos e abstrair suas características a partir de diversas análises.

Ainda sobre os números irracionais, a BNCC recomenda que, nos anos finais do ensino fundamental, os alunos sejam apresentados a problemas que não possam ser resolvidos com números racionais, identificando, assim, a necessidade de ampliação do campo numérico (SANTOS, 2015). Entretanto, ocorre que os problemas comumente apresentados nas aulas de matemática, como visto anteriormente, são situações de aplicação de conhecimento em geral distantes da realidade do aluno, pois não promovem compreensão matemática e, quando muito, apenas o auxiliam a memorizar um processo de resolução inerte.

Esses problemas convencionais (SMOLE; DINIZ, 2001) têm uma estrutura muito própria: são compostos por parágrafos curtos; apresentam todos os dados necessários para a resolução na ordem em que devem ser usados; não trazem dados que não serão usados; são escritos com comandos de enunciado que indicam as operações que devem ser realizadas; e são colocados diretamente relacionados com o conteúdo que acabou de ser apresentado.

Em contrapartida, os problemas que realmente ajudam no desenvolvimento do pensamento matemático (BOALER, 2017) e que, vale lembrar, auxiliaram historicamente no desenvolvimento dos saberes dessa ciência são modelados a partir de um questionamento que surge de uma situação cotidiana e que, mesmo sendo resolvidos abstratamente, devem ter suas respostas reaplicadas na situação, de modo a testar sua validade.

A pergunta que fica é: por que um aluno precisaria abstrair um modelo de uma situação-problema, desenvolver estratégias de solução, testá-las no modelo e aplicar a resposta na realidade para verificar sua pertinência se todos esses passos já lhe foram apontados antes e lhe foi indicado previamente que caminho seguir?

Aparentemente, a resposta para essa pergunta é: por motivo nenhum. Poucos alunos se sentiriam estimulados dessa forma, e, tradicionalmente, estes acabam sendo incentivados, ao longo dos anos, a algebrizar qualquer tipo de problema que possa ser equacionado, resolvendo as equações sem entender o que representam. É por isso que, ao falar de STEAM, precisamos ter em mente que a compreensão matemática deve passar por essas etapas de inter-relação entre a situação real, o modelo abstrato, a estratégia de resolução e a volta ao modelo e à situação em si.

Somente após se convencer de que resolver problemas matemáticos não é aplicar uma resolução já vista é que o professor pode se sentir pronto para propor a abordagem STEAM como forma de construção do pensamento matemático. É essencial ao professor de matemática entender que, mais do que auxiliar seus alunos a relacionar a matemática com seu cotidiano, é preciso desenvolver neles um perfil matemático, cujas competências envolvem investigação, testagem de hipóteses, argumentação, tentativa, erro, análise e retomada.

É exatamente nesse ponto que o STEAM se mostra eficiente. Desde seu desenvolvimento, ele propõe que as aulas de ciências e matemática (e, posteriormente, de artes) se utilizem da engenharia e da tecnologia para resolver problemas relacionados a questões cotidianas e sociais. Uma aula com esse propósito parte necessariamente de uma questão disparadora contextualizada, a partir da qual os projetos dos alunos devem se desenvolver.

Podemos retomar aqui o exemplo dado anteriormente sobre o apiário. Nele, é possível notar que as etapas do projeto respeitam tanto as etapas do STEAM como as etapas consideradas essenciais para que um problema matemático seja realmente uma ferramenta de desenvolvimento de saberes e habilidades cognitivas mais complexas.

Assim, um ponto essencial na implementação do STEAM passa justamente pela elaboração de bons problemas, ou seja, de questões que sejam capazes de gerar a aprendizagem que se deseja. Ao organizar propostas de STEAM, é preciso primeiro pensar em uma questão que seja, simultaneamente:

- interdisciplinar (para resolver a questão é preciso mobilizar e relacionar conhecimentos de diferentes áreas);
- aberta (a questão deve admitir respostas múltiplas, permitindo aos estudantes que investiguem diferentes abordagens e representações na busca da resposta); e
- contextualizada (a questão parte de um problema relativo ao cotidiano próximo do aluno ou a um contexto social acessível a ele, permitindo que os estudantes mobilizem conhecimentos prévios na busca de estratégias de resolução).

Vale lembrar que essas características são condizentes com o tipo de problema indicado para desenvolver competências matemáticas. Uma boa questão para uma aula STEAM que envolva conhecimentos matemáticos necessariamente satisfaz as características recomendadas a um problema matemático que realmente leve o aluno à aprendizagem, ou seja: permite múltiplas abordagens, representa um desafio transponível, parte dos conhecimentos prévios dos alunos, demanda ações cognitivas de alta complexidade e pressupõe diferentes formas de representação da solução.

Há, ainda, outras características essenciais na implementação do STEAM. O trabalho coletivo e a proposta de que o grupo apresente um produto para solucionar a questão contextualizada são só duas delas. De todo modo, essas características aliadas às citadas anteriormente reforçam o fato de que, ao utilizar essa abordagem, o professor precisa levar em consideração que o conhecimento matemático não se constrói da forma como o ensino tradicional propõe.

Retomando mais uma vez o exemplo anterior, veja algumas abordagens que podem ser feitas:

- Ao tratar da questão dos mosaicos, o professor pode desafiar os alunos a descobrirem a medida do lado do quadrado ABCD da figura a partir de sua área, considerando que cada azulejo destacado tem 1 u^2 de área.

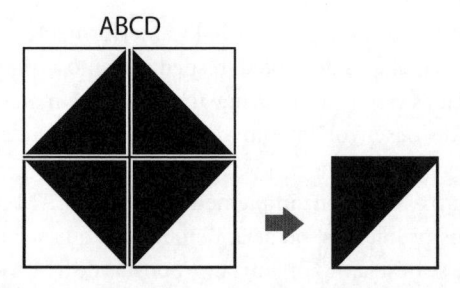

ABCD

Essa abordagem pode introduzir a existência dos números irracionais, dada a incomensurabilidade entre a diagonal de um quadrado e seu lado.

- Ao tratar da quantidade decrescente da população de abelhas, e considerando algum marco como o nível crítico, é possível utilizar os valores abaixo desse marco para representar números negativos.
- Ao avaliar o projeto e o conhecimento dos alunos, o professor pode incluir autoavaliações ou avaliações entre pares para que os alunos se conscientizem do quanto aprenderam sobre cada conteúdo antes de resolver questões formais sobre os temas.

Nota-se, aqui, que os temas de números negativos e irracionais surgiriam da própria investigação dos alunos, e não de uma exposição prévia do professor. Da mesma forma, a avaliação também responsabiliza os alunos por parte do processo de aprendizagem. Chegamos, então, ao segundo ponto que requer a atenção do professor: os papéis na sala de aula. Colocar os alunos em posição investigativa e fomentar seus movimentos em busca de atingir os objetivos de aprendizagem demanda que o professor se sinta confortável em não estar no centro dos pontos de atenção da sala de aula.

PAPÉIS NA SALA DE AULA

Ouve-se bastante a afirmação de que as comunidades de aprendizagem brasileiras são compostas de professores do século XX ensinando alunos do século XXI em escolas do século XIX. Embora isso não seja verdade para todas as escolas, nem para todos os professores e alunos, a afirmação tem fundamento: o formato das salas de aula com as carteiras enfileiradas e o espaço para o professor na frente remonta às escolas do século retrasado; já os professores que hoje atuam em sala de aula são, em sua maioria, nascidos no século passado, enquanto os alunos que estão no ciclo básico na idade regular são nascidos no século atual.

Essas discrepâncias carregam em si pouco significado. É de se esperar que haja certa diferença de idade entre alunos e professores, a qual circunstancialmente abarca, nessa geração, uma virada de século. A forma como as cadeiras são dispostas comumente na sala de aula é apenas uma escolha, sendo a maior parte das salas de hoje composta de cadeiras móveis. É preciso, então, olhar com mais atenção para esses fatores a fim de entender os problemas que eles representam.

Em uma escola cujas salas de aula amanhecem diariamente com as carteiras enfileiradas, demarcando espaços para comportar um aluno atrás do outro e o professor à frente, mesmo dando liberdade para a mobilização de mesas e cadeiras, denota-se que a aprendizagem ocorre em uma via de mão única, indo do professor ao aluno. Associando isso à ideia de que, tendo nascido na era tecnológica, os alunos do século XXI têm habilidades digitais que foram desenvolvidas de forma intrínseca e orgânica, diferentemente de seus professores, que tiveram de desenvolvê-las (caso tenham desenvolvido) de forma intencional, cria-se uma situação dicotômica.

Como dito anteriormente, a morosidade com que as mudanças no sistema escolar ocorrem se deve, em parte, ao fato de que tais transformações precisam passar pelos professores, que, de modo geral, reproduzem em sala de aula as metodologias que vivenciaram quando alunos. Na situação abordada aqui, a estrutura das salas de aula reflete um período em que o acesso à informação ocorria, na maior parte das vezes, por intermédio da escola, sendo o emissor dessas informações o professor. Assim, sendo dependentes do professor para ter acesso ao conhecimento, cabia aos alunos dos séculos anteriores o papel exclusivo de ouvintes.

Com o desenvolvimento das tecnologias, e com os alunos de hoje tendo sido criados em um ambiente digital, sua relação com o acesso ao conhecimento é outra. Não é possível esperar dos alunos de hoje que vejam em seus professores uma fonte única de informação, ainda mais quando notam que muitas vezes seus conhecimento próprios sobre os meios digitais superam os conhecimentos de seus docentes.

Dessa maneira, é essencial ao professor desenvolver outras habilidades, que sempre fizeram parte do saber docente, mas que hoje e cada vez mais ocupam um papel central nessa profissão: a de propor experiências a seus alunos, a de gerenciar essas experiências, a de medir e guiar o avanço da aprendizagem com intencionalidade pedagógica, a de mediar o acesso dos alunos ao conhecimento e a de gerenciar a comunidade de aprendizagem. Saem do centro (embora ainda sejam importantes) as habilidades de expor conhecimentos e listar conteúdos.

Compreendida essa estrutura, naturalmente se alteram também as habilidades exigidas aos alunos em sala. Tornam-se menos importantes as habilidades de copiar anotações e reproduzir exemplos, e vêm ao centro as habilidades de investigar situações, pesquisar dados, selecionar informações, criar e testar hipóteses, registrar e validar conclusões, argumentar e compreender argumentações distintas das suas.

Com isso, é essencial ao professor buscar novos métodos de organizar e gerenciar a sala de aula. Embora seja comum a fala de que em aulas expositivas é mais fácil manter o domínio da sala e evitar indisciplina, as questões disciplinares acontecem independentemente dos papéis exercidos por docentes e discentes no âmbito escolar. Em uma aula em que se espera que os alunos estejam sentados enfileirados, sem interações entre pares, as chances de quebra dessa expectativa são maiores, tão grandes quanto o que se entende por disciplina nessa situação. Por sua vez, em uma aula em que os alunos estão organizados em grupos e em que se espera que interajam ao redor de uma tarefa comum, as expectativas sobre o que é uma postura indisciplinada tendem a diminuir, embora aumentem as chances de que as interações fujam do escopo da tarefa.

Assim, é necessário que a definição de como devem ser os papéis desenvolvidos na comunidade escolar seja feita com base no que torna a aprendizagem mais efetiva, não no que acarreta maior ou menor indisciplina. Considerando o exposto até aqui, pode-se supor que aulas nas quais o papel do aluno inclui mais interações e autonomia se relacionam melhor com o tipo de atividade que gera maior conhecimento matemático, ou seja, aquelas nas quais o aluno é exposto a uma situação contextualizada e que permitem investigação, modelagem, teste de hipóteses e conclusão.

Portanto, é preciso que o professor de matemática que pretende utilizar a abordagem STEAM desenvolva meios de fazer a gestão da sua sala romper com os métodos mais tradicionais. Enxergar seu aluno como um ser dotado de saberes e capaz de descobrir por si uma série de novos conhecimentos é o primeiro passo para incorporar o STEAM de forma bem-sucedida, permitindo que o uso da abordagem vá além de uma reorganização de conteúdos para se tornar uma cultura escolar.

Tomemos como exemplo um professor dos anos iniciais do ensino fundamental que deseja construir com seus alunos a seguinte habilidade da BNCC:

- (EF05MA19) Resolver e elaborar problemas envolvendo medidas das grandezas comprimento, área, massa, tempo, temperatura e capacidade, recorrendo a transformações entre as unidades mais usuais em contextos socioculturais.

Um problema comum relacionado a essa habilidade está exemplificado a seguir:

> João deseja pintar cinco paredes que têm, cada uma, 2 m de altura por 6 m de comprimento. Sabendo que cada galão de tinta de 3,6 L cobre uma área de 6 m^2, quantos galões João precisa comprar?

Para resolver esse problema, o aluno precisaria ter sido anteriormente exposto aos métodos de cálculo de área de retângulo e às operações de multiplicação e divisão. O professor pode, em vez disso, optar por uma abordagem mais significativa que envolva toda a comunidade escolar, propondo aos alunos que pintem murais na escola (ou até mesmo no bairro), deixando a cargo deles o planejamento de quantas latas de tinta precisarão ser compradas.

Um projeto como esse, além de engajar a comunidade, envolve saberes de outros componentes (como artes) e pode ser ampliado para abarcar questões sociais como sustentabilidade, legalidade da cultura do grafite, entre outras. Os mesmos conhecimentos serão acessados pelos alunos, mas agora em uma postura ativa. Se o projeto incluir questões investigativas, planejamento e um produto final que deve seguir alguns critérios de avaliação e promover a reflexão dos alunos, temos aí um desafio STEAM.

Observe que, para esse projeto, o uso de tecnologia não é condição essencial. Isso não significa que ela não pode ser utilizada, e é recomendável propor aos alunos que busquem informações na internet, utilizem planilhas para registrar seus gastos e façam projetos em programas de imagem para representar os murais que pretendem pintar. Nesse caso, é importante que o professor conheça esses recursos ou envolva também no projeto algum professor que se responsabilize pela parte de desenvolvimento tecnológico.

Em um ambiente escolar em que a tecnologia digital está presente de forma mais constante e em que os alunos tenham aulas sobre ferramentas digitais, é possível repensar questões comuns para auxiliar no desenvolvimento desses novos papéis do aluno e do professor. Por exemplo, ao se utilizar jogos e linguagens de programação, pode ser bastante promissor propor aos alunos que pesquisem maneiras de adaptar jogos e programas que eles já utilizam para que se tornem acessíveis a pessoas com diferentes dificuldades, como indivíduos com deficiência visual ou auditiva. Um projeto como esse também pode ser organizado de modo a cumprir as etapas de um desafio STEAM envolvendo todas as áreas do acrônimo: ciências, tecnologia, engenharia, artes e matemática.

Chegamos, assim, ao último dos três pontos principais que devem ser repensados pelo professor que deseja incluir essa metodologia em seu cotidiano: o **planejamento**.

PLANEJAMENTO

Uma vez repensada a forma como os alunos compreendem a matemática, e alterado o ponto de vista sobre suas capacidades de exercer papéis mais ativos no processo de aprendizagem, é preciso que o professor estabeleça formas de planejar a abordagem do conteúdo para que haja espaço para essas mudanças.

De modo geral, ao pensar no planejamento, é imediato pressupor o que iremos ensinar e quais atividades iremos realizar (WIGGINS; MCTIGHE, 2019). Entretanto, se o objetivo é a compreensão matemática, é preciso que os conteúdos e as atividades sejam pensados em função daquilo que queremos que os alunos compreendam.

Assim, todas as ações devem ter uma intencionalidade planejada, alinhada com as habilidades que se deseja desenvolver. Olhando por esse prisma, ao desenvolver um desafio STEAM, é preciso saber onde se quer chegar antes de escolher quais atividades serão realizadas.

Analisemos, por um momento, os exemplos utilizados anteriormente. Embora seja interessante propor aos alunos a pintura de um mural, o planejamento dessa atividade deve ser realizado em função de um objetivo de aprendizagem relacionado à etapa de ensino e ao currículo. A mesma atividade pode ser adaptada para turmas de diferentes etapas, considerando diferentes interdisciplinaridades, de acordo com os objetivos que se deseja atingir. Para uma turma dos primeiros anos, pode ser interessante utilizar pinturas com as mãos, envolvendo padrões de cores com vistas a desenvolver habilidades algébricas, ou carimbos com formas com o intuito de desenvolver habilidades geométricas. Para anos mais avançados, podem-se propor releituras de grandes artistas, cálculos mais avançados de áreas e volume de tinta, incluindo rendimento de diferentes marcas, etc.

Da mesma maneira, as situações apresentadas no início do capítulo (sobre o problema das enchentes ou das superbactérias), ou mesmo o projeto de criação de um apiário, podem ser adaptados para anos distintos, alterando-se parte das consignas para focar na compreensão que se deseja desenvolver.

Para tornar essa argumentação mais concreta, vejamos um último exemplo. Em 2007, a prova do SARESP apresentava em matemática para o 6º ano do ensino fundamental a seguinte questão:

---

28. O gráfico abaixo mostra o número de livros comprados nos últimos anos pela Biblioteca Municipal de Chimbica da Serra.

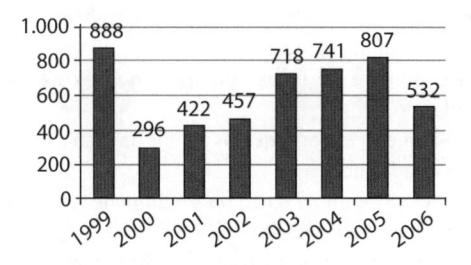

(Gráfico de barras com os seguintes valores: 1999: 888; 2000: 296; 2001: 422; 2002: 457; 2003: 718; 2004: 741; 2005: 807; 2006: 532)

Observando o gráfico é possível afirmar que:

(A) Em 1999 houve maior compra de livros.
(B) No ano de 2003 foram adquiridos mais livros do que em 2004.
(C) Em 2006 foram comprados mais livros do que em 2005.
(D) A menor compra de livros ocorreu em 2006.

Para responder a essa questão, o aluno precisaria ter algumas habilidades de interpretação de gráfico, o que mostra que essa é uma boa questão para avaliar o quanto o aluno tem essas habilidades desenvolvidas. Entretanto, no processo de aprendizagem, é preciso que ele tenha passado por outras situações que o auxiliem nesse desenvolvimento.

Vejamos a seguinte proposta, que pode fazer parte de um projeto STEAM:

- Apresente aos alunos uma série de reportagens sobre as consequências do uso excessivo de *smartphones*. Em seguida, proponha:

Partindo da hipótese de que o uso excessivo de *smartphones* tem trazido consequências para os jovens, como problemas de visão e diminuição dos hábitos de leitura de livros, organize um grupo e faça uma pesquisa sobre os hábitos dos estudantes de sua escola. Discuta com seu grupo para decidir como cumprir as seguintes etapas:

a. Elaborar um questionário que permita saber
   i. quantos livros o aluno leu por ano nos últimos três anos
   ii. quantas horas por dia o aluno passa olhando o *smartphone*
   iii. se o aluno tem ou não problemas de visão e, se sim, há quanto tempo
b. Determinar quantos alunos e de quais turmas precisarão ser entrevistados para que seja possível discutir a hipótese.
c. Determinar se o número de livros lidos por ano pelos alunos da escola tem diminuído a cada ano.
d. Determinar se o número de horas que os alunos da escola passam no *smartphone* tem aumentado a cada ano.
e. Inferir se os hábitos de leitura e o uso do *smartphone* têm relação entre si e com a existência de problemas de visão.
f. Representar as conclusões do grupo usando gráficos e textos explicativos.

Note que essa atividade pode ser feita em parceria interdisciplinar envolvendo ao menos uma habilidade de ciências da natureza e uma de matemática dentre as propostas pela BNCC para o 6º ano:

- (EF06MA33) Planejar e coletar dados de pesquisa referente a práticas sociais escolhidas pelos alunos e fazer uso de planilhas eletrônicas para registro, representação e interpretação das informações, em tabelas, vários tipos de gráficos e texto.
- (EF06CI08) Explicar a importância da visão (captação e interpretação das imagens) na interação do organismo com o meio e, com base no funcionamento do olho humano, selecionar lentes adequadas para a correção de diferentes defeitos da visão.

Além disso, o uso de tecnologias pode ser incluído de forma obrigatória, se for do interesse do projeto, bem como a elaboração de soluções para as relações encontradas na pesquisa, como materiais artísticos que incentivem a literatura, envolvendo, assim, todos os componentes do STEAM.

A elaboração do projeto é focada em construir com os alunos as habilidades necessárias para que respondam corretamente à questão do SARESP. Logo, todas as etapas e avaliações devem ser pensadas de modo a auxiliar os alunos a desenvolverem o necessário para analisar o enunciado, interpretar o gráfico e assinalar a alternativa correta.

Ressalta-se aqui que, para embarcar no projeto, é preciso que os alunos tenham conhecimentos prévios, construídos em anos anteriores. Isso significa que outras atividades similares podem servir de base para essa, construindo o conhecimento de forma espiral, revisitando-o ano a ano em níveis diferentes de complexidade. Veja como adaptar a mesma proposta para o 3º ano do ensino fundamental:

– Apresente aos alunos uma série de reportagens sobre o uso de *smartphones* por crianças e as possíveis consequências para o aparelho visual.

Partindo da hipótese de que muitas crianças possuem *smartphones* e de que isso pode trazer consequências para sua visão, elabore uma pesquisa com os alunos de sua sala, seguindo as etapas a seguir:

a. Pergunte aos seus colegas:
   i. há quanto tempo eles possuem *smartphones* (caso possuam)
   ii. há quanto tempo utilizam lentes corretivas (caso utilizem)
b. Anote as respostas dos colegas organizando-as em uma tabela assim:

Há quanto tempo você possui *smartphone*?	
0 ano (não possuo *smartphone*)	
menos de 1 ano	
de 1 a 2 anos	
mais de 2 anos	

Para cada resposta, marque um círculo na linha correspondente da tabela.
c. Determine o número de alunos respondentes em cada linha.
d. Analise a melhor forma de observar os dados: olhando os círculos na tabela ou olhando os números.
e. Represente as conclusões do grupo usando gráficos e textos explicativos, utilizando trechos das reportagens apresentadas.

Note que, nesse caso, as atividades direcionam para outro objetivo, que se relaciona com as seguintes habilidades da BNCC:

- (EF03MA28) Realizar pesquisa envolvendo variáveis categóricas em um universo de até 50 elementos, organizar os dados coletados utilizando listas, tabelas simples ou de dupla entrada e representá-los em gráficos de colunas simples, com e sem uso de tecnologias digitais.
- (EF03CI03) Discutir hábitos necessários para a manutenção da saúde auditiva e visual considerando as condições do ambiente em termos de som e luz.

Com isso, fica claro que, mais importante do que elaborar atividades contextualizadas, é definir a intencionalidade dessas atividades, de modo a atingir objetivos de aprendizagem previamente estabelecidos.

Voltemos, agora, às afirmações iniciais. Como foi dito no começo do capítulo, o principal erro ao pensar na relação entre a matemática e o STEAM reside na ideia de que as aulas STEAM são formas de aplicação dos conteúdos matemáticos.

Diante do exposto, espera-se que tenha ficado claro que um bom **planejamento**, considerando os alunos como seres capazes de assumir um **papel** autônomo na construção do conhecimento, permite ao professor inverter essa lógica e utilizar o STEAM como forma de promover a **compreensão** matemática, e não apenas como aplicação de algo que foi previamente compreendido.

Para isso, é preciso que o professor não tenha dúvida quanto à importância da autonomia do aluno e da contextualização, de modo que tal compreensão aconteça. O STEAM não é a única forma de fazer isso, mas, retomando as etapas dessa abordagem, pode-se ter clareza de que nela as duas condições são satisfeitas, já que, nesse caso:

- as ações propostas para os alunos devem partir de uma situação contextualizada acessível, relacionada direta ou indiretamente à realidade deles;
- a situação apresentada deve ter uma questão disparadora que permita aos alunos fazer investigações e descobertas, criando hipóteses e modelando problemas relacionados ao contexto;
- as questões devem permitir diferentes abordagens, incentivando os alunos a estabelecer relações intra e interdisciplinares, desenvolvendo e transferindo saberes de diferentes áreas;
- a proposta deve incluir um produto a ser criado pelos alunos, de modo a representar, sistematizar e sintetizar seus aprendizados; é importante que esse produto seja elaborado em grupo, de maneira que todo o processo seja desenvolvido com interação entre os pares e auxilie os alunos a acessar e compreender diferentes pontos de vista;

- a avaliação deve incluir reflexão e replanejamento, fazendo parte de toda a atividade.

Assim, ao professor que busca melhorar a compreensão de seus alunos acerca dos conteúdos matemáticos, fica, então, o convite: leve à sala de aula uma ou mais atividades como as sugeridas aqui. Reveja os pontos em que sua prática precisa melhorar e tente mais algumas vezes. O resultado pode não ser surpreendente, mas deve cumprir o que muitas vezes não se cumpre nas aulas de matemática no Brasil: a aprendizagem efetiva.

REFERÊNCIAS

BOALER, J. *Mentalidades matemáticas:* estimulando o potencial dos estudantes por meio da matemática criativa, das mensagens inspiradoras e do ensino inovador. Porto Alegre: Prenso, 2017.

MOULDING, B.; SONGER, N.; BRENNER, K. (ed.). *Science and engineering for grades 6-12:* investigation and design at the center. Washington: The National Academies, 2019.

ROQUE, T. *História da matemática:* uma visão crítica, desfazendo mitos e lendas. Rio de Janeiro: Zahar, 2012.

SANTOS, J. L. S. *O movimento da matemática moderna e o ensino das operações com números fracionários:* uma análise histórica de livros didáticos. 2015. Dissertação (Mestrado Profissional em Matemática em Rede Nacional) – Instituto de Ciências Matemáticas e de Computação, Universidade de São Paulo, São Carlos, 2015. Disponível em: https://teses.usp.br/teses/disponiveis/55/55136/tde-20102016-164328/publico/JOSE_LUIZ_SOARES_DOS_SANTOS.pdf. Acesso em: 10 dez. 2019.

SIGAUD, J. J. M. *Triângulo retângulo.* [201-?]. Disponível em: http://quimsigaud.tripod.com/trianguloretangulo. Acesso em: 12 dez. 2019.

SMOLE, K. S.; DINIZ, I. D. (org.). *Ler, escrever e resolver problemas:* habilidades básicas para aprender matemática. Porto Alegre: Artmed, 2001.

WIGGINS, G. J.; MCTIGHE, J. *Planejamento para a compreensão:* alinhando currículo, avaliação e ensino por meio da prática do planejamento reverso. 2. ed. Porto Alegre: Penso, 2019.

LEITURAS RECOMENDADAS

BRASIL. Ministério da Educação. *Base Nacional Comum Curricular:* educação é a base. Brasília, DF: MEC, [2017]. Disponível em: http://basenacionalcomum.mec.gov.br/images/BNCC_EI_EF_110518_versaofinal_site.pdf. Acesso em: 10 dez. 2019.

KERT, M.; GÜREL C. Mathematical modeling: a bridge to STEM education. *International Journal of Science and Mathematics Education*, v. 4, n. 1, p. 44–55, 2016.

SANTOS, D. M. N. *Análise de livros didáticos conforme as considerações do Programa Nacional do Livro Didático:* estatística e probabilidade. 2016. Dissertação (Mestrado em Ensino de Ciências e Matemática) – Universidade Federal de Sergipe, São Cristóvão, 2016. Disponível em: https://ri.ufs.br/handle/riufs/5217. Acesso em: 10 dez. 2019.

7

O papel das artes e do *design* no STEAM

João Epifânio Regis Lima

© Jacob Tonski, *Balance from within*, 2010-2013
Fonte: Tonski ([2012]).

Neste capítulo, tratarei inicialmente do porquê da importância de incluir a arte na educação de modo geral. Em seguida, buscarei examinar o papel desempenhado pela arte e pelo *design* especificamente na proposta STEAM, confrontando-a com a abordagem STEM, que a precedeu. A partir disso, apresentarei alguns *cases* buscando ilustrar minha prática como professor STEAM enquanto exponho e discuto algumas dificuldades na implementação dessa proposta em uma escola privada de ensino médio de São Paulo. Por fim, discorro sobre outras perspectivas possíveis para eventuais futuras variações e releituras do STEAM como proposta pedagógica.

ARTE E EDUCAÇÃO NO SÉCULO XXI

Estamos vivendo em um mundo de mudanças que acontecem em velocidade vertiginosa, em grande parte por causa do grande progresso recente da tecnologia digital. Esse mundo em constante transformação tem sido designado desde o final do século passado por uma sigla, VUCA (VICA em português), que resume suas principais características. O "V" refere-se à volatilidade, ao caráter efêmero, passageiro, fluido, diria Zygmunt Bauman (2001, 2007), dos valores, das relações, dos produtos e das ideias; o "I" significa incerto; o "C" abrevia complexo, referindo-se, em grande parte, à explosão de conectividade de todos com todos e de tudo com tudo; e o "A" diz respeito à ambiguidade de um mundo paradoxal, no qual não há respostas certas e definitivas para quase nada. Segundo a pesquisadora e pensadora digital Martha Gabriel, a volatilidade do mundo atual exige que sejamos criativos, para encontrar novas saídas e soluções, e resilientes, para não desistir facilmente diante dos desafios (SEU NEGÓCIO..., 2018). A incerteza aponta para a insuficiência do planejamento, o que exige de nós flexibilidade, rapidez e capacidade de adaptação. A complexidade demanda colaboração e multidisciplinaridade, e o caráter ambíguo do mundo VUCA pede lucidez, clareza, abertura, tolerância e firmeza de decisão.

Para enfrentar esse mundo movediço, não é difícil constatar a inadequação, muitas vezes em razão do crivo dos exames de seleção para as universidades, da relativamente difundida concepção conteudista de educação – educação bancária, como diria Paulo Freire (1981) –, voltada apenas ao desenvolvimento de habilidades lógico-racionais em detrimento de outras dimensões fundamentais do ser humano, seja de natureza emocional, seja de natureza social, cultural, histórica, espiritual, corporal ou existencial. É central a qualquer projeto pedagógico perguntar qual aluno se deseja formar e para que mundo ele será preparado. Segundo Jacques Delors (1996, p. 89), "[...] a educação deverá fornecer ao homem a cartografia de um mundo complexo e constantemente agitado e, ao mesmo tempo, a bússola que permita navegar através dele".

O mundo VUCA torna difícil conceber um norte seguro e fixo que dê sentido à ideia de bússola e, mais ainda, um mapa estático que não esteja em constante mudança. Porém, ainda assim, como diz o poeta, navegar é preciso. E, para navegar, é preciso mais do que mapa e bússola: é preciso vento. Nas palavras de Alexander Pope (*apud* FORTES, 1996, p. 56): "Se a razão é bússola, as paixões são os ventos". Daí a necessidade de uma educação que, na falta de um porto seguro, vá além das referências cartesianas de uma cartografia petrificada e inerte e de uma bússola que já não pode apontar para terra firme.

Nesse contexto, a arte mostra ser especialmente relevante na educação para o século XXI por sua vocação para lidar com o incerto, circular com naturalidade por territórios sempre cambiantes e trabalhar com regras que são constantemente transgredidas, em situações nas quais, muitas vezes, como diz o artista e psicanalista José E. Beni Bologna,[1] "O critério que julga não é conhecido antes da existência do que é julgado (a obra de arte), no sentido de criado e proposto". Ou, como diz Pareyson (1997, p. 61), a arte "é um tal fazer que, enquanto faz, inventa o por fazer e o modo de fazer". No contexto educacional, Holm (2005), por exemplo, valoriza o imprevisto como arte, com trabalhos dos alunos produzidos em ambientes quase caóticos. Considerando, entre os modos de conhecimento, ciência, filosofia, arte e mito, a arte é o que melhor nos habilita a lidar com a volatilidade, a incerteza, a complexidade sempre mutante e a ambiguidade do mundo contemporâneo. Se a educação do sujeito integral, no mundo da pluralidade, da diversidade e das diferentes temporalidades para formar o sujeito crítico e participativo, deve levar em conta e valorizar todos os modos de conhecimento, a arte certamente merece lugar de destaque. Ciência e filosofia partem do espanto e buscam resolvê-lo, administrá-lo, *ortopedizar* o mundo, reduzindo-o a seus esquemas lógico-racionais. Já a arte, um pouco como o mito, namora o espanto e o mistério (o mito na adoração do sagrado, definido como aquilo que nos ultrapassa), potencializa-os, não se deixa raptar tão facilmente pela razão castradora da ciência e da filosofia, cultiva a tensão dinâmica, o *movere* (mover, comover), ao mesmo tempo que se entrega à pura contemplação estática e estética do *delectare* (deleite) – a arte tem isso de paradoxal, oscila entre a tranquilidade do deleite e a tensão transgressora de desafiar os limites e de quebrar as regras. Como resultado, tendemos a nos ultrapassar, a ir além de nós mesmos. Aqui, multiplicam-se as regras e as réguas. Não há um único critério de verdade, de bem ou de belo. Não há um único parâmetro de medida. A arte, mais do que buscar respostas, reformula as perguntas e se sente em casa com a dúvida. Respira a surpresa e o novo. Flerta constantemente com a liberdade, ao contrário da ciência, que lida com leis necessárias. Nesse sentido, não há liberdade na natureza. No âmbito da cultura e da arte, passa-se o contrário: são as leis da natureza que se submetem à liberdade do homem. É o prazer como libertação de uma necessidade. Na ciência, as maçãs, sempre arredondadas, vermelhas, verdes ou amareladas, se submetem à lei da gravidade; na arte, é possível pintar maçãs azuis, cúbicas e flutuando no ar a meu bel prazer. Na tela *Natureza morta-viva* de Salvador Dalí, por exemplo, nenhum objeto obedece à lei da gravidade. Aristóteles dizia, nesse sentido, que a ciência trabalha no campo do necessário (do que não pode deixar de ser), e a arte, no campo do possível (do que pode ou não ser).

Assim, na educação para o século XXI, ao sedentarismo e ao imobilismo intelectual e disciplinar, devemos opor e propor a condição de caminhantes. Cami-

---

[1] Informação em sessão de *coaching* na fase de planejamento para implementação do STEAM no Colégio Bandeirantes (SP).

nhantes como errantes em busca, na maioria das vezes, do que não há condição de saber antes da caminhada. É o que faz o investigador, seja ele cientista, seja ele artista. Sim, porque todo artista é um investigador, e isso é fundamental para aproximar arte e ciência no STEAM, que é uma proposta interdisciplinar. Nessa proposta, como caminhantes, devemos circular livremente pelos diversos saberes e pelas diversas inteligências em um esforço de integração, evitando qualquer tipo de compartimentalização paralisante de disciplinas. Isso não significa desprezar ou eliminar os esforços intradisciplinares, que são fundamentais, mas evitar que o apego excessivo a determinada disciplina impeça o estabelecimento de férteis relações inter e transdisciplinares.

Diante disso, constata-se que as principais habilidades cognitivas, atitudinais e procedimentais desenvolvidas no ensino de arte são de alta relevância na educação para o mundo contemporâneo. A arte atende a essa demanda porque educa para a criatividade, a incerteza, a resiliência, a capacidade de relacionar-se, de tolerar o diferente, colaborar, resolver problemas, pensar criticamente, desenvolver a imaginação, ampliar e diversificar os meios de expressão e ser capaz de adaptar-se a situações novas e desafiadoras. Além dessas habilidades, o ensino de arte envolve outras, segundo Catterall (1998) e Eisner (1998), derivadas do pensamento imaginativo, crítico e criativo, como focar a atenção, direcionar a energia e engajar-se na reflexão, mostrar flexibilidade para mudança de rumo, explorar novas possibilidades e elaborar ideias. Também alguns tipos de pensamento metacognitivo mostraram-se implicados no ensino de arte, como integrar pontos de vista divergentes, estabelecer relações e construir todos unificados; em outras palavras, construir coerência em sistemas complexos (EISNER, 1998; PERKINS, 1994).

É, ainda, no âmbito do currículo oculto que, segundo Judith Burton, professora e diretora de Arte e Arte Educação do Teachers College da Columbia University em Nova York, aparecem importantes efeitos relacionados ao ensino de arte (BURTON; HOROWITZ; ABELES, 2000). Foi observado que participar de atividades artísticas está relacionado com diminuição de preconceito e proteção contra violência, além de ajudar crianças a melhor assumirem riscos, tornarem-se mais sociáveis, aumentar a autoestima e a motivação para aprender (TRUSTY; OLIVA, 1994).

Além disso, as empresas cada vez mais valorizam, porque disso necessitam, aspectos criativos e originais nas competências gerais de seus empregados. A sensibilidade e a criatividade são características que o mercado profissional já demanda e demandará cada vez mais. Segundo Brady (2014), empresas como Boeing, Nike, Apple, Intel e 3M consideram o *design* e a criatividade prioridades quando buscam soluções inovativas. O professor Robert Hayes, da Harvard Business School, completa dizendo que, antes, as empresas competiam no preço; hoje, competem na qualidade, e, amanhã, no *design* (BRADY, 2014). Como diz Luiz Carlos Cabrera (2009, p. 90), professor da Fundação Getúlio Vargas (FGV), a esse respeito: "Boa formação faz a diferença. A cultura ajuda a melhorar a capacidade de julgar [...]". É o nível cultural que melhora a capacidade de diagnóstico, de entender rapidamente contextos complexos e de fazer julgamentos.

DO STEM AO STEAM: ARTE E *DESIGN* INTEGRADOS AO ENSINO DE CIÊNCIAS

*Eu escuto e esqueço,
eu ouço e lembro,
eu faço e entendo.*

Ditado chinês

Na seção anterior, examinamos brevemente o porquê da importância de incluir arte e *design* na educação de modo geral. Focaremos agora no papel desempenhado pela arte e pelo *design* especificamente dentro da perspectiva do STEAM.

Apesar das controvérsias entre acadêmicos a respeito dos tão difundidos gráficos que apresentam a comparação entre os índices de retenção na memória de conteúdos aprendidos por meio de leitura, audição e a combinação de ambos, bem como por meio do fazer e do ensinar (SUBRAMONY *et al.*, 2014), a sabedoria milenar chinesa, expressa no ditado apresentado, já parecia estar ciente das enormes vantagens trazidas por abordagens "mão na massa" na eficiência da aprendizagem. Um exemplo simples ajuda a esclarecer: suponha que eu queira visitar um amigo e que ele tenha me passado seu endereço. Com essa informação em mãos, posso facilmente localizar sua residência em um mapa e saber exatamente onde ele mora. Terei, entretanto, muito provavelmente, esquecido os detalhes do endereço alguns minutos, horas ou dias depois. Do modo alternativo, caso, além de olhar no mapa, eu efetivamente me desloque até aquele endereço, utilizando transporte público ou andando a pé e observando o caminho e o aspecto da casa do meu amigo, meses ou anos depois poderei não lembrar o nome da rua ou o número da casa, mas ainda serei capaz de chegar lá. Esse exemplo, apesar de referir-se primariamente à capacidade de reter na memória um conteúdo aprendido, claramente mostra outras vantagens de abordagens "mão na massa" relevantes ao processo de aprendizagem. As duas situações descritas diferem, por exemplo, porque a aprendizagem é muito mais significativa no segundo caso, além de ser maior a quantidade de informações adquiridas e processadas, bem como o número e a variedade de habilidades envolvidas.

As aulas nas propostas STEM e STEAM (este com o acréscimo, à sigla STEM, do A para arte & *design*) são essencialmente "mão na massa". Nessas aulas, o aluno não é espectador passivo, mero observador, mas protagonista das atividades, participando da construção de seu próprio conhecimento. Porém, assim já era a maioria das aulas de artes muito antes de a National Science Foundation propor o programa de STEM nos Estados Unidos, no ano 2000. A dinâmica de muitas das aulas de artes é semelhante àquela das aulas de STEM e de STEAM. Observando uma dessas aulas, é comum ter-se a impressão de estar diante de um ambiente relativamente bagunçado, com muitos alunos circulando pelo espaço e muitas pessoas falando ao mesmo tempo. É mesmo possível que se leve algum tempo para, naquela situação, localizar o professor na sala, que pode estar atendendo de perto algum grupo de alunos. Vale lembrar que, dependendo da atividade ou do programa da escola, pode haver mais de um professor trabalhando ao mesmo tempo na mesma turma; no colégio em que leciono, por exemplo, há sempre três professores de disciplinas diferentes presentes nas aulas de STEAM: dois professores fixos de ciências e um professor volante de artes. Esse ambiente de "bagunça organizada" é comum às aulas de artes e de STEM/STEAM, o que faz os professores da disciplina normalmente se sentirem à vontade com a abordagem interdisciplinar. Durante o processo de implantação da proposta STEAM, sempre tive a impressão de que os professores de ciências dispendiam um pouco mais de energia para se adaptar à nova dinâmica de aula. Mesmo para professores com experiência prévia de muitos anos em aulas de laboratório de ciências (e não apenas em aulas teóricas expositivas), tal adaptação era necessária e diferente daquela pela qual passavam os professores de artes, em parte porque a dinâmica em um laboratório científico é mais previsível, controlada e contida, mesmo nos casos que não envolvem muita exposição do professor e nos quais os alunos passam a maior parte do tempo em atividades práticas, por conta da natureza do campo de estudo, do tipo de investigação envolvido e, em certos casos, por razões de segurança. Nas aulas de artes, o aluno muitas vezes é convidado ou se sente naturalmente impelido a expressar-se mais livremente usando o próprio corpo, cantando ou elevando a voz e agindo de modo menos convencional. Assim, se você é professor de artes e sua escola está pensando em implantar um programa STEAM, é bem provável que você se adapte facilmente à nova proposta. Muitas das estratégias utilizadas nos dois tipos de aula são semelhantes, e muitas das habilidades trabalhadas são comuns.

Como já vimos neste livro, no ano 2000, a National Science Foundation propôs, nos Estados Unidos, o programa de STEM (*Science, Technology, Engineering, Mathematics*) a fim de estimular o interesse por ciência e tecnologia em seus estudantes, que vinham tendo resultados ruins em exames internacionais, e para atender a demanda deficitária de mão de obra da indústria *high tech*. Esse esforço viria a somar-se a outros anteriores relacionados à crescente ameaça russa e chinesa em relação à corrida espacial, todos voltados a incentivos na área da pesquisa e da educação em ciência e tecnologia. Segundo Moraes (2017), os princípios fundamentais que fizeram parte dessa proposta, inicialmente de cunho educacional, foram colaboração, pesquisa, solução de problemas, comunicação, criatividade e pensamento crítico. O então presidente norte-americano, Barack Obama, chegou a unir forças com a iniciativa privada e as sociedades de incentivo à ciência para investir cerca de 700 milhões de dólares no programa STEM, propondo iniciativas como a *Educate to Innovate* e a *Change the Equation*, entre outras. A primeira proposta do modelo STEAM de educação, com a inclusão da letra A na sigla STEM, indicando arte & *design*, foi feita em 2008 por Georgette Yakman, do Virginia Polytechnic Institute and State University. Foi ela quem propôs a famosa pirâmide do STEAM, que pode ser vista nos capítulos iniciais deste livro, no sentido de ensinar e aprender, como ela mesma diz, "[...] ciência e tecnologia, interpretadas por meio da engenharia e das artes, todas baseadas na linguagem da matemática" (YAKMAN, [2008], documento *on-line*, tradução nossa). A essa iniciativa seguiram-se muitas outras em prol da superação do STEM pelo STEAM, entre as quais podemos destacar as do Massachusetts Institute of Technology (MIT), de Yale e Harvard, em um movimento ao qual aderiu, em 2011, a Rhode Island School of Design (RISD), propondo a criatividade como elemento central no processo educativo e considerando as artes como principal gatilho para ativá-la. Há poucos anos, a Texas Instruments investiu 5 milhões de dólares em uma academia STEAM.

Em matéria do *The Washington Post*, Brady (2014) aponta algumas das razões que supostamente inspiraram essa mudança da perspectiva STEM para STEAM. Ele destaca, por exemplo, uma pesquisa relativamente difundida feita pela Michigan State University que observou alunos egressos desta de 1990 a 1995 que se formaram em áreas relacionadas aos campos disciplinares cobertos pela sigla STEM. A pesquisa mostrou que, entre os alunos investigados, aqueles que mantinham negócios de sucesso ou que possuíam patentes registradas em seus nomes haviam tido exposição oito vezes maior às artes quando crianças do que o público em geral. Outro estudo, conduzido pela mesma universidade, aponta que estudantes envolvidos em programas de música de qualidade mostraram maior índice de participação e menor índice de desistência, além de notas mais altas em testes padronizados (22% melhor em inglês, 20% melhor em matemática) e maior habilidade na resolução de problemas. Segundo Brady (2014), ciência, tecnologia, engenharia e matemática são áreas importantes em qualquer programa educativo, mas não podem fazer o trabalho sozinhas. Para preparar os alunos para serem líderes inovadores, é necessário focar no pensamento crítico. Está claro que essas áreas também trabalham, a seu modo, o pensamento crítico, mas o ponto é que a arte poderia fazê-lo de modo mais pungente, despertando a curiosidade e a imaginação de modo mais radical e disruptivo, alcançando maior profundidade na esfera emocional e nas relações interpessoais. Brady relata que John Maeda, antigo presidente da Rhode Island School of Design, formado no MIT, diz que o STEM deixa de fora boa parte do que é importante porque "[...] esquece que ter múltiplas perspectivas é um aspecto inestimável de como aprendemos a nos tornar seres humanos curiosos e perspicazes" (BRADY, 2014, documento *on-line*, tradução nossa) e acrescenta que "o pacote STEM ignora fantásticas irracionalidades inerentes a viver a vida como um ser humano e em relação com outros seres humanos". Nesse sentido, retomando o que dissemos no início deste capítulo, agora no que diz respeito ao papel da arte especificamente na perspectiva STEAM, fica claro que esta parece adequar-se melhor ao mundo VUCA do que aquela proposta pelo STEM, justamente por estar mais bem equipada para lidar com o incerto e saborear o efêmero, o duvidoso, o assustador, a tensão e o caráter perpetuamente mutante deste mundo. Além disso, segundo Moraes (2017), pesquisas relatadas por Sousa e Pilecki (2013) apontam que o STEAM desenvolve algumas competências cognitivas adicionais quando confrontado com propostas STEM, como, por exemplo, capacidade de estabelecer interação entre parte e todo, aguçar a atenção a detalhes, perceber múltiplas soluções para problemas, mudar de meta durante um projeto, usar a imaginação como fonte de conteúdo e habilidade para perceber o mundo em uma perspectiva estética, além de aprimorar a observação precisa, a percepção e a construção de significados, a expressão das observações, a capacidade de trabalhar em equipe e o pensamento espacial e cinético.

Arte e ciência no STEAM

O "A" da sigla STEAM refere-se a arte e a *design*. No que diz respeito à arte, há diversos modos de concebê-la e de utilizá-la no contexto de aulas de STEAM, o que pode variar com o ano para o qual a aula seja concebida. Mais adiante neste capítulo, exploraremos alguns exemplos concretos disso. Um modo fundamental de pensar e usar a arte no contexto específico do STEAM é concebê-la como *techné*, ou seja, técnica. É importante lembrar que essa é justamente a concepção predominante de arte ao longo de sua história no mundo ocidental. A arte é pensada e produzida como *techné* até o final do século XVII, antes da revolução estética do século XVIII. Nesse contexto, os tratados de arte antigos apontam-na como nascida sempre de uma *necessidade*, estando vinculada à noção de *utilidade* e envolvendo um rígido *decoro* (conjunto de preceptivas) com as regras constituintes de um *savoir faire*, um *know how* que define os critérios de demarcação entre arte e não arte. Os objetos de arte antigos eram, assim, sempre utensílios. Podiam ser, por exemplo, vasos para guardar vinho, água ou grãos, esculturas usadas para o culto a uma divindade, móveis, sapatos, roupas, construções como teatros (para a realização de espetáculos), templos (para cerimônias religiosas), e assim por diante. Um objeto útil é aquele que é um meio para atingir determinado fim e cujo fim está fora dele mesmo. Um objeto útil é sempre um instrumento. Por exemplo, se considerarmos um martelo como instrumento útil, notaremos que seu fim, sua finalidade – o prego –, está fora dele mesmo. Com a revolução estética do século XVIII, gerada a partir de filósofos iluministas – principalmente Kant – e do pensamento romântico, esse quadro muda radicalmente, e passa a ser possível conceber a arte não apenas como *techné*, mas também como "arte pela arte". Agora, o objeto de arte – e o juízo de gosto que faço sobre ele – pode ser desinteressado, ou seja, o objeto de arte não precisa mais ser um meio para uma finalidade que está fora dele, mas pode ter a ele próprio como fim. É a arte pela arte. Esta última é a concepção de arte mais comumente abraçada pelo senso comum, apesar de ter apenas um pouco mais de 200 anos e corresponder, portanto, a pequena parte da história da arte. Na maior parte de sua história, a arte foi concebida como *techné*, e é justamente essa concepção que nos permite aproximar os dois aspectos – arte e *design* – designados pelo A de STEAM, na medida em que é o que possibilita tornar materialmente real uma ideia por meio de um processo sistemático e rigoroso que envolve desde o levantamento de problemas, a elaboração de ideias e métodos para dar conta deles, até o teste e a reelaboração dessas ideias por meio de protótipos. A definição de *design* dada pelo historiador de arte Rafael Cardoso (2008, p. 20) esclarece tal aproximação: "A maioria das definições concorda que o *design* opera a junção desses dois níveis atribuindo forma material a conceitos intelectuais. Trata-se, portanto, de uma atividade que gera projetos, no sentido objetivo de planos, esboços ou modelos". Assim, por sua vez, o *design* possibilita operar uma síntese entre as duas concepções de arte mencionadas – *techné* e arte pela arte. Segundo Martin Rayala, *designer* e professor na Universidade de Wisconsin, muito mais do que uma disciplina, o "[...] *design* é um modo de abordar o mundo que tem, na sua base, a visão otimista de que ele pode ser transformado, e nós somos aqueles que precisamos fazer isso" (RAYALA; ALVAREZ, 2008, tradução nossa). E Rayala pergunta: "Como podemos usar os princípios do *design* para desenvolver pensadores criativos, responsáveis e críticos que possam transformar ideias em realidade e melhorar nosso mundo?" (RAYALA; ALVAREZ, 2008, tradução nossa). Essa é uma das responsabilidades da educação na proposta STEAM.

Método científico e processo de *design*

Se olharmos em volta, vamos notar que tudo que nos cerca que tenha sido produzido pelo homem envolve *design*. Tendo passado por processos de *design* menos ou mais sofisticados – e arriscaria dizer, sem muita chance de erro, que o grau de sofisticação desse processo é diretamente proporcional à qualidade final do produto –, cada detalhe de uma luminária, de um automóvel, de uma cadeira, por menos perceptível que seja, pode ter custado horas de reuniões, noites em claro sobre uma prancheta de desenho, milhares de entrevistas e certamente passado por um processo de definição de público-alvo, idealização, prototipagem e teste do produto final – tudo isso envolvendo equipes multidisciplinares. O *design* envolve desafios que nos fazem aplicar nossos conhecimentos vindos das mais variadas áreas e disciplinas. É integrador e interdisciplinar por natureza.

No entanto, especificamente no contexto do STEAM, salta aos olhos a aproximação que pode ser feita entre o processo de *design* e o método científico – considerando aqui apenas as ciências da natureza. Por mais que haja controvérsia sobre se há ou não o que costumamos chamar de "o" método científico (desde as clássicas objeções de Popper e Feyerabend), entendido como método único generalizável a todas as diversas práticas científicas, há certo consenso sobre a existência de determinadas etapas invariáveis que compõem tal método, o que é relativamente aceitável no âmbito do ensino de ciências na educação básica. Essas etapas, largamente conhecidas, compreendem, inicialmente, o levantamento de um ou mais problemas, que se dá a partir da observação da natureza, a enumeração de hipóteses para tentar dar conta dos problemas em questão, o teste dessas hipóteses em experimentos controlados, sua reelaboração em face dos resultados obtidos nos experimentos e a consequente refeitura de novos experimentos para testar as novas hipóteses, o que reinicia o ciclo.

Algo muito semelhante acontece no processo de *design*. Cabe observar que vale aqui também a consideração feita anteriormente a respeito do método científico, ou seja, indagar se haveria um único processo de *design*. Em todo caso, no âmbito desse processo, quando somos confrontados com determinado problema, somos levados, a exemplo do que ocorre na ciência, a nos valer de pensamento crítico, análise, avaliação de situações e tomada de decisão para propor soluções concretas. Em algumas situações, podemos projetar e construir um produto; em outras, podemos analisar as soluções propostas por outras pessoas, mas todos esses processos derivam sempre de uma necessidade (problema) que é estabelecida nas relações do homem com a natureza ou com outros seres humanos (empatizar). Para que essa necessidade seja atendida, é necessário que, no processo de *design*, sejam levantadas, continuamente, novas ideias (ideação) e feitos repetidos testes e reformulações dessas ideias (prototipagem), que funcionam como hipóteses a serem verificadas (teste), envolvendo sempre muita tentativa e erro. A prototipagem é um modo de testar hipóteses na prática. O esquema apresentado na Figura 7.1 resume e descreve brevemente as etapas do processo de *design* (muitas vezes comuns a aplicações de *design thinking*) mencionadas.

Hanna McPhee, graduada em Física e membro do grupo de STEAM da Brown University, chama atenção para o que há em comum entre arte e ciência e propõe um paralelo e pontos de encontro entre as etapas do método científico e as do processo de *design* (RISD STEAM; BROWN STEAM; MIT STEAM, 2014) (ver Figura 7.2). Ela argumenta que a compartimentalização do conhecimento derivada da separação entre arte e ciência como áreas estanques empobrece nossa experiência no mundo e diz que, em última análise, o que os dois procedimentos fazem é lidar com *resolução de problemas*. As etapas do método científico não lhe são exclusivas, tampouco o são as do processo de *design*. No fundo, os dois processos elaboram uma situação bastante comum, característica do contexto de resolução de problemas, na qual observamos nosso entorno, questionamos o que temos diante dos olhos, fazemos conjecturas e elaboramos hipóteses sobre esses questionamentos, testamos essas conjecturas e, a partir daí, tiramos nossas conclusões e concebemos possíveis aplicações concretas. A grande diferença estará, no que se refere ao método científico, no grau de rigor dos testes aplicados durante o processo de experimentação e na exigência de reprodutibilidade dos resultados e, no caso do *design*,

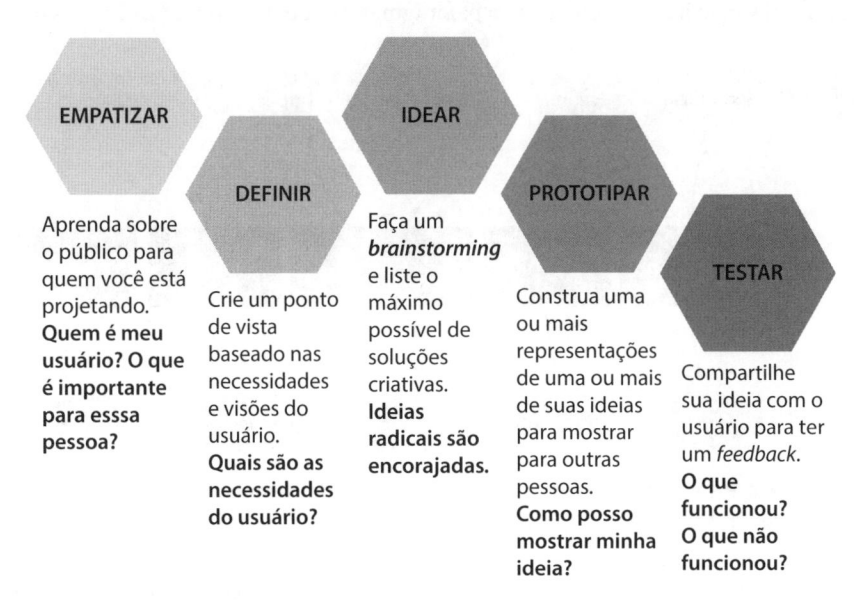

EMPATIZAR
Aprenda sobre o público para quem você está projetando. Quem é meu usuário? O que é importante para esssa pessoa?

DEFINIR
Crie um ponto de vista baseado nas necessidades e visões do usuário. Quais são as necessidades do usuário?

IDEAR
Faça um *brainstorming* e liste o máximo possível de soluções criativas. Ideias radicais são encorajadas.

PROTOTIPAR
Construa uma ou mais representações de uma ou mais de suas ideias para mostrar para outras pessoas. Como posso mostrar minha ideia?

TESTAR
Compartilhe sua ideia com o usuário para ter um *feedback*. O que funcionou? O que não funcionou?

Figura 7.1 Etapas do processo de *design*.
Fonte: Greengineers ([201-]).

na adequação dos protótipos, durante os testes, às necessidades identificadas nas etapas iniciais de empatia com o potencial usuário e de definição. Na Figura 7.2, vemos a ilustração disso em esquema que mostra um possível paralelo e pontos de encontro entre método científico e processo de *design*.

As vantagens de tirar proveito desses aspectos comuns entre arte, *design* e ciência são enormes, e várias delas já foram apontadas no início deste capítulo, onde tratamos do papel da arte na educação em geral em termos das habilidades desenvolvidas no aluno por conta da inclusão da arte nos currículos escolares ou em atividades extracurriculares. No contexto pedagógico das aulas de STEAM, valeria a pena acrescentar o caráter interdisciplinar trazido pela aproximação de modos de conhecimento diferentes, o que proporciona a ocasião para explorar diversas perspectivas no levantamento de problemas e na elaboração e avaliação das conjecturas e hipóteses deles derivadas e a eles dirigidas. *Design* e ciência, além disso, têm modos distintos de testar e validar suas hipóteses, o que é enriquecedor para o aluno, que terá, assim, a ocasião de lidar com o mesmo problema a partir de perspectivas diferentes ou, mais do que isso, estará em condições de enxergar não apenas um único, mas vários problemas distintos a partir do que supostamente seria uma única situação, justamente porque parte de paradigmas diferentes de abordagem do mundo – emprestando aqui um termo de Thomas Kuhn sobre a ciência e generalizando-o a outras áreas e modos de conhecimento. Kuhn (1989) dizia que, na ciência, matrizes disciplinares ou paradigmas[2] (visões de mundo) diferentes pro-

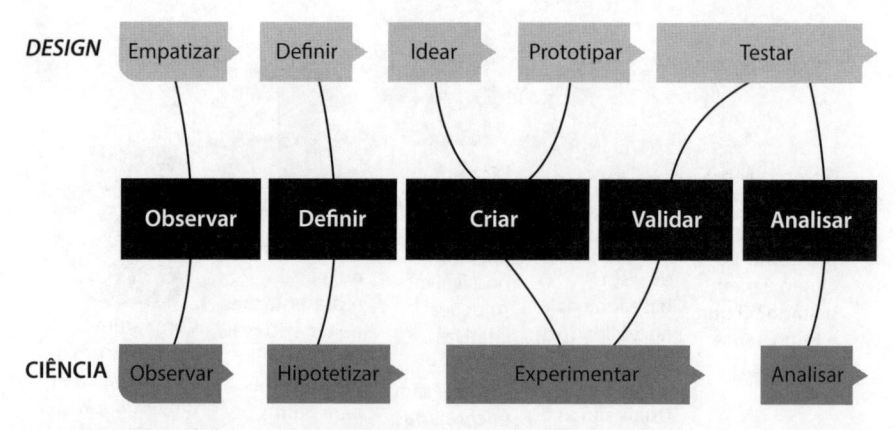

Figura 7.2 Paralelo e pontos de encontro entre método científico e processo de *design*.
Fonte: RISD STEAM, Brown STEAM e MIT STEAM (2014).

---

[2] Paradigma é definido por Kuhn (1989) de várias maneiras. Podemos resumir essas definições como um conjunto de compromissos teóricos, metodológicos e metafísicos (visão de mundo) que constituem procedimentos modelares tanto para as soluções quanto para o levantamento de problemas. Kuhn (1989), posteriormente, preferirá a expressão "matriz disciplinar" em substituição a "paradigma".

porcionam a percepção de problemas diferentes e determinam os tipos de pergunta a serem levantados, bem como os tipos de respostas e de testes a serem adotados e de soluções a serem vislumbradas.

Alguns casos concretos

A introdução de um programa STEAM como disciplina curricular de ensino médio – como ocorreu no Colégio Bandeirantes a partir de 2016, depois de alguns anos de planejamento – foi uma experiência pioneira no Brasil.[3] Descrevo, a seguir, um pouco dessa experiência, com o intuito de ilustrar algumas questões abordadas anteriormente neste capítulo e de auxiliar na orientação de processos de instauração e reavaliação de programas STEAM em outras escolas.

Projeto Bandhaus

Durante o primeiro bimestre de 2019, as turmas de STEAM do 1º ano do ensino médio estudaram a Escola de Artes Bauhaus, criada na Alemanha há cem anos pelo arquiteto Walter Gropius. A Bauhaus foi apresentada, dentro da temática geral da cor, como uma ruptura na maneira de se relacionar com os objetos, valorizando aspectos estéticos na produção em escala industrial, sobretudo nas questões formais. Além disso, os alunos participaram de diferentes oficinas ao longo do bimestre (sobre luz, cores, *pixel art*, cortadora de vinil, funcionamento do olho e pigmentos) para explorar a temática da cor sob aspectos diferentes na arte, na física e na biologia e para ampliar o repertório de habilidades técnicas e de conteúdos conceituais. Para colocarem em prática o que foi aprendido, os alunos se reuniram em grupos de cinco pessoas e receberam a tarefa de construir a maquete de um projeto arquitetônico de um ambiente que tivesse como fundamentação os princípios da Bauhaus. Era possível escolher qualquer ambiente (ou parte dele) que desejassem projetar, como um quarto, uma cozinha, uma sala de aula, uma praça, um jardim ou um banheiro. Além disso, era obrigatória a incorporação de pelo menos um dos elementos trabalhados nas oficinas realizadas durante o bimestre. Cada grupo deveria projetar um ambiente com dimensões de 4 m x 4 m e construir uma maquete desse projeto, em escala 1:10, em uma placa de MDF medindo 40 cm x 40 cm. No final do trabalho, cada uma das placas, com sua respectiva maquete, corresponderia a um andar da maquete de um pequeno edifício a ser montado em uma exposição na escola. Cada turma construiria, assim, um edifício com suas maquetes. Os alunos dispunham de uma cortadora de vinil e de uma cortadora *laser*, além

---

[3] Para conhecer mais sobre o processo de implementação, ver o Cap. 10 desta obra.

de vários materiais, como lixas, serras, martelos, furadeiras,[4] parafusadeiras, cola quente, cola branca, barbantes, tintas, papéis, sucatas, MDF, massinha e palitos de sorvete. Caso desejassem, os alunos poderiam trazer materiais de casa.

Além da maquete, havia outras tarefas a serem realizadas ao longo das cinco aulas de cem minutos do bimestre reservadas para a atividade. No início do trabalho, um esboço do projeto deveria ser entregue, contendo a lista de materiais previstos e o modo como o grupo incorporaria algum dos elementos conceituais desenvolvidos ao longo do bimestre, sendo obrigatória a inclusão das formas e das cores características da Bauhaus. No final do trabalho, os grupos deveriam entregar um desenho detalhado da planta do projeto, em escala 1:20. Esse desenho seria avaliado levando-se em consideração aspectos como a escala, a precisão das medidas, o acabamento dos desenhos e a correspondência entre a planta e a maquete finalizada. A avaliação da maquete levou em conta aspectos como a qualidade da produção e de seus elementos, a solidez da estrutura, o cumprimento das especificações técnicas e o acabamento (Figura 7.3).

É particularmente interessante a escolha da Bauhaus como temática logo no início do curso de STEAM, pois há uma série de características comuns entre os dois movimentos. Ambos nascem como tentativas de reação a uma situação de crise tanto da educação quanto da indústria – a Bauhaus na Alemanha do período entre guerras e o STEAM nos Estados Unidos no início do século XXI. Ambos também operam na chave da *techné*, aproximando arte, *design*, ciência e tecnologia e confundindo as figuras do artista e do artesão.

Figura 7.3 Maquete com elementos da Bauhaus produzida por alunos.

---

[4] Nas salas de aula, era organizada uma bancada para manuseio de ferramentas, cuja utilização era realizada sempre sob supervisão da equipe técnica mediante agendamento. O agendamento também se fazia necessário para o uso da cortadora *laser*.

Produzindo inutensílios

Estamos lembrados do paralelismo e dos pontos de encontro entre o método científico e o processo de *design* que examinamos há pouco. Vimos que, nesses processos, é necessário que sejam levantadas, continuamente, novas ideias (ideação) e feitos repetidos testes e reformulações dessas ideias (prototipagem), que funcionam como hipóteses a serem verificadas (teste), envolvendo sempre muita tentativa e erro. A prototipagem é um modo de testar hipóteses na prática.

Um recurso muito rico e criativo nesse processo é o que se costuma chamar de *brainstorming* (tempestade de ideias). Nesse processo, não se deve prender-se somente a ideias, hipóteses ou teorias que sejam coerentes ou consistentes com outras já existentes e consagradas. O ideal aqui é soltar a imaginação e deixar a criatividade fluir sem se limitar às exigências lógico-racionais. Espera-se, com esse aumento da diversidade de ideias, ampliar as possibilidades de encontrar caminhos e saídas para os problemas propostos, alternativas que não seriam vislumbradas de outra forma. O valioso aqui, no âmbito da ciência, é o aumento do poder heurístico das teorias científicas.

Para exercitar esse precioso recurso, a atividade dos *inutensílios* (expressão cunhada por nós), desenvolvida no 2º ano do ensino médio, propôs aos alunos um desafio baseado no trabalho da *designer* Katerina Kamprani ([2017]), que produziu uma coleção de objetos deliberadamente inconvenientes, desconfortáveis ou inúteis, indo bem na contramão de tudo aquilo que conversamos até aqui sobre o processo de *design*. As Figuras 7.4 e 7.5 apresentam alguns exemplos:

O interessante é que esses objetos inúteis podem ser pensados como parte de um processo de *brainstorming* durante o qual várias hipóteses, sejam elas boas ou ruins, são levantadas na busca de uma saída ou resposta efetiva para determinado problema.

Nesse desafio, cada grupo de alunos deveria produzir um inutensílio. Eles receberam um objeto (um utensílio) que deveria ser transformado até o final da aula de modo a torná-lo inútil, inconveniente ou desconfortável. Além disso, deveriam desenhar outro objeto, diferente daquele que receberam, de modo que também pudesse ser considerado um inutensílio. No final da aula, os alunos deveriam apresentar seus inutensílios para os colegas em 2 minutos. Os resultados foram surpreendentes e valeram uma exposição em uma filial paulista de uma galeria londrina, a LambArts, em 2019.

Uma parte fundamental dessa atividade envolvia uma discussão sobre filosofia da ciência que dizia respeito a três possíveis posturas dos cientistas diante das teorias. Segundo a primeira delas, os cientistas devem defender e proteger teorias consagradas, substituindo-as apenas em momentos de crise. Corresponde à posição de Kuhn (1989), para quem os cientistas buscam *confirmar* as teorias do paradigma.

Figura 7.4 Inutensílios de Katernina Kamprani.
Fonte: © Katerina Kamprani, 2013, The Uncomfortable Watering Can; 2017, The Uncomfortable Wine Glass.

Figura 7.5 Inutensílios produzidos pelos alunos a partir de caneca e cabide e expostos na galeria londrina LambArts.

A segunda postura considera, contrariamente, que os cientistas devem atacar e criticar impiedosamente as teorias, buscando seus limites. Essa posição corresponde ao pensamento de Popper (1982), segundo o qual os cientistas buscam *falsear* teorias. A última postura sugere que os cientistas devem propor sempre novas e ousadas ideias, mesmo que estas sejam incoerentes e inconsistentes com as teorias vigentes e consagradas, sendo representada pelo pensamento de Feyerabend (1989), para quem, quanto maior for o número de hipóteses ousadas, maior será a chance de se encontrar saídas e soluções para os problemas. É um tipo de epistemologia evolucionista, ou seja, baseada no modelo da teoria da evolução de Darwin: quanto maior for a variabilidade e o pluralismo teórico e metodológico, maior será o poder heurístico das teorias científicas.

É justamente esse grande pluralismo teórico que permite atender às demandas do século XXI e que possibilita que nos adaptemos melhor ao cenário em constante mutação do mundo VUCA, com suas necessidades sempre cambiantes. Para isso, é preciso ser criativo e inovador, e um exercício de criatividade como esse proporcionado pela atividade dos inutensílios pode ser de grande auxílio nesse sentido.

Divulgação científica

Além das situações como a descrita, em que arte e ciência se aproximam mais intimamente, no âmbito da metodologia, há outro campo fértil para as artes em atividades STEAM: a divulgação científica. Os alunos trabalham com isso no final do curso de STEAM do 2º ano do ensino médio, que foca sua atenção no método científico e no paralelo entre esse método e o processo de *design*. O contato dos estudantes com o método científico se dá no decorrer do curso como resposta às demandas geradas por um projeto de autoria dos próprios alunos, sobre o qual se debruçam ao longo do ano até concluí-lo no 3º bimestre, quando apresentam seus trabalhos em um festival STEAM organizado pela escola, aberto ao público em geral. A apresentação dos trabalhos procura seguir os padrões dos congressos científicos internacionais, e, para tal ocasião, os alunos, tendo já concluído um artigo científico, precisam preparar um pôster para a apresentação. Os critérios de avaliação para esse pôster incluem criatividade, cuidado estético e na comunicação visual, além de clareza, qualidade e rigor do conteúdo e coerência com o artigo e o trabalho desenvolvidos.

Durante o bimestre seguinte, a tarefa passa a ser a divulgação do trabalho que realizaram ao longo do ano. Essa divulgação poderia ser feita no formato de videoaula, documentário, *podcast*, revista de divulgação científica, campanha de divulgação, jogo, aplicativo ou material educativo. Isso oferecia uma vasta gama de possibilidades de desenvolver habilidades ligadas às artes. Foram montados, por exemplo, pequenos estúdios fotográficos, de vídeo e de áudio, além de ilhas de edição e pós-produção. Os recursos a serem trabalhados dependiam da demanda do projeto e iam desde captação de som e imagem, isolamento acústico, microfonação, direção de voz, iluminação, roteirização, produção de figurinos e cenários, direção dramática, de fotografia e de câmera, mixagem, tratamento de som (equalização, eliminação ou redução de ruído) e imagem, aplicação de efeitos especiais, uso de *chroma key*, até exploração de aplicativos de edição de imagem, de som, de partitura, de editoração gráfica e de produção de *games*.

É natural que os professores com formação na área de artes tendam a assumir boa parte dessas tarefas junto aos alunos, mas sempre é possível oferecer oficinas aos colegas professores e técnicos de outras áreas de formação, de modo que, no final, todos tenham condições de trabalhar juntos no atendimento aos estudantes. Esse atendimento tem como princípio, a partir das demandas geradas naturalmente nos projetos, apresentar ao aluno as ferramentas, mostrar como funcionam e acompanhar e corrigir seu uso (abordagem formativa). O trabalho em si deve ser feito apenas pelo aluno, sob supervisão constante. Apesar de normalmente esperarmos que a demanda em relação às ferramentas nasça das necessidades inerentes aos projetos, é necessário ampliar o repertório do aluno apresentando a ele outros recursos possíveis para realizar as tarefas, mesmo que estes ultrapassem aquilo que se mostra imediatamente necessário. Esses recursos apontam para caminhos alternativos de trabalho e podem vir a ser úteis em outras situações. É importante observar que toda essa vasta gama de opções de trabalho concorre positivamente para evitar qualquer tipo de homogeneização de procedimentos, o que empobreceria muito o processo educativo.

OUTRAS PERSPECTIVAS

Nos três casos descritos em que a proposta do STEAM está em operação, a arte é utilizada em diferentes perspectivas. No caso da Bauhaus, representa uma perspectiva, a estética, entre várias concepções diferentes (física, biológica) de um fenômeno: a cor. Na atividade dos inutensílios, entra como exercício de criatividade para evidenciar seu valor tanto para a ciência quanto para a própria arte. Já no âmbito da divulgação científica, a arte entra em perspectiva coadjuvante em relação à ciência, com o maior valor da atividade estando na série de ocasiões que são criadas, pelas diversas demandas dos projetos, para explorar ferramentas e desenvolver habilidades específicas ligadas às artes da fotografia, do vídeo, da música, entre outras. Gostaria de encerrar este capítulo abrindo brevemente duas outras possíveis perspectivas.

A primeira delas proporciona uma integração maior entre arte e ciência no STEAM. Envolveria, na prática, por exemplo, trabalhar com restauração de obras de arte. O aluno poderia receber a tarefa de restaurar, até o final do projeto, um objeto de arte a ele apresentado no início do curso. Para cumprir a tarefa, teria forçosamente que fazer pesquisas de cunho científico (a composição química dos pigmentos e outros materiais, a presença e classificação de eventuais fungos ou microrganismos), mas também de cunho estilístico, situando a peça histórica e esteticamente. Outro exemplo, nessa mesma perspectiva, seria montar uma oficina de lutieria (construção de instrumentos musicais) e, com isso, explorar não só toda a física nela envolvida, mas também a química relacionada aos materiais utilizados ou a bioquímica ligada ao funcionamento do ouvido. Um último exemplo, ainda na primeira perspectiva, seria trabalhar com projetos arquitetônicos e debruçar-se sobre os desafios estruturais, a resistência dos materiais e a adequação dos espaços ao uso por pessoas, animais ou plantas, bem como o modo como esses organismos vivos alteram e influem no funcionamento do espaço arquitetônico.

A segunda e última perspectiva coloca a arte como ponto de partida no STEAM. A ideia é não se restringir a projetos com *motivação* de cunho científico, mas abrir a possibilidade de considerar propostas que tenham uma natureza poética e motivação estética, mas que, para serem realizadas, precisem utilizar pesquisa científica. Darei dois exemplos que me marcaram por sua força poética e engenhosidade técnica.

O primeiro exemplo é o da imagem que se vê no início deste capítulo: um sofá equilibrando-se elegantemente em uma única perna, sem estar preso a absolutamente nada, no meio de um deslumbrante salão. Pura poesia. Nunca vou esquecer o impacto que essa obra teve em mim no momento em que a vi no Festival Internacional de Linguagem Eletrônica (FILE Festival) em São Paulo. Ao aproximar-me dela, notava claramente que oscilava levemente em torno de seu eixo vertical. Trata-se de uma escultura mecatrônica, mantida em equilíbrio por um sistema que combina dois giroscópios e sensores de movimento escondidos em seu interior, tudo isso controlado por um computador. A obra chama-se *Equilíbrio interno*, e, segundo seu autor, Jacob Tonski ([2012]), "[...] o equilíbrio vem de dentro. É um ato delicado, e às vezes caímos. A obra é uma meditação sobre a natureza das relações humanas e a natureza das coisas que usamos para suportá-las". A escultura é construída com partes soltas mantidas juntas por ímãs potentes. Às vezes ela cai e se desfaz em pedaços. É necessário, então, recolher os pedaços e recomeçar. Arte imitando a vida.

O segundo exemplo é igualmente poético. A obra, chamada *Rêvolutions*, da francesa Céleste Boursier-Mougenot, envolve árvores que ficavam passeando pelos *Giardini* e pelo pavilhão da França durante a Bienal de Arte de Veneza de 2015 (Figura 7.6). Sim, passeando. Também fiquei espantado quando me deparei com aquilo. As árvores, apoiadas sobre grandes torrões de terra em torno de suas raízes, circulavam com o auxílio de rodinhas bem escondidas e movidas por um motor. O incrível é que as árvores se locomoviam buscando sempre as melhores condições para aumentar o fluxo de seiva que era constantemente medido por sensores posicionados nos vasos condutores da planta e cuja informação era interpretada por computadores. Um último detalhe: o nome da obra é uma fusão da palavra "sonho" (*rêve*, em francês) com "revolução" (*révolution*, com acento agudo, não circunflexo). Remete a essa situação surreal na qual as árvores se deslocam pelo espaço.

Figura 7.6 *Rêvolutions*, de Céleste Boursier-Mougenot.
Fonte: Boursier-Mougenot (2015).

Quanta ciência por detrás de tanta poesia! Quanta coisa a pesquisar e quantos problemas a serem resolvidos para tornar realidade esses sonhos. Como funciona um giroscópio? Como a informação obtida pelos sensores do sofá é interpretada pelo computador e como isso é revertido em um *feedback* para os giroscópios de modo a manter o sofá equilibrado? Como funcionam os sensores de fluxo de seiva? Quais são as condições ambientais mais favoráveis à planta? Como fazer para encontrar essas condições? Seria sensacional ver nossos alunos quebrando a cabeça e fazendo muita ciência para solucionar esses mistérios e, mais ainda, para tornar realidade seus próprios sonhos e projetos.

REFERÊNCIAS

BAUMAN, Z. *Modernidade líquida*. Rio de Janeiro: Zahar, 2001.

BAUMAN, Z. *Tempos líquidos*. Rio de Janeiro: Zahar, 2007.

BOURSIER-MOUGENOT, C. *Rêvolutions* (Image 1344). 2015. Disponível em: https://monad.ch/exhibitions/23-celeste-boursier-mougenot-revolutions-french-pavilion-at-the-56th-venice-biennale-mona-exceptional/overview/. Acesso em: 21 jan. 2020.

BRADY, J. STEM is incredibly valuable, but if we want the best innovators we must teach the arts. *The Washington Post*, 5 Sept. 2014. Disponível em: https://www.washingtonpost.com/news/innovations/wp/2014/09/05/stem-is-incredibly-valuable-but-if-we-want-the-best-innovators-we-must-teach-the-arts/. Acesso em: 1 jan 2020.

BURTON, J. M.; HOROWITZ, R.; ABELES, H. Learning in and through the arts: the question of transfer. *Studies in Art Education*, v. 41, n. 3, 2000, p. 228–257, 2000.

CABRERA, L. C. Boa formação faz a diferença. *Você S/A*, n. 129, p. 90, 2009.

CARDOSO, R. *Uma introdução à história do design*. 3. ed. São Paulo: Blucher, 2008.

CATTERALL, J. S. Does experience in the arts boost academic achievement?: a response to Eisner. *Art Education*, v. 51, n. 4, p. 6–11, 1998.

DELORS, J. et al. Educação: um tesouro a descobrir: relatório para a UNESCO da Comissão Internacional sobre Educação para o século XXI. São Paulo: Cortez, 1996.

EISNER, E. W. A response to Catterall. *Art Education*, v. 51, n. 4, p. 12, 1998.

FEYERABEND, P. *Contra o método*. 3. ed. Rio de Janeiro: Francisco Alves, 1989.

FORTES, L. R. S. *Rousseau:* o bom selvagem. São Paulo: FTD, 1996.

FREIRE, P. *Pedagogia do oprimido*. 9. ed. Rio de Janeiro: Paz e Terra, 1981.

GREENGINEERS. *We are all designers!*. [201-]. Disponível em: http://www.greengineers.org/design-thinking.html. Acesso em: 8 jan. 2020.

HOLM, A. M. *Fazer e pensar arte*. São Paulo: MAM, 2005.

HORGAN, J. *O fim da ciência:* uma discussão sobre os limites do conhecimento científico. São Paulo: Companhia das Letras. 1998.

KAMPRANI, K. *The uncomfortable*. [2017]. Disponível em: https://www.theuncomfortable.com/. Acesso em: 21 jan. 2020.

KUHN, T. S. *A estrutura das revoluções científicas*. 3. ed. São Paulo: Perspectiva. 1989.

MORAES, P. *STEAM:* arte e design no ensino médio. 2017. Dissertação (Mestrado em Design) – Universidade Anhembi Morumbi, São Paulo, 2017.

PAREYSON, L. *Os problemas da estética*. 3. ed. São Paulo: Martins Fontes, 1997.

PERKINS, D. N. *The intelligent eye:* learning to think by looking at art. Santa Monica: Getty Publications, 1994.

POPPER, K. R. *Conjecturas e refutações:* pensamento científico. Brasília: UnB. 1982.

RAYALA, M.; ALVAREZ, C. C. *The role of design thinking in school reform*. 2008. Disponível em: https://www.slideshare.net/MartinRayala/designschool-reform?next_slideshow=1. Acesso em: 1 jan. 2020.

RISD STEAM; BROWN STEAM; MIT STEAM. *Catalogue:* a collection of stories, from Spring 2014. [S. l.]: STEAM, 2014. Disponível em: https://issuu.com/steamteam/docs/whole_book. Acesso em: 8 jan. 2020.

SEU NEGÓCIO está preparado para o mundo VUCA? [S. l.: s. n.], 2018. 1 vídeo (2 min). Publicado pelo canal Sebrae. Disponível em: https://www.youtube.com/watch?v=PRqaNB2E1P0. Acesso em: 1 jan. 2020.

SOUSA, D. A.; PILECKI, T. *From STEM to STEAM:* using brain-compatible strategies to integrate the arts. Thousand Oaks: Corwin, 2013.

SUBRAMONY, D. P. et al. The mythical retention chart and the corruption of Dale's Cone of experience. *Educational Technology*, v. 54, n. 6, p. 6–16, 2014.

TONSKI, J. *Balance from within*. [2012]. Disponível em: https://file.org.br/artist/jacob-tonski/?lang=pt. Acesso em: 21 jan. 2020.

TRUSTY, J.; OLIVA, G. M. The effect of arts and music education on students' self-concept. *Update: Applications of Research in Music Education*, v. 13, n. 1, p. 23–28, 1994.

YAKMAN, G. *STEAM education:* an overview of creating a model of integrative education. [2008]. Disponível em: https://www.iteea.org/File.aspx?id=86752&v=75ab076a. Acesso em: 8 jan. 2020.

LEITURAS RECOMENDADAS

HORGAN, J. *O fim da ciência:* uma discussão sobre os limites do conhecimento científico. São Paulo: Companhia das Letras. 1998.

WARNER, S. A.; GEMMILL, P. R. (ed.). *Creativity and design in technology & engineering education.* [S. l.]: CTTE, 2011. The 60th yearbook from the Council on Technology Teacher Education.

8

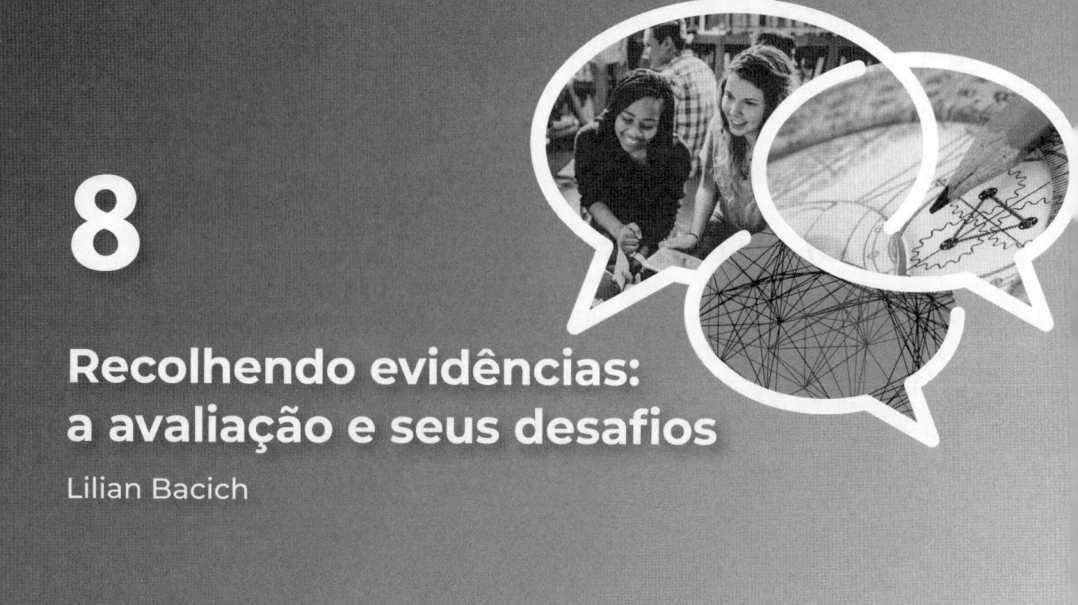

Recolhendo evidências: a avaliação e seus desafios

Lilian Bacich

Avaliar não é fim. Avaliar é processo.
Uma ação a serviço da aprendizagem!

Em nosso percurso como estudantes, desde os anos iniciais, nos deparamos com "provas" cujo principal objetivo era verificar o quanto retivemos dos conteúdos apresentados por um professor em sala de aula. Devolver esses conteúdos em uma prova era a forma de os professores identificarem nossa compreensão do conteúdo, atribuírem uma nota e passarem para a próxima etapa. Quem não tivesse boa nota poderia ser avaliado novamente, talvez com uma nova prova, enquanto as aulas sobre o conteúdo do próximo período (mês, bimestre, trimestre) continuavam ocorrendo em sala de aula. Esse formato de coleta de dados não considera os diferentes olhares para cada conteúdo trabalhado em sala de aula, nem sempre considera a adequação aos objetivos de aprendizagem e, mais ainda, nem sempre tem como propósito identificar as evidências para os próximos passos que se pretende dar. Em muitos casos, especialmente quando analisamos aulas que consideram o STEAM (acrônimo para ciência, tecnologia, engenharia, artes e matemática), percebemos que há muito mais do que uma compreensão de conteúdos envolvida, e, nesse sentido, as avaliações no formato descrito neste parágrafo não atendem às necessidades de análise do processo de coleta de evidências. É sobre uma avaliação que esteja a serviço da aprendizagem que discutiremos neste capítulo e, sobretudo, como esse formato de avaliação se conecta com a aprendizagem baseada em projetos (ABP),[1] metodologia ativa em que podemos inserir o STEAM.

---

[1] A aprendizagem baseada em projetos foi tratada no Capítulo 3 deste livro.

O QUE É UMA AVALIAÇÃO FORMATIVA?

A avaliação é considerada multidimensional por diversos autores. Considerar o processo avaliativo por diferentes ângulos é um movimento importante quando identificamos o potencial da avaliação em sua conexão com a aprendizagem. Avaliamos para poder oferecer melhores experiências de aprendizagem, ou as experiências de aprendizagem são desenhadas para melhorar o desempenho na avaliação?

Nessa perspectiva, concordamos com Zabala (1998) quando discorre sobre a avaliação inicial, a avaliação reguladora, ou formativa, e a avaliação final, ou somativa. Identificar os conceitos cotidianos construídos pelos alunos sobre o tema a ser trabalhado é o ponto de partida da ação educativa; durante o processo, é importante analisar os avanços conceituais dos estudantes; e, ao final de cada etapa do processo, é necessário verificar se os objetivos de aprendizagem foram atingidos. Nesse percurso, idas e vindas acontecem o tempo todo, replanejando a ação educativa, acertando os rumos a serem tomados, retomando o que for necessário para todo o grupo ou para alguns estudantes. Avaliar, nessa perspectiva, está profundamente conectado com o tipo de experiência que será ofertado aos estudantes, de qualquer faixa etária, para que os resultados sejam cada vez mais conectados às suas necessidades. A personalização (BRAY; MCCLASKEY, 2014) passa a ser um dos objetivos da utilização da avaliação como processo.

Estudos sobre personalização costumam gerar dúvidas e indicar certa impossibilidade de implementação quando nos deparamos, por exemplo, com a quantidade de estudantes em sala de aula e pensamos em professores que lecionam para muitas turmas, às vezes em mais de uma instituição de ensino. Além disso, uma recente pesquisa (PANE et al., 2017) realizada em escolas que indicavam a personalização como uma de suas principais estratégias nos últimos dois anos demonstrou dificuldade na identificação de quais abordagens envolvendo personalização eram utilizadas nas instituições e, por esse motivo, não apresentou resultados conclusivos. Conceituar personalização, nesse caso, seria uma das principais necessidades. O que estamos considerando ao falar em personalização? Qual é, efetivamente, o papel dos estudantes e dos educadores?

Uma das possíveis definições está alinhada com a proposta de Miliband (2006, p. 24), ao afirmar que personalizar não é um retorno às teorias de aprendizagem centradas no aluno; não é abandonar o currículo ou os objetivos de aprendizagem desenhados para determinado ano ou segmento de ensino, nem deixar que os alunos aprendam por si só; tampouco significa deixar que eles escolham o caminho de aprendizagem que querem seguir, por sua própria conta e risco. A proposta está centrada no desenho do percurso educacional de acordo com um contexto que faça sentido aos alunos, por meio da oferta de experiências de aprendizagem que estejam alinhadas às necessidades educacionais, habilidades e competências, possíveis de contemplar dentro de um campo de experiência indicado para a faixa etária e que, de alguma forma, favoreçam o protagonismo e o desenvolvimento da autonomia. Personalização está relacionada, nesse aspecto, à identificação das reais necessidades de aprendizagem dos estudantes, individual e coletivamente, e das intervenções que o educador realizará no sentido de possibilitar que seus alunos aprendam mais e melhor. Dois elementos são essenciais nesse aspecto: o desenho de experiências que possam oferecer oportunidades de uma aprendizagem personalizada e uma avaliação que torne visível a aprendizagem para que, a partir dela, possam ser desenhadas novas experiências de aprendizagem.

Desenhar experiências de aprendizagem transforma o papel do professor, que deixa de ser alguém que transmite conteúdos e verifica se eles foram apreendidos e passa a ser um *designer* de percursos educacionais. Para desenhar esses percursos, é importante que o educador tenha em mãos dados que são obtidos por meio de uma avaliação formativa, digital ou não, e que podem incluir plataformas adaptativas, questionários *on-line*, além de observação, discussão e interação "olho no olho". Diversas pesquisas (BACICH; TANZI NETO; TREVISANI, 2015; BACICH; MORAN, 2018) têm enfatizado esse olhar para a personalização, em que os estudantes podem ser estimulados a entrar em contato com diferentes experiências de aprendizagem, aquelas de que necessitam, porque têm dificuldade, e aquelas que podem oferecer-lhes oportunidade de ir além, pois não estão relacionadas às suas dificuldades, mas às suas habilidades. Essas experiências podem envolver diferentes elementos, digitais ou não, que favoreçam a comunicação, a colaboração, a resolução de problemas, o pensamento crítico.

A personalização ocorre quando, ao entrar em contato com diferentes experiências, desenhadas de acordo com as necessidades identificadas em toda a turma, os estudantes são envolvidos em propostas que fazem sentido para eles. Além disso, constroem conhecimentos coletivamente, interagindo com seus pares. O professor, nesse momento, não está mais na frente da turma, mas ao lado de grupos de alunos, ou acompanhando uma das experiências que considera mais desafiadora, por exemplo. Cabe ressaltar que, ao se organizar essas experiências com turmas grandes, alguns alunos podem não identificar a necessidade conceitual de determinada experiência; o que ocorre é que elas devem ser desenhadas não tendo apenas o foco conceitual, mas envolvendo objetivos procedimentais e atitudinais.

A avaliação inicial é o momento que precede o trabalho a ser realizado com os estudantes e que oferece subsídios para elaborar as experiências de aprendizagem. Mais do que um diagnóstico para a compreensão sobre de onde deve partir a ação educativa, Russell e Airasian (2014) defendem componentes importantes nessa fase: em primeiro lugar, a identificação, por parte dos professores, dos conteúdos e das habilidades que compõem o currículo determinado para aquela disciplina, a fim de que possam ser evidenciados os objetivos de aprendizagem. Apesar de parecer óbvio, nem sempre os objetivos de aprendizagem são suficientemente claros ao professor quando inicia a ação educativa, e essa fase pode colaborar com esse esclarecimento. Em seguida, são estipuladas, pelo professor, as evidências que ele pretende obter e que se conectam com o plano de atividades que será realizado com o propósito de atingir os objetivos de aprendizagem, viabilizado em um plano de aula elaborado com esse fim.

> [...] que os professores desenvolvam uma compreensão do estado atual de conhecimento e das habilidades dos seus alunos, seus estilos preferidos de aprendizagem, comportamentos típicos em sala de aula, interesses e desinteresses e relações de trabalho com seus colegas. (RUSSELL; AIRASIAN, 2014, p. 308).

Assim, afirmam os autores, recursos como a elaboração de questionários *on-line* para o levantamento dessas informações são uma ferramenta poderosa para tornar ágil um processo que também poderia ser feito com a utilização de recursos não digitais; porém, os "[...] levantamentos eletrônicos ajudam a economizar muito do tempo que seria gasto organizando e resumindo as respostas dos estudantes" (RUSSELL; AIRASIAN, 2014, p. 311). O uso de formulários do Google[2] ou de Survey Monkey,[3] por exemplo, organiza a coleta de dados e oferece relatórios com informações como a porcentagem de alunos que escolheu determinada resposta. Com essas informações em mãos, é possível pensar em estratégias de organização dos alunos, favorecendo ações de personalização do ensino. A observação em sala de aula do desempenho dos estudantes durante as atividades pode ser, nesse sentido, aprimorada com o emprego de planilhas de acompanhamento.

O uso de recursos digitais na avaliação diagnóstica pode agilizar o processo em aulas que têm, na maioria das instituições de ensino, prazos inflexíveis, sinalizados por uma campainha, uma sirene que avisa a todos, professores e estudantes, que é hora de trocar de assunto, trocar de "aula". Contudo, é sempre importante que o professor tenha oportunidade de compartilhar com os estudantes o resultado desse levantamento e, de certa forma, dividir com eles a responsabilidade sobre os objetivos e as metas do processo de ensino e aprendizagem.

---

[2] Disponível em: http://www.google.com/forms/about/.
[3] Disponível em: http://pt.surveymonkey.com/.

Segundo Bray e McClaskey (2014), diferentemente de um ambiente de ensino e aprendizagem "individualizado", em que as necessidades do aluno são identificadas por meio de avaliações e as aulas são adaptadas para cada aluno, ou de um ambiente de ensino e aprendizagem "diferenciado", em que os alunos são identificados com base em seus conhecimentos ou habilidades específicos em uma área e o professor organiza esses alunos em grupos por afinidades para atendê-los melhor, em um ambiente de aprendizagem "personalizado", o aprendizado começa com o aluno. O estudante tem oportunidade de identificar como aprende melhor, e os objetivos de aprendizagem são organizados de forma ativa, juntamente com o professor. Essa forma de conduzir a aprendizagem deve estar embasada em uma boa avaliação, que ofereça oportunidade, segundo Campione (2002), de destacar as forças e as fraquezas que um indivíduo ou um grupo apresenta, de modo que seus resultados sejam traduzidos em uma reformulação do programa educacional, orientando para uma análise do processo, e não do produto.

A avaliação que se situa no centro da ação de formação é chamada de formativa (ZABALA, 1998; HADJI, 2001). Assim, o processo vai sendo ajustado no percurso, e o tempo todo a avaliação tem um papel diagnóstico (ou prognóstico, como afirma Hadji) e considera idas e vindas, ou seja, o processo vai sendo revisto, reajustado e regulado para atender às necessidades dos estudantes: "É a intenção dominante do avaliador que torna a avaliação formativa" (HADJI, 2001, p. 20). Os recursos digitais também podem ser utilizados durante o processo (RUSSELL; AIRASIAN, 2014), oferecendo condições de avaliação reguladora ou formativa, uma vez que proporcionam estratégias para saber mais sobre os estudantes enquanto a aprendizagem ocorre, não apenas ao término dos processos intermediários que compõem o objetivo de aprendizagem mais amplo, mas durante, identificando e agindo em relação às ideias apresentadas pelos estudantes, registrando os avanços e fornecendo *feedback* imediato, entre outras ações possíveis.

A avaliação somativa, ou final, apresentará ao professor o panorama de suas conquistas com o grupo de estudantes e, se necessário, oferecerá condições para ele rever sua atuação, retomando aspectos que não avançaram de forma adequada. A avaliação final, então, possibilitará novos momentos de ajuste da trilha de aprendizagem e, podemos dizer, funcionará como um diagnóstico para a próxima etapa a ser seguida.

Diferentes teorias de aprendizagem podem auxiliar nessa reflexão sobre a avaliação. A teoria histórico-cultural, uma vez que valoriza o papel do educador e dos pares como mediadores na construção de conhecimento, bem como considera a colaboração e a investigação como essenciais na construção de conceitos, será apresentada, a seguir, como um embasamento teórico para os formatos de avaliação que consideramos em abordagens STEAM.

COMO AS TEORIAS DE APRENDIZAGEM AJUDAM A COMPREENDER A AVALIAÇÃO?

Avaliar com o propósito formativo alinha-se à visão de Vygotsky em relação à zona de desenvolvimento próximo[4] (ZDP): a distância entre aquilo que o estudante é capaz de fazer sozinho e aquilo que ele faz com ajuda e, em breve, será capaz de realizar autonomamente. O que o estudante é capaz de fazer com ajuda de um adulto ou de outro estudante indica muito mais seu "nível" de desenvolvimento do que a constatação daquilo que ele já sabe fazer sem ajuda (VYGOTSKY, 2001a). Quando é feita referência às habilidades independentes do estudante, àquilo que ele realiza sem ajuda e é capaz de fazer de forma independente, estamos nos referindo ao nível de desenvolvimento real, de onde deve partir a ação educativa. É possível estabelecer uma relação entre o desenvolvimento real e os conceitos já construídos. A partir do momento em que o educador identifica aquilo que o estudante é capaz de realizar sozinho, e isso pode ser feito por meio de uma avaliação diagnóstica, a ação educativa pode ter início, pois o ensino deve ser prospectivo, promovendo avanços e indo além daquilo que já está construído. As experiências de aprendizagem funcionam como andaimes, *scaffolding*, como apresentado por Bruner em seus estudos, em que a ação mediada do educador funciona como um suporte para que os estudantes atuem na ZDP e favoreçam o avanço conceitual.

> O conceito de zona de desenvolvimento proximal é de extrema importância para as pesquisas do desenvolvimento infantil e para o plano educacional, justamente porque permite a compreensão da dinâmica interna do desenvolvimento individual. Através da consideração da zona de desenvolvimento proximal, é possível verificar não somente os ciclos já completados, como também aqueles em via de formação, o que permite o delineamento da competência da criança e de suas futuras conquistas, assim como a elaboração de estratégias pedagógicas que auxiliem esse processo. (REGO, 2004, p. 74).

A aprendizagem pode, então, traduzir-se na criação de ZDPs: a aprendizagem favorece o desenvolvimento e, consequentemente, a formação de conceitos ou a possibilidade de avanços conceituais. Veer e Valsiner (1996) comentam sua

---

[4] Optou-se pela utilização da expressão "zona de desenvolvimento próximo", em vez de "proximal", como é frequentemente usada. O motivo dessa opção é a observação feita pelo tradutor de *A construção do pensamento e da linguagem*, Paulo Bezerra, que se refere à tradução correta do adjetivo *blijáichee*, como "proximal", que significa "o mais próximo, 'proximíssimo', imediato". O termo "proximal", utilizado em português, parece ser antagônico ao termo "distal", empregado em medicina, mas, mesmo assim, não contempla a definição mais adequada para *blijaichiego razvitia*. Porém, serão respeitadas as formas adotadas pelos diferentes autores, quando referenciadas no texto.

importância quando pensamos a ZDP como referência para situarmos a incidência da ação pedagógica. Uma vez que o sujeito é capaz de realizar, com ajuda, alguma coisa, pode-se supor, dialeticamente, que o produto dessa ação, quando realizada sem ajuda, será diferente do produto da ação quando mediada pelo adulto ou par mais experiente. Dessa forma, ao interagir com o parceiro mais experiente, a criança tem a possibilidade de rever suas concepções e internalizar o que julgar mais adequado ou o que lhe fizer mais sentido.

O nível de desenvolvimento real compreende produtos finais do desenvolvimento, funções que já foram apropriadas pelo sujeito, enquanto a ZDP compreende aquelas ações que estão em vias de serem formadas. A partir do momento em que ocorrer essa nova apropriação, considera-se que ocorrerá a formação de novo nível de desenvolvimento real, aguardando novas situações potenciais de desenvolvimento, novas ações que incidam na ZDP.

Chaiklin (2003, 2011) aponta que a ZDP tem a função de identificar os tipos de funções psicológicas que estão em maturação e, portanto, são necessários para a transição de um nível de desenvolvimento ao outro e, também, de identificar o momento atual, o nível de desenvolvimento real, aquele que possibilita a mudança, a transição. Nessa perspectiva, o autor afirma que a

> Zona de desenvolvimento próximo é uma forma de se referir tanto às funções que estão se desenvolvendo ontogeneticamente em um dado (objetivo) período etário quanto ao estado atual de desenvolvimento de uma criança em relação às funções que idealmente precisam ser realizadas (subjetivamente). Neste sentido, a zona de desenvolvimento próximo é uma descoberta tanto teórica quanto empírica. (CHAIKLIN, 2011, p. 667).

Identificar quais são as funções que estão se desenvolvendo ontogeneticamente em dado período, ou seja, quais são os conceitos científicos, ou acadêmicos, objetivamente construídos pelo sujeito, deve ser o ponto de partida para a análise das funções que idealmente precisam ser realizadas, e essa é uma noção subjetiva, pois se trata de uma intenção, não de uma constatação. Cabe ressaltar que essas funções esperadas como construídas ou em vias de construção são determinadas histórica e culturalmente. Ou seja, em cada sociedade, de acordo com cada cultura, as condições são objetivamente determinadas, e, portanto, não há uma regra de funções psicológicas que devem ser esperadas em cada faixa etária, mas uma convenção social em relação a essas funções.

A relação entre o sujeito e os objetos de conhecimento não é, portanto, uma relação direta, mas uma relação mediada. Por meio das relações mediadas entre o sujeito e o meio ocorre o processo de internalização. Segundo Vygotsky (2003, p. 75), "[...] uma operação que inicialmente está representando uma atividade externa é reconstruída e começa a ocorrer internamente". Nesse processo, um fenômeno que é interpsicológico, ou seja, que ocorre no nível social, entre as pessoas, passa a ocorrer no interior do sujeito e a ser, portanto, um fenômeno intrapsicológico. Segundo o autor, "[...] isso se aplica igualmente para a atenção voluntária, para a memória lógica e para a formação de conceitos" (VYGOTSKY, 2003, p. 75). Porém, deve ficar claro que essa transposição do interpessoal para o intrapessoal não é imediata, mas ocorre ao longo do desenvolvimento, transformando-se nesse percurso, até que o fenômeno seja internalizado.

A cultura em que o sujeito está inserido, muito mais do que as características biológicas, é responsável pelo desenvolvimento cognitivo. Segundo Veer e Valsiner (1996, p. 235), "[...] Vygotsky selecionou aspectos da cultura relacionados à tecnologia para a comparação de culturas, pois a tecnologia havia mudado radicalmente a aparência das culturas ocidentais, ao passo que nenhum progresso era evidente em outros aspectos da cultura".

O desenvolvimento pode ser considerado, nessa perspectiva, como resultado da apropriação das ferramentas, materiais e simbólicas, que fazem parte da cultura. O desenvolvimento histórico dessas ferramentas, portanto, passa a refletir o desenvolvimento cognitivo e social de um grupo. "O homem moderno suplantou seus precursores por meio de (1) seu domínio superior sobre a natureza através da tecnologia e (2) seu controle aperfeiçoado sobre si mesmo através da 'psicotecnologia'" (VEER; VALSINER, 1996, p. 242).

As mudanças das ferramentas culturais, com o uso de tecnologias da informação e da comunicação, por exemplo, supõem mudanças na orientação do desenvolvimento social e cognitivo dos sujeitos de determinado momento histórico. Os procedimentos culturais, como a linguagem, são considerados, por Vygotsky, como instrumentos culturais que auxiliam e contribuem com o desempenho intelectual e, consequentemente, com a formação de conceitos.

Vygotsky (2001a) acredita que a formação de conceitos é um processo que tem início na infância, desde as primeiras relações do sujeito com o meio histórico e cultural em que está inserido, e que alcança sua plenitude na puberdade, com a maior possibilidade de abstração. São considerados os seguintes estágios de formação de conceitos: inicialmente, o estágio do sincretismo, em que o agrupamento dos objetos é feito com base em caracteres perceptuais irrelevantes (p. ex., os objetos são organizados por estarem próximos uns dos outros, e não de acordo com um atributo que os aproxime); em seguida, a criança passa a pensar por "complexos", estabelecendo ligações entre os objetos e os conceitos já internalizados.

A formação de conceitos realiza-se, sempre, na e pela relação dialética entre o sujeito e o meio em que este está inserido. Sua formação é eminentemente social, a despeito de depender, também, da maturação do sistema nervoso central. Conceituar, além de pressupor a união de elementos isolados, presentes no pensamento por complexos, envolve a capacidade de abstração e de generalização, algo que vai muito além de nomear a partir das aparências externas.

Vygotsky (2001a, 2001b) identificou duas categorias de conceitos: os conceitos científicos e os conceitos cotidianos. O conceito cotidiano é adquirido pela criança de forma assistemática, apresentado pelos adultos que convivem com ela sem uma intenção educativa; é resultado, portanto, de uma ação mediada por um indivíduo mais experiente.

A distinção entre conceitos cotidianos e científicos é central para uma análise histórico-cultural. Os conceitos cotidianos são puramente denotativos, sendo definidos em termos das propriedades perceptivas, funcionais ou contextuais de seu referente. Já os conceitos científicos se relacionam aos objetos, desde o início, de forma mediada por algum outro conceito; sua assimilação só é possível por meio de outros conceitos anteriormente elaborados (PANOFSKY, 1996). Conceituar é um ato de generalização. Generalizações elementares vão sendo substituídas por generalizações de níveis mais elevados até formar verdadeiros conceitos.

Os conceitos têm, portanto, origens diferentes, mas interagem: enquanto os conceitos cotidianos são formados a partir das relações do indivíduo com o meio físico e social em que está inserido, os conceitos científicos formam-se a partir da ação educativa sistemática e intencional e baseiam-se nos conceitos cotidianos, ou seja, dependem dessa rede conceitual para serem assimilados. Quando assimilados, os conceitos científicos modificam a estrutura conceitual de cima para baixo, influenciando os conceitos cotidianos já constituídos. A construção de conceitos científicos leva ao uso deliberado de operações mentais que relacionam os conceitos entre si e reforçam a importância da educação para o desenvolvimento mental. Vygotsky (2001a, 2001b) defende que os conceitos científicos não se desenvolvem como os cotidianos e que o curso de seu desenvolvimento não repete as vias de desenvolvimento dos conceitos cotidianos.

De acordo com Veer e Valsiner (1996, p. 303): "O tipo novo e superior de pensamento (o pensamento em conceitos científicos), portanto, não se baseia em uma ligação fundamentalmente nova com o mundo dos objetos, mas em uma reconceitualização do conhecimento existente". A partir do momento em que a criança tem consciência dos conceitos científicos construídos, ela é capaz de utilizá-los de forma arbitrária, o que lhe garante certa autonomia conceitual. De que maneira ocorre essa conscientização do conceito? A sistematização é um fator essencial para que a conscientização ocorra, pois, por meio do estabelecimento intencional de relações entre os conceitos, é possível perceber a abrangência de cada conceito e sua posição hierárquica na rede conceitual. A conscientização favorece a utilização arbitrária do conceito – daí a importância do ensino formal.

A sistematização pressupõe a interação entre os conhecimentos já construídos pelos estudantes e aqueles que são os objetivos da ação educativa. Porém, quais mecanismos garantem uma sistematização adequada à formação de conceitos científicos? A memorização de informações não pode ser considerada como garantia para a formação de conceitos, pois estes só serão considerados como apropriados pelo sujeito quando ele fizer uso deles em diferentes situações. Vygotsky (2001a) critica a transmissão de conceitos sem o estabelecimento de relações com aqueles conceitos já formados, afirmando que "a experiência pedagógica nos ensina que o ensino direto de conceitos sempre se mostra impossível e pedagogicamente estéril" (VYGOTSKY, 2001a, p. 247). Apenas quando os conceitos científicos, formados com a mediação do educador, passam a fazer parte do repertório de conceitos do aluno é que podemos afirmar que houve avanço conceitual, e é papel da avaliação, em um viés formativo, coletar evidências desse avanço.

Leontiev (1983) afirma que não são os conceitos que determinam o desenvolvimento da consciência, e sim a atividade real. Para o autor, a atividade é a forma como o sujeito se relaciona com o mundo. Ele diferencia ação e atividade, identificando a ação como parte da atividade; elas se diferenciam por sua relação específica com o motivo (atividade) e com o objetivo (ação). Uma mesma ação pode fazer parte de diferentes atividades, assim como pode passar de uma atividade para outra. Leontiev determina a ação como um processo orientado, impulsionado não por seu objetivo, e sim pelo motivo da atividade que a ação dada realiza.

Dessa forma, segundo Leontiev, o conceito, entendido como formação psicológica, é produto da atividade. No processo de ensino e aprendizagem, a prática deve ser organizada por meio de situações em que o objetivo (ação) seja suficientemente claro para possibilitar que, por meio da atividade, aconteçam avanços conceituais. Nuñez (2009, p. 69) comenta que, para Leontiev, "[...] a atividade conceitual na criança não surge porque ela domina o conceito, mas, pelo contrário, domina o conceito porque aprende a agir conceitualmente, ou seja, a prática é conceitual".

A Teoria da Atividade constitui-se, assim, como um importante recurso metodológico para o planejamento de estratégias de ensino ao possibilitar uma análise do conteúdo da atividade, pois encoraja o educador a "[...] delimitar a estrutura de seus componentes principais e as relações funcionais que entre eles se estabelecem" (NUÑEZ, 2009, p. 71).

A realização de atividades investigativas, como proposto no STEAM, poderia, de alguma forma, contribuir para a formação de ZDPs? Como percebemos, a participação em uma experiência científica pode, sim, criar a possibilidade de o sujeito estabelecer novas relações entre sua apreensão de mundo e os fenômenos que só são percebidos se apresentados pelo educador. A investigação científica configura-se, nesse aspecto, como forma de lidar com novos e desconhecidos conceitos, a partir da colaboração do educador e dos pares. A suposição é a de que tais conceitos, se devidamente vinculados àqueles que os alunos já detêm, sejam internalizados, constituindo um novo nível de desenvolvimento real. Dessa forma, via mediação, atuação na ZDP, interação com pares e, fundamentalmente, sistematização, a escola será capaz de oferecer, aos indivíduos, o conhecimento científico historicamente acumulado. A ação educativa deve, portanto, ter objetivos claros e específicos, para que realmente seja possível promover avanços conceituais que possibilitem a construção de conceitos científicos.

A interpretação da Teoria da Atividade favorece o planejamento de estratégias de ensino ao possibilitar uma análise do conteúdo da atividade. A atividade pedagógica constitui-se, dessa forma, como elemento fundamental para o estudo da formação de conceitos. Torna-se relevante, portanto, verificar como o conceito de atividade de Leontiev pode fundamentar o trabalho do professor na organização do ensino. O processo de organização da atividade didática que decorre das pesquisas de Leontiev envolve novos contornos, complementares, quando analisado com foco no processo de internalização da atividade didática, como proposto por Galperin, e se conecta com a visão de avaliação que estamos apresentando neste capítulo.

Ao estudar a estrutura da atividade e o lugar que alguns processos psíquicos ocupam nessa estrutura, Galperin descreveu o mecanismo de interiorização das ações externas em internas. Ele considera que, no processo de ensino e aprendizagem, há um sistema de determinados tipos de atividades que levam o estudante a adquirir novos conhecimentos, habilidades, etc. Além disso, o autor explica que a assimilação do conhecimento e, consequentemente, a formação de conceitos ocorrem em etapas fundamentais de sua formação, no sentido da passagem do plano da experiência social para o plano da experiência individual.

> O vínculo interno que existe entre atividade e os novos conhecimentos e habilidades reside no fato de que, durante o processo de atividade, as ações com os objetos e fenômenos formam as representações e conceitos desses objetos e fenômenos. (GALPERIN *apud* NUÑEZ, 2009, p. 93).

O processo de internalização desenvolve-se de acordo com um sistema de parâmetros: a forma como a ação se apresenta – se é material, oral, perceptiva; o grau de generalização da ação e a possibilidade de ela ser realizada individualmente; e, consequentemente, o grau de domínio do indivíduo na realização da ação (TALIZINIA, 1973, p. 254). Quando estamos pensando nesse domínio em relação à ação, precisamos ter clareza das evidências que iremos coletar e como elas se inserem no momento de *feedback* que pretendemos realizar. O esquema apresentado na Figura 8.1 representa as etapas de assimilação de uma habilidade de acordo com Galperin.

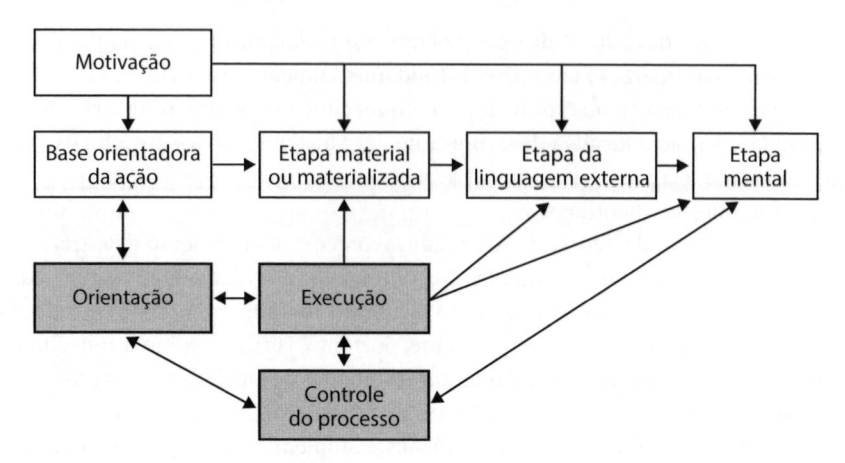

Figura 8.1 Representação das etapas de assimilação de uma habilidade segundo Galperin.
Fonte: Nuñez (2009, p. 98).

A etapa de motivação, ou motivacional, precede o processo. Nessa etapa, por meio de uma situação-problema, uma vinculação com a experiência diária, um contexto, os alunos podem se preparar em relação à ação. Trata-se de uma fase de conhecimento preliminar à ação e que, de certa forma, estimula a identificação dos motivos que levam à realização de determinada ação. No STEAM, como já apresentado em momentos anteriores, essa etapa pode ser relacionada com o contexto, o momento em que o estudante é apresentado ao tema e que, de certa forma, pressupõe a ancoragem do que será trabalhado no projeto.

A Base Orientadora da Ação (BOA) constitui um projeto da ação e reflete todas as partes estruturais e funcionais da atividade (a orientação, a execução e o controle). A BOA expressa o conjunto de condições necessárias para apoiar o sujeito no exercício da ação e está envolvida em um processo de elaboração conjunta do conhecimento, realizado entre estudante e professor, que busca se aproximar da ZDP (FARIÑAS LEÓN, 1999). A construção de uma BOA supõe a compreensão e a análise das situações-problema, a identificação do conteúdo conceitual (invariante do conhecimento), a determinação do procedimento geral (invariante do procedimento) e a forma de representar a resolução para aquele conjunto de ações relacionadas à resolução do problema.

Na etapa material ou materializada, o estudante realiza a ação de forma externa, adquirindo seu conteúdo. Na forma material, o próprio objeto servirá de estudo, e, na forma materializada, servirá como estudo um modelo ou uma representação do objeto de assimilação. A etapa se refere à execução da ação, acompanhada pelo professor, que ocorre em um trabalho com pares ou em grupos. Para realizar essa etapa, o aluno baseia-se nos esquemas elaborados na BOA.

Na próxima etapa, da linguagem externa, o conteúdo da ação será externalizado, na forma oral ou escrita, e sofrerá alterações e avanços de acordo com as generalizações alcançadas até o momento. Nessa etapa, como abordaremos a seguir, instrumentos de avaliação podem ser utilizados para que, de maneira formativa, a avaliação no STEAM priorize a compreensão. Por último, na etapa mental, a ação é realizada sob a forma de expressão interna, abreviada tanto quanto possível.

A forma mental da ação é a etapa final no processo de transformação da nova ação de externa para interna.

> A passagem pelas etapas de assimilação de um conceito [...] que se oriente não somente para a definição do conceito mas também para a sua aplicação, obrigando, portanto, a trabalhar as características essenciais do conceito, é uma via para a formação de abstrações e generalizações, sob a forma de conceitos científicos. (NUÑEZ, 2009, p. 116).

Cabe apresentar uma justificativa de Gloria Fariñas León, orientanda de Galperin na cátedra de Moscou, sobre as críticas que, em alguns momentos, ocorrem em relação a essas etapas. A autora afirma que o objetivo fundamental de Galperin não é apresentar uma sucessão de etapas que devem ser seguidas e reproduzidas literalmente, mas esclarecer as inter-relações com a gênese do processo de formação das ações mentais, que é de importância fundamental para a compreensão do processo de aprendizagem e, portanto, da educação (FARIÑAS LEÓN, 1999). Esse aspecto é reforçado por Arievitch (2007), ao afirmar que esse processo de internalização não é um procedimento pedagógico, mas uma abordagem fundamental para explorar como um novo processo psicológico, ou seja, uma ação mental, emerge de um fenômeno "não psicológico", de uma ação "material". Nessa perspectiva, a organização da atividade didática que se articula em projetos, no STEAM, pode favorecer a ocorrência desse processo, considerando a oferta de oportunidades para que os conceitos se formem.

Kozulin e Presseisen (1995) afirmam que há uma diferença qualitativa entre a aprendizagem baseada em exposição direta aos estímulos, que eles denominam aprendizagem direta, e a aprendizagem mediada por pares mais experientes, como enfatizamos na ABP e, em particular, no STEAM. Se entendermos o processo de aprendizagem como aquele que impulsiona o desenvolvimento, e que aprender se relaciona com o processo de formar conceitos, a sistematização e, consequentemente, a generalização dependem de uma ação educativa planejada, de uma mediação eficiente. Segundo os autores, reportando-se às conclusões de Vygotsky (2003), há três principais classes de mediadores: ferramentas materiais, ferramentas psicológicas e outros seres humanos. As ferramentas materiais são externas e influenciam indiretamente o sujeito porque, apesar de voltadas para os processos da natureza, sua utilização eficiente exige certo desenvolvimento cognitivo, uma vez que seu uso pressupõe comunicação interpessoal e representação simbólica. As ferramentas psicológicas, por sua vez, medeiam relações entre os seres humanos e os próprios processos psicológicos – por exemplo, contar utilizando nós em uma corda, como foi feito nos primeiros sistemas de contagem; nesse caso, os nós funcionam como recurso mnemônico externo que exige representação simbólica e, portanto, atuam como ferramenta psicológica. Por fim, a terceira classe de mediadores é aquela que ocorre na relação com o outro, quando Vygotsky (2003) afirma que os fenômenos ocorrem inicialmente na relação entre as pessoas, são fenômenos interpsicológicos, para, então, serem apropriados, fenômenos intrapsicológicos, e começarem a fazer parte do repertório do sujeito.

Para isso, diferentes aspectos precisam ser considerados ao construirmos processos avaliativos no STEAM. A avaliação formativa possibilita a mediação no STEAM à medida que favorece a identificação de evidências atreladas aos objetivos de aprendizagem que se pretende atingir em um projeto.

Construindo processos avaliativos no STEAM

A avaliação formativa considera o fornecimento de informações para o professor, que tem condições de ajustar o processo, como afirmamos no início deste capítulo, mas deve focar, primordialmente, no estudante, que terá condições de repensar sua relação com as experiências de aprendizagem propostas e, sobretudo, realinhar a rota, se for necessário. Por esse motivo, nas propostas que envolvem o STEAM e a ABP, os momentos de *feedback* são constantes. O *feedback* pode ocorrer na relação professor/estudante, estudante/professor e estudante/estudante. Esse olhar para todas as pessoas envolvidas possibilita a existência dos diferentes tipos de *feedback*. Hattie e Timperley (2007) mencionam quatro tipos de *feedback*: em primeiro lugar, aquele que afirma se o trabalho realizado está certo ou errado e sugere o que deve ser feito para melhorá-lo (*feedback* sobre a tarefa); o segundo tipo está relacionado ao processo de realização da tarefa, e a orientação está relacionada ao que deve ser feito para o processo ser mais eficiente (*feedback* sobre o processo); o terceiro tipo tem função de autorregulação e questiona o estudante sobre sua ação, fazendo-o refletir sobre ela, como ocorre em uma autoavaliação (*feedback* sobre a autorregulação); o quarto tipo de *feedback* é aquele que valoriza o sujeito, encorajando-o a dar continuidade ao seu trabalho (*feedback* sobre o *self*). Podemos considerar que uma organização do espaço e da atividade didática nas práticas STEAM que forneça oportunidade de o professor estar mais próximo de grupos menores de estudantes será essencial para o exercício dos níveis de *feedback* comentados pelos autores e possibilitará momentos de colaboração e de *feedback* entre os pares.

Retomando essa visão de *feedback* na perspectiva de Bray e McClaskey (2014), em um ambiente de aprendizado individualizado, a aprendizagem tende a ser menos autônoma. Professores fornecem instruções individualmente, e o aluno não interfere em seu projeto de aprendizagem; o *feedback*, portanto, apenas informa ao professor os próximos passos a seguir. Em uma sala de aula diferenciada, da mesma forma, os alunos podem ter uma postura menos autônoma no processo. Os professores modificam as estratégias, apresentando o mesmo conteúdo para diferentes estilos de aprendizagem de seus alunos, mas estes ainda recebem informações prontas, sem interferência no processo. Ainda segundo os autores, quando um estudante personaliza sua aprendizagem, ele tem conhecimento das expectativas de aprendizagem e passa a atuar em parceria com o professor, ativamente, dirigindo seu processo e escolhendo uma forma de aprender melhor, em seu próprio ritmo e tempo, traçando o percurso mais adequado; nesse aspecto, ter momentos para discutir com o professor o andamento do projeto por meio de estratégias que priorizam o *feedback* é essencial. Cabe ressaltar que muitas variáveis podem estar envolvidas nesse processo, como a idade do aluno, suas experiências anteriores e a forma como lida com as ações de ensino propostas em sala de aula. Colocar a perspectiva de personalização de ensino em prática não significa apenas dar a chance de escolha ao aluno para que ele decida seu percurso e afirmar que, com essa oportunidade, ele irá aprender mais e melhor. Mais do que isso, significa oferecer condições para que o percurso seja compartilhado, para que as decisões sobre os próximos passos possam ser tomadas de forma conjunta, entre estudante e educador, e para que as ações mentais envolvidas no processo ocorram com algum tipo de intervenção do estudante, não apenas com a recepção de um plano de ensino que contemple somente aquilo que o educador considera ser essencial para o aprendizado de determinada área do conhecimento. Ter uma linha central que indique o que deve ser requisito fundamental para a compreensão de dado conteúdo é importante, porém, sem um conhecimento das necessidades dos estudantes, o currículo torna-se arbitrário e não considera o aluno como centro do processo. Um processo de personalização que realmente atenda aos estudantes requer que eles, junto com o professor, possam delinear seu processo de aprendizagem, selecionando os recursos que mais se aproximem de sua melhor maneira de aprender. Darling-Hammond e Bransford (2019, p. 239) afirmam, nesse sentido, que a avaliação deve ser conduzida como parte de "atividades de aprendizagem significativas. Geralmente, isso significa que as tarefas de ensino e avaliação se fundem em uma só". Os autores afirmam, ainda, que:

O modelo de avaliação formativa, consistente com a literatura cognitiva, mostra que o *feedback* é mais eficaz quando se concentra em qualidades particulares do trabalho de um aluno em relação aos critérios estabelecidos, identifica pontos fortes e fracos e fornece orientação sobre o que fazer para melhorar. (DARLING-HAMMOND; BRANSFORD, 2019, p. 246).

Diante dessas concepções, vamos apresentar os formatos que podemos incluir na avaliação das propostas STEAM envolvidas com a ABP. Alguns formatos de avaliação são mais evidentes nas aulas que envolvem a ABP do que outros, e é sobre eles que iremos tratar a seguir. É importante analisarmos que, ao avaliar o impacto com foco na aprendizagem, mais do que aspectos conceituais, ao resolver problemas, trabalhar em grupo com um propósito e focar em aspectos que envolvem a relevância e a aplicação dos conhecimentos, estamos lidando também com questões que consideram as atitudes e que demandam certa dose de autorregulação de procedimentos no desenvolvimento da autonomia. Explicitar que buscamos desenvolver protagonismo e autonomia nas práticas que envolvem a ABP e o STEAM, inseridas no bojo das metodologias ativas, não significa dizer que os estudantes, por si só, atingirão esses objetivos como metas pessoais se os professores, como responsáveis pela trilha de aprendizagem que está sendo construída, não se detiverem a construir experiências avaliativas que consigam auxiliar o grupo nesse processo. Nesse sentido, os instrumentos utilizados para coletar as evidências, como apresentado ao analisarmos o planejamento reverso, podem ser os mais variados, mas devem, sobretudo, estar conectados a um modelo de avaliação que considera o aluno no centro do processo. A avaliação vai considerar aspectos individuais, como reflexões pessoais ou autoavaliação, avaliação por pares, além da avaliação feita pelo professor, que, apesar de assumir um papel de mediação quando consideramos metodologias ativas como os projetos STEAM, tem uma atuação como par mais experiente e, quando focamos em analisar o impacto da aprendizagem, propor intervenções e implementá-las, seu papel na avaliação é muito importante. Vamos discutir, a seguir, alguns desses modelos.

Rubricas

As rubricas são os recursos avaliativos mais utilizados quando consideramos um modelo de avaliação formativa. Na literatura, esse é o formato mais comumente encontrado na ABP (BENDER, 2014) e, por esse motivo, consideramos que é o mais utilizado no STEAM.

Uma rubrica é um conjunto de expectativas ou critérios claros que favorecem a análise de desempenho em uma tarefa ou atividade, a partir de critérios organizados em níveis. Os níveis de desempenho devem ser confiáveis o suficiente para que os estudantes possam ter uma noção clara do que é esperado deles na realização de uma tarefa. As rubricas podem ser construídas pelo professor e apresentadas aos alunos no início ou no término de uma tarefa ou etapa de um projeto STEAM, mas o que temos considerado como uma melhor opção é a construção da rubrica feita por todos, estudantes e professor, no início de um projeto ou etapa, de modo a deixar evidente a todos quais as expectativas daquela tarefa. Construir coletivamente uma rubrica e acompanhar seu cumprimento de forma coletiva auxilia a autorregulação dos estudantes e favorece momentos de autoavaliação, nos quais será possível traçar planos sobre as ações que estes esperam exercer em momentos futuros.

Em uma rubrica analítica (Quadro 8.1), indicam-se os níveis de desempenho de cada um dos critérios, que podem ser referentes a objetivos conceituais, procedimentais ou atitudinais. O nível mais alto, que é a expectativa mais alta para a realização da tarefa, deve ser escrito na primeira coluna, logo após o critério. A escrita nesse formato favorece o olhar do estudante para o que se espera como melhor resultado possível do referido critério. Optar por uma quantidade par de critérios também favorece a autoavaliação, pois percebemos que, muitas vezes, alunos escolhem níveis intermediários de desempenho quando apresentam alguma dificuldade de se posicionar em uma autoavaliação. Quatro níveis de desempenho têm-se mostrado como uma quantidade adequada para não abreviar as expectativas, o que aconteceria se a opção fosse por dois níveis, ou ampliá-las demais, a ponto de não ser possível identificar distinções entre os níveis, como no caso de seis níveis.

Russell e Airasian (2014, p. 208) sugerem alguns passos para a construção de uma rubrica que foram considerados como orientação na redação desse exemplo e foram adaptados, a seguir, de acordo com nossa experiência nos projetos STEAM. Os passos são os seguintes:

1. Escolha um processo ou um produto que será avaliado por meio de uma rubrica – por exemplo, uma etapa do projeto ou a construção de um artefato, a pesquisa em diferentes referências ou o trabalho em grupo. Diferentes ações podem ser escolhidas, e, em uma rubrica analítica, apenas os critérios relacionados a essas ações serão considerados.

QUADRO 8.1 Rubrica analítica

Critérios	Níveis de desempenho			
	Ótimo	Muito bom	Bom	Regular
Contribuição para o grupo	Participante apresenta ideias que contribuem para o trabalho em dupla ou em grupo.	Participante apresenta poucas ideias que contribuem para o trabalho em dupla ou em grupo.	Participante raramente apresenta ideias que contribuem para o trabalho em dupla ou em grupo.	Participante não apresenta ideias que contribuem para o trabalho em dupla ou em grupo.
Atitude	Nunca critica publicamente, de forma negativa, o projeto ou o trabalho de outros. Sempre tem uma atitude positiva sobre a(s) tarefa(s).	Raramente critica publicamente o projeto ou o trabalho de outros. Muitas vezes tem uma atitude positiva sobre a(s) tarefa(s).	Ocasionalmente critica publicamente o projeto ou o trabalho de outros. Geralmente tem uma atitude positiva sobre a(s) tarefa(s).	Muitas vezes critica publicamente o projeto ou o trabalho de outros. Muitas vezes tem uma atitude negativa sobre a(s) tarefa(s).
Ação entre pares	Sempre ouve os outros, compartilha opiniões e se esforça em participar do grupo. Procura manter as pessoas trabalhando juntas.	Na maioria das vezes ouve os outros, compartilha opiniões e se esforça para participar do grupo.	Nem sempre ouve os outros ou compartilha opiniões. Precisa ser encorajado para participar do grupo.	Dificilmente ouve os outros ou compartilha opiniões, mesmo sendo encorajado para participar do grupo.
Coleta de dados	Os dados coletados durante o projeto estão bem organizados e são utilizados na construção do produto.	Os dados coletados durante o projeto estão parcialmente organizados e são utilizados na construção do produto.	Os dados coletados durante o projeto estão parcialmente organizados e não são utilizados na construção do produto.	Os dados coletados durante o projeto não estão organizados e não podem ser utilizados na construção do produto.

2. Defina critérios de desempenho para o processo ou o produto. No exemplo a seguir, o critério escolhido foi planejamento.

Critérios	Níveis de desempenho			
	Ótimo	Muito bom	Bom	Regular
Planejamento	O planejamento do grupo é organizado, e todos os membros desempenham um papel.	O planejamento do grupo é organizado, e a maioria dos membros desempenha um papel.	O planejamento do grupo não é muito organizado, e alguns membros desempenham um papel.	Não é possível identificar um planejamento, e o papel dos membros do grupo não é claro.

3. Decida o número de níveis de desempenho que serão considerados na rubrica. Como sugerido anteriormente, quatro ou seis níveis de desempenho são os mais adequados. Nesse exemplo de rubrica sobre planejamento, optou-se por quatro níveis.
4. Escolha os termos que serão utilizados nos níveis de desempenho, considerando a proximidade de campo semântico. Nomes mais voltados a processos escolares, como os que aparecem nessa rubrica, podem ser utilizados, mas outros, que apresentam nomenclaturas construídas de acordo com a escolha dos alunos, também podem ser escolhidos pelo educador ou definidos coletivamente com os alunos.
5. Redija a descrição do critério de desempenho mais alto de sua rubrica. Ele servirá como base para a escrita dos demais. Veja, no exemplo, que a mesma descrição que aparece no ótimo desempenho aparece nas demais, porém com alterações de amplitude no cumprimento da tarefa. Para garantir confiabilidade na redação dos níveis, não é possível acrescentar frases em um nível apenas, se estas não tiverem equivalência nos demais.

Critérios	Níveis de desempenho			
	Ótimo	Muito bom	Bom	Regular
Planejamento	O planejamento do grupo é organizado, **e todos os membros** desempenham um papel.	O planejamento do grupo é organizado, **e a maioria dos membros** desempenha um papel.	O planejamento do grupo não é muito organizado, **e alguns membros** desempenham um papel.	Não é possível identificar um planejamento, e **o papel dos componentes do grupo não é claro**.

As rubricas holísticas, diferentemente das analíticas, são utilizadas para fornecer informações sobre o desempenho geral em uma tarefa e, frequentemente, mesclam os critérios e níveis de desempenho, considerando pouca flexibilidade em analisar características distintas de um aluno. Por esse motivo, têm pouca aplicação quando a avaliação formativa avalia níveis diferentes de desempenho para critérios diferentes.

Quando as rubricas, construídas pelo professor, são apresentadas antes da realização da tarefa e retomadas com os alunos durante a execução da etapa do projeto ou da tarefa, ou seja, durante o processo, consideramos que a avaliação apresentará um caráter formativo e regulador mais eficiente do que se fosse apresentada apenas ao término da tarefa. Uma melhor utilização das rubricas é a construção coletiva, com os alunos e professores envolvidos na realização do projeto, garantindo maior compromisso de todos no cumprimento de critérios e no alcance de maiores níveis de desempenho. Outro ponto importante são as oportunidades de *feedback* que podem ser inseridas em momentos de gestão do projeto, ou seja, quando os estudantes, em diferentes momentos, retomam as rubricas, acompanhados pelos pares e pelo professor, e discutem suas metas, onde se encontram no processo e o que pretendem fazer para alcançá-las. Darling-Hammond e Bransford (2019) consideram que a definição de metas claras é um aspecto essencial para que todos se envolvam na aprendizagem. Os autores reforçam a importância da avaliação formativa, em que, a partir do momento em que todos têm conhecimento das metas e estão realizando atividades que as contemplem, podem ocorrer questionamentos, como a retomada das rubricas, para analisar em que ponto os estudantes estão e, então, podem ser apresentados *feedbacks* que forneçam informações, tanto ao professor quanto aos estudantes, de quais seriam os próximos passos a seguir (DARLING-HAMMOND; BRANSFORD, 2019, p. 238). Essas ações auxiliam o estudante a automonitorar o processo, internalizar os conceitos e exercitar a responsabilidade.

Além disso, como apresentado neste livro, cabe reforçar a ideia de planejamento reverso (*backward design*), proposta por Wiggins e McTighe (2019), na construção das rubricas. Quando pensamos em uma avaliação que é desenhada a partir das metas estabelecidas e nos perguntamos quais as evidências de que houve aprendizagem, ou seja, quais objetivos de aprendizagem propostos para determinado projeto ou determinada tarefa estão sendo realmente alcançados e, só a partir desse parâmetro, determinamos as experiências de aprendizagem, podemos tornar ainda mais significativo todo o processo.

Portfólios

O uso de portfólios físicos ou digitais é outra forma de avaliar os projetos STEAM inseridos em propostas que consideram a ABP. Um portfólio é um recurso que contém os resultados das tarefas realizadas pelos alunos em cada etapa do projeto e, para estar ainda mais atrelado à abordagem STEAM, considera os aprendizados dos alunos de forma a conectar os conhecimentos de ciências, tecnologia, engenharia, artes e matemática. Tabelas e gráficos, bem como a gestão da construção de um artefato, podem ser encontrados em um portfólio, e principalmente os relatos dos aprendizados, de forma reflexiva, podem colaborar para a avaliação formativa dos estudantes a partir do momento em que considerem exemplos intencionais de registros que possibilitem a compreensão, por parte de todos os envolvidos, dos avanços em relação aos objetivos de aprendizagem indicados para o projeto. Por esse motivo, como alertam Russell e Airasian (2014), informar aos alunos o propósito da realização do portfólio é fundamental, evitando que este seja um acumulado de produções sem um propósito claro. "Um portfólio é um registro de trabalhos específicos dos alunos, que demonstra objetivos de aprendizagem definidos. Esses objetivos devem ser determinados antes de o portfólio ser criado" (RUSSELL; AIRASIAN, 2014, p. 214). A avaliação por meio de portfólios também pode incluir o uso de rubricas que auxiliam o grupo a determinar o que será considerado como critério de aprendizagem do projeto e o que não precisa ser incluído no portfólio. Nesse momento, a construção coletiva de rubricas com os estudantes pode ser uma excelente estratégia.

Tornando visível a aprendizagem

Recursos como rubricas e portfólios tornam mais concretos os resultados de aprendizagem e facilitam a coleta de evidências. Quando trabalhamos com um projeto STEAM, no entanto, não precisamos, a todo momento, utilizar as rubricas, porque, se não forem bem utilizadas, ou utilizadas com tanta frequência a ponto de funcionarem apenas como um *checklist* ao término de uma atividade, deixam de cumprir o papel formativo que defendemos. Em certos momentos, durante um projeto, precisamos de algo mais imediato para levantar conhecimentos prévios ou para verificar o quanto a investigação realizada em uma etapa do projeto está conectada com aquilo que os estudantes estão construindo durante o processo. Nesse sentido, o uso de rotinas de pensamento pode ser eficaz ao coletar evidências de forma a tornar visível o pensamento dos estudantes. Tornar visível o pensamento significa empregar recursos que possam explicitar ou documentar aquilo que estamos pensando sobre algo: elaborar facilitações gráficas ou organizar conhecimentos em *post-its* podem ser formas escolhidas com esse propósito. Ao escolhermos rotinas de pensamento, colocamos em prática ações simples que podem ser utilizadas em diferentes contextos. Essas ações, com o uso rotineiro, auxiliam a visão crítica, reflexiva e aprofundada dos estudantes em relação a algo que estejam estudando, bem como ajudam na construção de artefatos ou no cumprimento das etapas propostas em um projeto STEAM. Segundo Tishman e Palmer (2005), uma característica importante das rotinas de pensamento é que elas incentivam o que os psicólogos cognitivistas consideram um processamento ativo, ou seja, em vez de solicitar que os alunos listem fatos, elas os incentivam a se envolver ativamente com um tópico, pedindo que pensem para além das aparências. Segundo as autoras:

> O pensamento visível muda a cultura da sala de aula. Quando um professor trabalha para tornar o pensamento visível, o clima na sala de aula torna-se mensurável. As exibições dos pensamentos e dos questionamentos dos alunos, as representações visíveis de suas ideias em desenvolvimento e até o tom de interação na classe enviam uma mensagem de que o pensamento é altamente valorizado. Nesse tipo de cultura da sala de aula, os alunos têm amplas oportunidades para expressar e explicar suas ideias. Isso os incentiva a ficarem mais alertas às oportunidades de pensar as coisas por si mesmos e os ajuda a se tornarem alunos ativos, curiosos e engajados. (TISHMAN; PALMER, 2005, p. 3, tradução nossa).

Vejamos alguns exemplos: a rotina *See-Think-Wonder* (O que eu vejo? O que eu penso sobre o que estou vendo? O que me impressiona ou o que eu me pergunto sobre isso?) faz os estudantes refletirem para além das aparências, e espera-se que, com o uso constante dessa rotina, intercalada com outras abordagens, essa forma de pensar sobre o que é apresentado aos estudantes seja sempre analisada em profundidade.

Na rotina *Know-Want to Know-Learn* (O que eu sei? O que eu quero saber? O que eu aprendi?), é possível fazer um levantamento de conhecimentos prévios no início de uma etapa de investigação de um projeto que utilize a abordagem STEAM. Ao identificarem e registrarem o que sabem sobre o assunto, estudantes e professor compreendem de onde está partindo o processo; ao levantarem o que querem saber, os estudantes estão tornando visíveis seus interesses sobre o tema, o que auxilia o professor no desenho de experiências de aprendizagem que possam estar mais bem conectadas com as necessidades de sua turma; e, durante o projeto, ao registrarem o que aprenderam, são consideradas a autorregulação, a autoavaliação e a conexão com as metas do projeto.

A colaboração e a construção de conhecimentos por pares são evidenciadas na rotina *Think-Pair-Share*. Ao solicitar que o estudante pense por alguns minutos sobre determinada questão, compartilhe esses pensamentos com um par e, só então, socialize as informações com toda a turma ou em pequenos grupos, é possível que a aprendizagem entre pares se torne evidente. Essa rotina pode ser utilizada em diferentes momentos de um projeto STEAM e pode ser feita oralmente ou com registros escritos. Importantes habilidades de escuta ativa e de colaboração podem ser evidenciadas nesse processo.

Muitas outras rotinas de pensamento podem ser utilizadas, podendo ser encontradas no *site* do Project Zero,[5] da Harvard Graduate School of Education. É possível traduzi-las e adaptá-las para os momentos de um projeto STEAM em que façam sentido como processo significativo de construção de conhecimento que articula ciência, tecnologia, engenharia, artes e matemática.

Autoavaliação

Estimular nos estudantes o hábito de refletir sobre o processo pelo qual passam durante um projeto STEAM, identificando tarefas concluídas e pontos de atenção, favorece uma compreensão do que é esperado, ou seja, quais os objetivos de aprendizagem que estão norteando o projeto. O automonitoramento propiciado por essa reflexão auxilia a aproximação com a ZDP, descrita no início deste capítulo, pois oferece condições de desenvolvimento de habilidades metacognitivas. Além disso, a autocrítica aumenta a responsabilidade dos alunos pela aprendizagem e torna as relações entre alunos e entre professor e alunos mais colaborativa (DARLING--HAMMOND; BRANSFORD, 2019).

> Isso não significa que os professores renunciem à responsabilidade [de avaliar], mas, compartilhando-a, conseguem obter maior senso de propriedade por parte dos alunos, menos desconfiança [...]. Além disso, os alunos começam a internalizar essas expectativas, de modo que não pertençam mais apenas ao professor. (DARLING-HAMMOND; BRANSFORD, 2019, p. 249).

A construção dos recursos para integrar os objetivos de aprendizagem às evidências e aos instrumentos por meio dos quais as evidências serão coletadas não é uma tarefa fácil e demanda dedicação do professor no desenho completo da experiência de aprendizagem, do início ao término do processo. Um recurso que pode auxiliar professores nessa tarefa, e que é descrito por diferentes autores (BYBEE, 2018; WARREN, 2016) como uma estratégia de formação de professores que pode ser utilizada no STEAM, é o Lesson Study (Pesquisa de Aula), que será abordado a seguir.

---

[5] Disponível em: http://pz.harvard.edu/thinking-routines.

Analisando a formação dos professores: o caso do Lesson Study

O Lesson Study é um processo em que professores, em grupo, colaboram no desenvolvimento de uma aula que um dos educadores do grupo voluntariamente colocará em prática e que será assistida e acompanhada por todo o grupo, incluindo especialistas externos que colaboram na elaboração da aula em questão. A aula assistida é, então, discutida e analisada por todo o grupo, que indica pontos de mudança e de aprimoramento das estratégias com foco na aprendizagem dos estudantes. A observação tem como foco as estratégias utilizadas e seu impacto no alcance dos objetivos de aprendizagem desenhados coletivamente para a aula. Portanto, a aula não é de um professor, mas de um time de professores. Os aprendizados da aula observada podem ser implementados, futuramente, na aula de outros professores do grupo que lecionem para turmas do mesmo ano de escolaridade.

Durante o ano de 2019, conduzimos[6] a implementação do Lesson Study, com foco em ciências, em duas Secretarias Municipais de Educação, em Francisco Morato (SP) e em Ponta Grossa (PR) (FUNDAÇÃO LEMANN, 2019), o que nos possibilitou perceber, assim como indicado recentemente por diferentes autores (WARREN, 2016; BYBEE, 2018; COLLET, 2019), o potencial dessa estratégia na formação de professores, que pode, assim, ser um recurso importante para planejar projetos STEAM e garantir uma avaliação mais conectada com os pontos apresentados neste capítulo.

Nessa abordagem, de forma resumida, professores se organizam para um ciclo de pesquisa que envolve as etapas apresentadas na Figura 8.2.[7]

1. Definir o tema da pesquisa ou, mais especificamente, o problema a ser pesquisado e a partir do qual será feito o planejamento coletivo da aula. Elaborar uma sequência de aulas que considere o STEAM alinhado aos *standards*, como as competências gerais da Base Nacional Comum Curricular (BNCC), pode ser um potencial problema de pesquisa, como sugerido por Bybee (2018, p.132).

---

[6] Os organizadores desta publicação, Lilian Bacich e Leandro Holanda, representantes da Tríade Educacional, e em parceria com a Fundação Lemann, implementaram o processo em seis escolas das Secretarias de Educação mencionadas.

[7] Elaborada por Beatriz Morrone para o projeto Pesquisa de Aula (Lesson Study).

STEAM em sala de aula **165**

```
                    ┌─────────────────────┐
                    │ 1. TEMA DA PESQUISA │
┌──────────────┐    │ Definição de um     │
│ Compartilhar │◄───│ resultado desejado  │
│ resultados   │    │ para os alunos,     │
└──────────────┘    │ um conteúdo de um   │
                    │ componente e um ano │
                    │ escolar para        │
                    │ pesquisar           │
                    └─────────────────────┘
```

6. APRENDIZADOS
Sistematização de conhecimentos e identificação de próximos passos

2. A PESQUISA
(Kyouzai kenkyuu)
Estudo para embasar a elaboração da sequência de aulas e do plano de aula

5. DISCUSSÃO PÓS-AULA
Para consolidar aprendizados obtidos sobre o tema de pesquisa

3. PLANEJAMENTO
Elaboração de sequência de aulas e de um plano de aula detalhado dentro da sequência

Discussão pós-aula conduzida por especialista sênior

4. OBSERVAÇÃO DA AULA-PESQUISA

Apoio de um especialista sênior na elaboração da sequência de aulas e do plano de aula

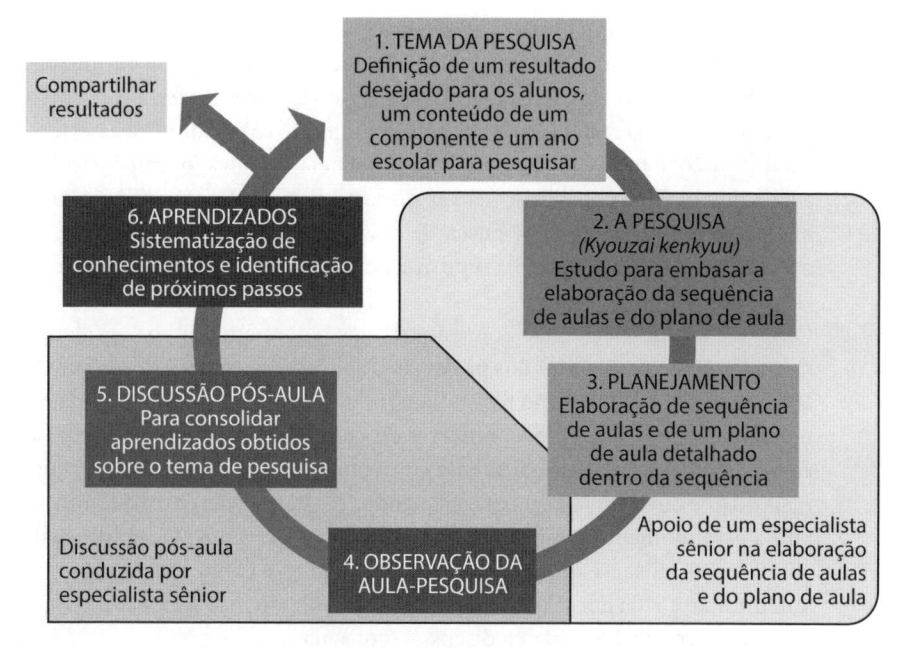

Figura 8.2 Etapas do ciclo de Pesquisa de Aula.

2. Dar início à pesquisa, denominada *kyouzai kenkyuu*, momento no qual os educadores devem aprofundar seu estudo a partir de materiais diversos, como artigos científicos e demais referências que contemplem o tema de pesquisa e que embasem as decisões que serão tomadas no momento de planejar as aulas que irão abordar o problema escolhido. Nesse momento, professores das diferentes áreas podem se agrupar para estudar e pesquisar juntos, favorecendo, nesse formato, uma construção coletiva de conhecimentos em relação ao tema de pesquisa. Então, é possível a participação de um especialista sênior, posição exercida pela autora do capítulo no desenvolvimento do projeto comentado no início deste tópico. O especialista sênior apoia a pesquisa e o próximo item.
3. Planejar a unidade, ou seja, momento de pensar em uma sequência de aulas que contemplem o problema de pesquisa e que serão planejadas por todos, mesmo que apenas um dos professores do grupo tenha a oportunidade de aplicá-la com sua turma. Considere um grupo de professores dos anos iniciais do ensino fundamental que estejam, juntos, planejando uma sequência de aulas do 5º ano, mas no qual há professores do 1º ao 5º ano. Esse planejar coletivamente favorece a discussão sobre os melhores caminhos a seguir,

a reflexão sobre as melhores experiências que podem ser ofertadas aos alunos e, sobretudo, a aprendizagem em serviço, ou formação continuada, dos docentes envolvidos. A aula planejada deixa de pertencer a um único professor – ela é o resultado de um trabalho coletivo e colaborativo, pertencendo, então, a todos. Após planejar a sequência de aulas, o grupo escolhe a aula que melhor coloca em ação as discussões e as reflexões sobre o problema de pesquisa, não em busca de solucioná-lo, mas de identificar se o percurso desenhado pelo grupo irá potencializar a aprendizagem dos estudantes.

4. Observar a aula selecionada como aquela que coloca em ação os resultados dos esforços coletivos. Um dos professores aplica o planejamento em sala de aula enquanto todo o grupo assiste à aula e aprende, junto, sobre o impacto na aprendizagem dos alunos, observando como os estudantes reagem e se envolvem com a aula realizada. Esse é um ponto muito importante, porque, mais do que ouvirem falar sobre a aula, todos os professores envolvidos assistem a esse momento e registram os resultados observados. O registro tem como foco analisar a aprendizagem dos estudantes e como eles se comportam durante a aula em relação ao processo desenhado pelo grupo, e a observação oferece subsídios para a discussão pós-aula.

5. Analisar a aula assistida. Após a observação, todo o grupo se reúne e discute sobre a aula, com a mediação do especialista sênior, que problematiza algumas situações. Novamente, o foco não é analisar o desempenho do professor, mas o impacto da aula, desenhada colaborativamente, na aprendizagem evidenciada pelos estudantes. A discussão traz muitos aprendizados ao grupo, que a retoma na próxima etapa.

6. Discutir os aprendizados para incluí-los em aulas futuras ou rever o planejamento realizado para que, quando for utilizado novamente, por outros membros do grupo, possa ser aprimorado e possa incorporar ainda mais as pesquisas realizadas, agora aperfeiçoadas pela aproximação com a prática em sala de aula.

Planejar projetos considerando o STEAM em unidades que contemplem a ABP nesse modelo favorece a cocriação de experiências de aprendizagem envolvendo a seleção de objetivos de aprendizagem passíveis de serem identificados por meio de evidências que funcionem como momentos avaliativos. A Pesquisa de Aula, o Lesson Study, favorece esse empoderamento do grupo no desenho de formas de coletar evidências que podem, gradativamente, distanciar-se do modelo de provas que refletem a memorização, como apresentado no início do capítulo.

CONSIDERAÇÕES FINAIS

Consideramos que a trajetória apresentada no capítulo contempla a reflexão sobre uma avaliação que tem como foco a coleta de evidências e que considera o estudante no centro do processo, favorecendo muito mais o desenvolvimento da autonomia por meio da análise do percurso pelo qual ele passa do que a observação do ponto de chegada. Relembramos que o STEAM não é um currículo, mas, para que possa realmente ser inserido em um projeto pedagógico, ele precisa considerar objetivos de aprendizagem e formas de coletar evidências de que esses objetivos foram alcançados, sob pena de ser relegado a um segundo plano se não estiver conectado ao que se espera que os estudantes aprendam na escola.

REFERÊNCIAS

ARIEVITCH, I. M. An activity theory perspective on educational technology and learning. *In:* KRITT; D. W.; WINEGAR, L. T. (ed.). *Education and technology:* critical perspectives, possible futures. Plymouth: Lexington Books, 2007. p. 49–72.

BACICH, L.; MORAN, J. (org.). *Metodologias ativas para uma educação inovadora:* uma abordagem teórico-prática. Porto Alegre: Penso, 2018.

BACICH, L.; TANZI NETO, A.; TREVISANI, F. M. *Ensino híbrido:* personalização e tecnologia na educação. Porto Alegre: Penso, 2015.

BENDER, W. N. *Aprendizagem baseada em projetos:* educação diferenciada para o século XXI. Porto Alegre: Penso, 2014.

BRAY, B.; MCCLASKEY, K. *Updated personalization vs. differentiation vs. individualization chart version 3.* 2014. Disponível em: http://www.personalizelearning.com/2013/03/new-personalization-vs-differentiation.html. Acesso em: 4 jan. 2020.

BYBEE, R. W. *STEM education now more than ever.* Arlington: National Science Teachers Association, 2018.

CAMPIONE, J. C. Avaliação assistida: uma taxonomia das abordagens e um esboço de seus pontos fortes e fracos. *In:* DANIELS, H. (org.). *Uma introdução a Vygotsky.* São Paulo: Loyola, 2002. cap. 10, p. 255–292.

CHAIKLIN, S. A zona de desenvolvimento próximo na análise de Vigotski sobre aprendizagem e ensino. *Psicologia em Estudo,* v. 16, n. 4, p. 659–675, 2011. Disponível em: http://dx.doi.org/10.1590/S1413-73722011000400016. Acesso em: 5 jan. 2020.

CHAIKLIN, S. The zone of proximal development in Vygotsky's analysis of learning and instruction. *In:* KOZULIN, A. *et al.* (org.). *Vygotsky's educational theory in cultural context.* Cambridge: Cambridge University, 2003. p. 39–64.

COLLET, V. *Collaborative lesson study:* revisioning teacher professional development. New York: Teachers College, 2019.

DARLING-HAMMOND, L.; BRANSFORD, J. *Preparando os professores para um mundo em transformação.* Porto Alegre: Penso, 2019.

FARIÑAS LEÓN, G. Hacia un redescubrimiento de la teoría del aprendizaje. *Revista Cubana de Psicología,* v. 16, n. 3, p. 115-127, 1999.

FUNDAÇÃO LEMANN. *Brasil terá 6 escolas públicas com método japonês de ensino.* 2019. Disponível em: https://fundacaolemann.org.br/noticias/brasil-tera-6-escolas-publicas-com-metodo-japones-de-ensino. Acesso em: 5 jan. 2020.

HADJI, C. *Avaliação desmistificada.* Porto Alegre: Artmed, 2001.

HATTIE, J.; TIMPERLEY, H. The power of feedback. *Review of Educational Research,* v. 77, n. 1, p. 81-112, 2007.

KOZULIN, A.; PRESSEISEN, B. Z. Mediated learning experience and psychological tools: Vygotsky's and Feuerstein's perspectives in a study of student learning. *Educational Psychologist,* v. 30, n. 2, p. 67-75, 1995.

LEONTIEV, A. N. *Actividad, conciencia, personalidad.* La Habana: Pueblo y Educación, 1983.

MILIBAND, D. Choice and voice in personalised learning. *In:* ORGANISATION FOR ECONOMIC CO-OPERATION AND DEVELOPMENT. *Personalising education.* Paris: OECD/Department for Education, 2006. cap. 1, p. 21-30. Disponível em: https://www.oecd.org/site/schoolingfortomorrowknowledgebase/themes/demand/41175554.pdf. Acesso em: 7 jan. 2020.

NUÑEZ, I. B. *Vygotsky, Leontiev e Galperin:* formação de conceitos e princípios didáticos. Brasília: Liber Livro, 2009.

PANE, J. F. et al. *Informing progress:* insights on personalized learning implementation and effects. Santa Monica: RAND Corporation, 2017. Disponível em: https://www.rand.org/pubs/research_reports/RR2042.html. Acesso em: 5 jan. 2020.

PANOFSKY, C. et al. O desenvolvimento do discurso e dos conceitos científicos. *In:* MOLL, L. (org.). *Vygotsky e a educação:* implicações pedagógicas da psicologia. Porto Alegre: Artes Médicas, 1996. p. 245-260.

REGO, T. C. *Vygotsky:* uma perspectiva histórico-cultural da educação. 16. ed. Petrópolis: Vozes, 2004.

RUSSELL, M. K.; AIRASIAN, P. W. *Avaliação em sala de aula:* conceitos e aplicações. 7. ed. Porto Alegre: AMGH, 2014.

TALIZINIA, N. F. Psychological bases of programmed instruction. *Instructional Science,* v. 2. p. 243-280, 1973.

TISHMAN, S.; PALMER, P. Visible thinking. *Leadership compass,* 2005. Disponível em: http://pz.harvard.edu/resources/visible-thinking-article. Acesso em: 5 jan. 2020.

VEER, R. V. D.; VALSINER, J. *Vygotsky:* uma síntese. São Paulo: Loyola, 1996.

VYGOTSKY, L. S. *A construção do pensamento e da linguagem.* São Paulo: Martins Fontes, 2001a.

VYGOTSKY, L. S. *A formação social da mente:* o desenvolvimento dos processos psicológicos superiores. 6. ed. São Paulo: Martins Fontes, 2003.

VYGOTSKY, L. S. *Obras escogidas II:* problemas de psicología general. Madrid: Machado Libros, 2001b.

WARREN. A. M. *Project-based learning across the disciplines:* plan, manage, and assess through + 1 pedagogy. Thousand Oaks: Corwin, 2016.

WIGGINS, G. J.; MCTIGHE, J. *Planejamento para a compreensão:* alinhando currículo, avaliação e ensino por meio da prática do planejamento reverso. 2. ed. Porto Alegre: Penso, 2019.

ZABALA, A. *A prática educativa:* como ensinar. Porto Alegre: Artmed, 1998.

LEITURAS RECOMENDADAS

COLL, C.; MAURI, T.; ONRUBIA, J. A incorporação das tecnologias de informação e comunicação na educação: do projeto técnico-pedagógico às práticas de uso. *In:* COLL, C.; MONEREO, C. (org.). *Psicologia da educação virtual:* aprender e ensinar com as tecnologias da informação e comunicação. Porto Alegre: Artmed, 2010. p. 66-96.

HATTIE, J. *Aprendizagem visível para professores:* como maximizar o impacto da aprendizagem. Porto Alegre: Penso, 2017.

HATTIE, J.; ZIERER, K. *10 princípios para a aprendizagem visível:* educar para o sucesso. Porto Alegre: Penso, 2019.

9

Um olhar para a aprendizagem socioemocional no STEAM

Débora Garofalo

Lilian Bacich

Aprender, até pouco tempo, traduzia-se em entrar em contato com novas informações, novos conhecimentos que eram compartilhados por professores ou livros, únicas fontes de conteúdos escolares. Hoje, a educação vive uma realidade bem diferente, na qual as fontes de novas informações estão na palma da mão. Em uma breve busca na internet, o estudante encontra respostas às suas perguntas, mas depara-se com o dilema de analisar os resultados obtidos. A forma de lidar com esses resultados e de se posicionar diante deles é algo que não se ensinava na escola. Reproduzir conhecimentos em uma avaliação não é mais um desafio para a educação deste nosso século, mas sim saber o que fazer com eles para lidar com novas situações, resolver problemas de forma ética, responsável e cidadã, construir argumentos para defender suas ideias ou para confrontá-las com novas fontes de informação, analisar esses conhecimentos e, de forma criativa, criar modos de resolver antigos e novos problemas. Como considerar essas novas formas de lidar com o conhecimento se as escolas ainda estão baseadas em conteúdos estanques que precisam ser transmitidos aos estudantes? Como abordar essas novas habilidades se as avaliações escolares consideram a forma como os estudantes devolvem o conhecimento que lhes foi transmitido em aulas, na maioria das vezes, essencialmente expositivas?

As estruturas educacionais que consideram a aprendizagem como um construto individual estão cada vez mais se distanciando do que se espera para os cidadãos de um século que pressupõe o trabalho colaborativo, em diferentes instâncias, como uma necessidade para viver em um mundo em constante mudança. O grande desafio é articular os conhecimentos acadêmicos, que não devem ser descartados, com habilidades e competências mais amplas, que auxiliem os estudantes a colocar em prática, na resolução de desafios diários, atuais e futuros, os conhecimentos construídos na vida escolar. Conectar a escola ao mundo real é uma das possibilidades, e pensar em uma aprendizagem socioemocional atrelada ao currículo "formal" pode ser um caminho.

Competências e habilidades socioemocionais, assim como outros termos abordados neste livro, têm sido temáticas recorrentes na educação do século XXI e, como já alertado em outros momentos, correm o risco de ser mais um modismo se não analisarmos cuidadosamente os motivos pelos quais devemos considerar a aprendizagem socioemocional na educação de nosso século, em particular quando tratamos da abordagem STEAM.

As habilidades socioemocionais compreendem e dialogam com uma série de competências que permitem aos estudantes, na escola, lidar com suas emoções, gerenciar metas e objetivos de vida ao se relacionarem com o outro e ter capacidade de superar obstáculos, bem como adaptar-se a mudanças e situações adversas. Considerar essas habilidades socioemocionais que, em conjunto, tornam o indivíduo competente no aspecto socioemocional para lidar com diferentes questões na escola e na vida é fundamental em qualquer proposta curricular. Dar atenção a essas questões possibilita uma aprendizagem no sentido mais amplo, como indicado em uma proposta de educação integral.

Da mesma forma, como já apresentado em outros capítulos desta publicação, o STEAM, mais do que um acrônimo para ciências, tecnologia, engenharia, artes e matemática, considera a possibilidade de lidar com desafios, seus e do outro, em busca de soluções para resolvê-los, construir argumentos a partir de investigações e pesquisar com foco em um objetivo comum. Além disso, os projetos STEAM humanizam a relação dos estudantes com os conteúdos escolares, uma vez que, para resolver problemas, é preciso estar em contato com sua fonte e, de certa forma, em contato com o outro.

No decorrer deste capítulo, alguns temas serão considerados para que, ao término dele, possamos analisar a relação entre a aprendizagem socioemocional e a abordagem STEAM: uma breve introdução sobre as habilidades socioemocionais e sua importância na educação; as competências gerais da Base Nacional Comum Curricular (BNCC) e sua conexão com as habilidades socioemocionais; um estudo de caso sobre um projeto de robótica com sucata, desenvolvido por uma das autoras do capítulo e que foi um dos motivos para sua indicação ao Global Teacher Prize;[1] e algumas considerações sobre um olhar mais específico para a inserção, com intencionalidade pedagógica, das habilidades socioemocionais nos projetos ou nos desafios STEAM.

---

[1] Organizado pela ONG britânica Varkey Foundation. Em sua 5ª edição, em 2019, o prêmio conhecido como "Nobel da Educação" teve Débora Garofalo como uma das dez finalistas.

HABILIDADES SOCIOEMOCIONAIS: UMA BREVE INTRODUÇÃO

Habilidades socioemocionais apresentam diferentes definições e categorias, de acordo com o referencial escolhido para sua análise. Neste capítulo, optamos por apresentar uma breve introdução incluindo alguns referenciais para poder considerar a relação entre essas habilidades e o STEAM e, assim, analisar situações que estabelecem oportunidades para seu desenvolvimento. A concepção que utilizamos como referência é a proposta no livro de Elias *et al.* (1997) e que apresenta um guia para educadores sobre as definições, o histórico e os formatos de implementação de estratégias que consideram a aprendizagem socioemocional. Desse material, extraímos a definição a seguir:

> Competência socioemocional é a capacidade de entender, gerenciar e expressar os aspectos sociais e os aspectos emocionais da vida de uma maneira que permita o gerenciamento bem-sucedido de tarefas da vida, como aprender, formar relacionamentos, resolver problemas do dia a dia e adaptar-se às demandas complexas de crescimento e desenvolvimento. Inclui autoconsciência, controle da impulsividade, trabalho cooperativo e cuidar de si e dos outros. Aprendizagem socioemocional é o processo por meio do qual crianças e adultos desenvolvem habilidades, atitudes e valores necessários para adquirir competência social e emocional. (ELIAS *et al.*, 1997, p. 2, tradução nossa).

O movimento a favor de uma aprendizagem socioemocional foi, de certa forma, popularizado por Daniel Goleman, em seu livro *Inteligência emocional*, que colocou um foco importante no papel da emoção no raciocínio e na tomada de decisão. Não era uma novidade pensar nesses comportamentos na educação, pois Piaget e Wallon já consideravam, em suas pesquisas, essa influência da emoção e do afeto na aprendizagem. A pesquisa de Goleman (1995) foi seguida por um interesse significativo de pesquisadores na área e voltou o olhar dos educadores para o papel da emoção na educação. Essa e outras pesquisas apresentam a importância de considerar a aprendizagem socioemocional nos currículos e abordam sua relevância na aprendizagem dos demais conteúdos escolares.

> Processos que consideramos como puro "pensamento" são agora vistos como fenômenos nos quais os aspectos cognitivos e emocionais funcionam sinergicamente. Estudos sobre o cérebro mostram, por exemplo, que a memória é codificada para eventos específicos e vinculada a situações sociais e emocionais, e que estas são partes integrais de unidades maiores de memória que compõem

o que aprendemos e retemos, incluindo o que ocorre na sala de aula. Sob condições de ameaça real ou imaginada ou alta ansiedade, existe perda de foco no processo de aprendizagem e redução no foco da tarefa e na solução flexível de problemas. (ELIAS *et al.*, 1997, p. 3, tradução nossa).

Nesse sentido, ao compreendermos que aspectos cognitivos e emocionais estão sinergicamente conectados, alcançar melhores resultados de aprendizagem implica oferecer mais oportunidades de envolver em sala de aula propostas que incluam aspectos cognitivos e emocionais.

A mediação é um elemento essencial para a aprendizagem e um conceito fundamental para a compreensão de propostas que contemplem aspectos cognitivos e emocionais, incluindo mais um aspecto: o social. Para aprofundar essa relação, é importante uma análise da mediação, e, para isso, consideraremos a teoria histórico-cultural. Nessa teoria, a mediação se estabelece por meio de instrumentos e signos. O uso de instrumentos e de signos é responsável pela mediação entre o sujeito e o mundo objetivo, e, segundo Vygotsky (1997, 2003), a diferença entre eles reside no fato de o instrumento ser orientado externamente, acarretando modificações nos objetos, enquanto o signo é orientado internamente e não modifica o objeto da operação psicológica. Os instrumentos criados pelo ser humano em sua relação com a natureza e com outros seres humanos transformaram-se, ao longo do tempo, em importantes instrumentos de mediação no desenvolvimento da consciência e dos processos psicológicos superiores, como memória, consciência e aprendizagem. Pela mediação instrumental e sígnica, a atividade prática do ser humano no mundo assume o *status* de trabalho humano com significado social e com sentido pessoal.

> Desde os primeiros dias do desenvolvimento da criança, suas atividades adquirem um significado próprio num sistema de comportamento social e, sendo dirigida a objetos definidos, são refratadas através do prisma do ambiente da criança. O caminho do objeto até a criança e desta até o objeto passa através de outra pessoa. Essa estrutura humana complexa é o produto de um processo de desenvolvimento profundamente enraizado nas ligações entre história individual e história social. (VYGOTSKY, 2003, p. 40).

O meio social é constituído pelas interações entre os sujeitos, relações mediadas por instrumentos elaborados pelo homem ao longo de sua história e que se constituem em instrumentos da cultura. Segundo Luria (2012, p. 25), Vygotsky

> [...] concluiu que as origens das formas superiores de comportamento consciente deveriam ser achadas nas relações sociais que o indivíduo mantém com o mundo

exterior. Mas o homem não é apenas um produto de seu ambiente, é também um agente ativo no processo de criação desse meio.

Nessa perspectiva, o conhecimento é construído na relação entre pessoas. Por isso, torna-se importante apontar que as funções psicointelectuais superiores da criança aparecem primeiramente como funções interpsíquicas (atividade coletiva) e depois como funções intrapsíquicas (atividade individual). A apropriação de determinado conhecimento é, portanto, a síntese desses movimentos, traduzidos em uma ação subjetiva e singular perante o mundo.

A relação entre o sujeito e os objetos não é, portanto, direta, mas mediada. Por meio das relações mediadas entre o sujeito e o meio ocorre o processo de internalização. Segundo Vygotsky (2003, p. 75), "[...] uma operação que inicialmente está representando uma atividade externa é reconstruída e começa a ocorrer internamente". Nesse processo, um fenômeno que é interpsicológico, ou seja, que ocorre no âmbito social, entre as pessoas, passa a ocorrer no interior do sujeito; passa a ser, portanto, um fenômeno intrapsicológico. Segundo o autor, "isso se aplica igualmente para a atenção voluntária, para a memória lógica e para a formação de conceitos" (VYGOTSKY, 2003, p. 75). Porém, deve ficar claro que essa transposição do interpessoal para o intrapessoal não é imediata, mas ocorre ao longo do desenvolvimento, transformando-se nesse percurso, até que o fenômeno seja internalizado.

A cultura em que o sujeito está inserido, muito mais do que as características biológicas, é responsável pelo desenvolvimento cognitivo. O desenvolvimento pode ser considerado, nessa perspectiva, como resultado da apropriação das ferramentas, materiais e simbólicas, que fazem parte da cultura. O desenvolvimento histórico dessas ferramentas, portanto, passa a refletir o desenvolvimento cognitivo e social de um grupo. "O homem moderno suplantou seus precursores por meio de (1) seu domínio superior sobre a natureza através da tecnologia e (2) seu controle aperfeiçoado sobre si mesmo através da "psicotecnologia" (VEER; VALSINER, 1996, p. 242).

As mudanças das ferramentas culturais, com o uso de tecnologias da informação e da comunicação, por exemplo, supõem mudanças na orientação do desenvolvimento social e cognitivo dos sujeitos de determinado momento histórico. Os procedimentos culturais, como a linguagem, são considerados, por Vygotsky, instrumentos culturais que auxiliam e contribuem com o desempenho intelectual. As palavras, por sua vez, são signos psicológicos. Com o auxílio dos signos é possível o domínio dos processos psicológicos, e esse domínio ocasiona um melhor desempenho.

A linguagem, por sua vez, não é um simples reflexo do pensamento; ao se transformar em linguagem, o pensamento reestrutura-se e modifica-se – ele se realiza na palavra. O pensamento não coincide com sua expressão verbalizada, portanto não se exprime em palavra, mas nela se realiza. O caminho entre o pensamento e a palavra é um caminho indireto; o significado medeia o pensamento em direção à expressão verbal. Por trás do pensamento existe uma tendência afetiva e volitiva; assim, é incompleta a compreensão do pensamento do interlocutor sem a compreensão do motivo que o levou a emiti-lo, ou seja, sua motivação. Considerar a importância do afeto para a cognição é, portanto, aspecto fundamental para a compreensão da construção de conhecimentos.

Kozulin e Presseisen (1995) afirmam que há uma diferença qualitativa entre a aprendizagem baseada em exposição direta aos estímulos, que eles denominam aprendizagem direta, e a aprendizagem mediada por pares mais experientes. Se entendemos que o processo de aprendizagem impulsiona o desenvolvimento e que aprender se relaciona com o processo de formar conceitos, a sistematização e, consequentemente, a generalização dependem de uma ação educativa planejada, de uma mediação eficiente. Segundo os autores, reportando-se às conclusões de Vygotsky (2003), há três principais classes de mediadores: ferramentas materiais, ferramentas psicológicas e outros seres humanos. As ferramentas materiais são externas e influenciam indiretamente o sujeito porque, apesar de voltadas para os processos da natureza, sua utilização eficiente exige certo desenvolvimento cognitivo, pois seu uso pressupõe comunicação interpessoal e representação simbólica.

As ferramentas psicológicas, por sua vez, medeiam relações entre os seres humanos e os próprios processos psicológicos – por exemplo, contar usando nós em uma corda, como foi feito nos primeiros sistemas de contagem: os nós funcionam como um recurso mnemônico externo que exige representação simbólica e, portanto, atua como uma ferramenta psicológica. Por fim, a terceira classe de mediadores é aquela que ocorre na relação com o outro, quando Vygotsky (2003) afirma que os fenômenos ocorrem inicialmente na relação entre as pessoas (fenômenos interpsicológicos) para, então, serem apropriados (fenômenos intrapsicológicos).

O outro tem papel fundamental no processo, e Vygotsky (2003) exemplifica com a interpretação que o adulto faz do gesto infantil de tentar pegar algo como uma ação de apontar, que a criança passa a utilizar como tal, quando se apropria da interpretação do outro para esse movimento e passa, assim, a reorganizar seus processos psicológicos internos a partir dessa representação. Nesse movimento, o pensamento, que é um processo psicológico, na formação de conceitos, passa das formas inferiores e primitivas de generalização a formas superiores e mais complexas.

A formação das funções psicológicas superiores – que são predominantemente sociais, originam-se das relações entre os indivíduos e desenvolvem-se ao longo do processo de internalização das formas culturais de comportamento (VYGOTSKY, 2001) – supõe o uso de instrumentos psicológicos, os signos. Memória e atenção voluntária, pensamento abstrato, raciocínio dedutivo e capacidade de planejamento são funções psicológicas superiores que estão implicadas em um processo de mediação, que, ao se desenvolverem, alteram o funcionamento psíquico.

As reflexões sobre a importância de identificar os aspectos que devem ser considerados na organização da atividade didática favorecem a compreensão sobre a relevância da inclusão de propostas que levem em conta a emoção e os aspectos sociais, de interação com o meio e com o outro.

O documento da Organização para a Cooperação e o Desenvolvimento Econômico (OECD) *Fostering and measuring skills: improving cognitive and non-cognitive skills to promote lifetime success* (KAUTZ et al., 2014) enfatiza o investimento que famílias, escolas e a sociedade como um todo devem dedicar ao desenvolvimento das habilidades socioemocionais, uma vez que se trata de um processo dinâmico. Segundo o documento, os primeiros anos são essenciais para solidificar as bases das habilidades, cognitivas e não cognitivas, considerando que as habilidades não cognitivas são aquelas com maior maleabilidade, mesmo na adolescência ou na vida adulta. As habilidades não cognitivas, ainda segundo o documento (KAUTZ et al., 2014), foram organizadas por especialistas em uma taxonomia chamada de Big-5, listadas e descritas a seguir (Figura 9.1).

- **Abertura ao novo:** curiosidade para aprender, imaginação criativa e interesse artístico.
- **Consciência ou autogestão:** determinação, organização, foco, persistência e responsabilidade.
- **Extroversão ou engajamento com os outros:** iniciativa social, assertividade e entusiasmo.
- **Amabilidade:** empatia, respeito e confiança.
- **Estabilidade ou resiliência emocional:** autoconfiança, tolerância ao estresse e à frustração.

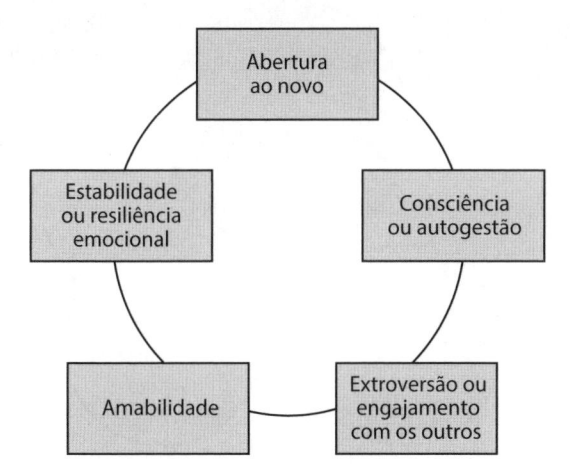

Figura 9.1 Habilidades não cognitivas segundo a OECD.

Na definição do Collaborative for Academic, Social, and Emotional Learning (CASEL), organização criada em 1994 para apoiar escolas e famílias na implementação de propostas que consideram a aprendizagem socioemocional, é possível encontrar aspectos semelhantes ao Big-5, que consideram não apenas o indivíduo e a forma com que ele lida com as emoções, mas também um foco maior no contexto social e no modo como o indivíduo estabelece relações com outras pessoas e culturas (Figura 9.2).

- **Autorregulação:** gerencie o estresse e motive-se para atingir metas.
- **Autoconhecimento:** identifique seus pontos fortes e suas limitações, agindo com confiança, otimismo e mentalidade de crescimento.
- **Responsabilidade na tomada de decisão:** faça escolhas sobre relações interpessoais com base em padrões éticos e seguros e respeitando as normas sociais.
- **Habilidade de relacionamento:** tenha boa comunicação e escuta ativa, colabore com as pessoas, gerencie conflitos de forma construtiva, ofereça e busque ajuda sempre que necessário.
- **Consciência social:** entenda a perspectiva de pessoas de diferentes contextos culturais e tenha empatia por elas.

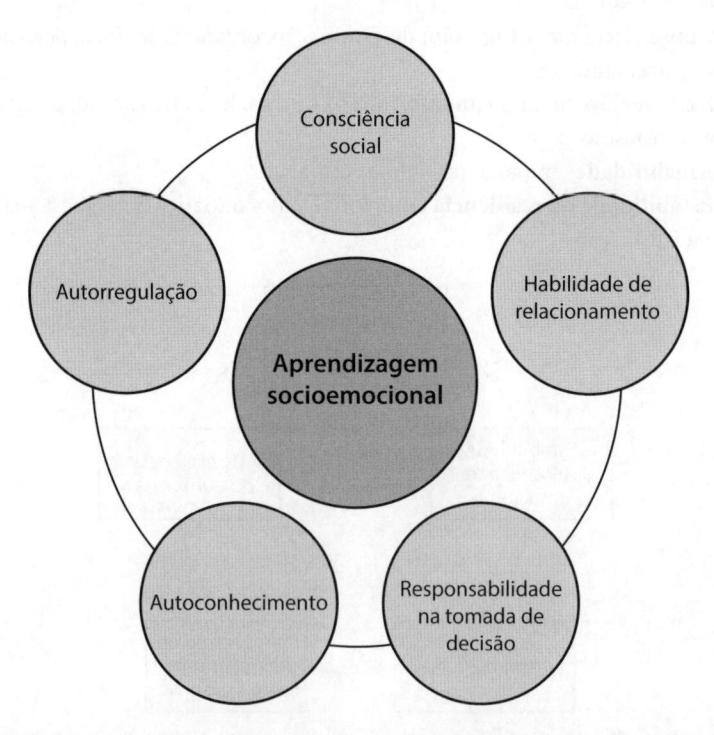

Figura 9.2 Aspectos da aprendizagem socioemocional considerados pelo CASEL (c2019).

Dessa forma, ao considerarmos as habilidades socioemocionais do Big-5 e do CASEL, estamos aproximando as experiências educacionais do desenvolvimento das chamadas habilidades do século XXI, que compreendem o pensamento crítico, a comunicação, a criatividade e a colaboração, acrescidas das oportunidades de resolver problemas reais.

AS COMPETÊNCIAS GERAIS DA BNCC E A APRENDIZAGEM SOCIOEMOCIONAL

A BNCC (BRASIL, [2017]) apresenta, no texto introdutório, a relação entre a aprendizagem de conteúdos, procedimentos e atitudes para a construção de competências. Antes de analisarmos as competências gerais da BNCC, vale a pena verificarmos o que ela sinaliza em relação ao desenvolvimento de competências.

> [...] a BNCC indica que as decisões pedagógicas devem estar orientadas para o desenvolvimento de competências. Por meio da indicação clara do que os alunos devem "saber" (considerando a constituição de conhecimentos, habilidades, atitudes e valores) e, sobretudo, do que devem "saber fazer" (considerando a mobilização desses conhecimentos, habilidades, atitudes e valores para resolver demandas complexas da vida cotidiana, do pleno exercício da cidadania e do mundo do trabalho), a explicitação das competências oferece referências para o fortalecimento de ações que assegurem as aprendizagens essenciais definidas na BNCC. (BRASIL, [2017], p. 13).

A leitura desse trecho sinaliza o caminho das experiências de aprendizagem a serem ofertadas em sala de aula. Mais do que *saber*, devemos considerar o *saber fazer*. Esse aspecto deixa claro a orientação de considerar um estudante ativo, que não apenas recebe conteúdos prontos em aulas expositivas, mas que age e que mobiliza conhecimentos, habilidades, atitudes e valores para resolver problemas. Assim, o documento, logo no início, já apresenta essa orientação que se conecta com a abordagem expressa neste livro e que é explorada em mais detalhes no Capítulo 1. Ainda em uma análise sobre as competências, é essencial ressaltar o trecho seguinte:

> Na BNCC, competência é definida como a mobilização de conhecimentos (conceitos e procedimentos), *habilidades* (práticas, cognitivas e *socioemocionais*), atitudes e valores para resolver demandas complexas da vida cotidiana, do pleno exercício da cidadania e do mundo do trabalho. (BRASIL, [2017], p. 8, grifo nosso).

As competências, como descrito na citação, indicam a presença de habilidades socioemocionais com foco na resolução de problemas. A BNCC, por sua vez, considera uma lista de competências gerais a serem incluídas em todas as etapas da educação básica, da educação infantil ao ensino médio (Figura 9.3).

A discussão sobre como considerar as competências gerais da BNCC em todas as etapas e áreas do conhecimento tem sido recorrente nas instituições de ensino, que iniciam a implementação da BNCC em 2020. Discussões sobre aulas específicas, desconectadas do currículo, para trabalhar com as competências gerais chegaram a ser cogitadas e imediatamente descartadas por estudiosos da área. Entre eles, temos o Center for Curriculum Redesign (CCR), que, em parceria com o Movimento pela Base Nacional Comum, e apoio do Porvir na elaboração do projeto gráfico, organizaram um material, de onde foi retirada a Figura 9.3, que apresenta as subdimensões de cada competência geral. Nesse aspecto, não se trata de ignorar o que o professor realiza em suas aulas para incorporar competências gerais que considerem as habilidades socioemocionais, mas de encontrar uma forma de conectá-las para que tenham sentido como um todo, principalmente quando refletimos sobre uma formação que seja realmente integral.

Vejamos um exemplo sobre empatia. A Competência 9 da BNCC trata da empatia. Diz o texto do documento:

> Exercitar a empatia, o diálogo, a resolução de conflitos e a cooperação, fazendo-se respeitar e promovendo o respeito ao outro e aos direitos humanos, com acolhimento e valorização da diversidade de indivíduos e de grupos sociais, seus saberes, identidades, culturas e potencialidades, sem preconceitos de qualquer natureza. (BRASIL, [2017], p. 10).

Exercitar a empatia é um desafio, porque não parece algo que pode vir a fazer parte de um plano de aula... Parece mais algo que fica subentendido em assuntos estudados na escola. Por exemplo, ao explicar como as pessoas morriam de doenças que podem ser solucionadas hoje, com as campanhas de vacinação, o professor comenta: "imagine o que era viver naquela época ou estar no lugar daquelas pessoas". Pode parecer que há um exercício de empatia, mas isso não é o suficiente para exercitar a competência em sala de aula. É preciso ir além. É importante organizar atividades que possibilitem esse exercício, sem que seja preciso dizer "agora, a aula é sobre empatia".

Jamil Zaki, professor de psicologia da Stanford University, discutiu a empatia em seu livro *The war for kindness: building empathy in a fractured world*. Zaki (2019) comenta sobre a importância da empatia em nossa sobrevivência e nas relações com o outro: cada vez conhecemos mais pessoas, mas as conhecemos menos. Para analisar formas de estimular essa competência, o autor conduziu estudos em

COMPETÊNCIAS GERAIS BNCC

1. Conhecimento
O que: Valorizar e utilizar os conhecimentos sobre o mundo físico, social, cultural e digital
Para: Entender e explicar a realidade, continuar aprendendo e colaborar com a sociedade

2. Pensamento científico, crítico e criativo
O que: Exercitar a curiosidade intelectual e utilizar as ciências com criticidade e criatividade
Para: Investigar causas, elaborar e testar hipóteses, formular e resolver problemas e criar soluções

3. Repertório cultural
O que: Valorizar as diversas manifestações artísticas e culturais
Para: Fruir e participar de práticas diversificadas da produção artístico-cultural

4. Comunicação
O que: Utilizar diferentes linguagens
Para: Expressar-se e partilhar informações, experiências, ideias, sentimentos e produzir sentidos que levem ao entendimento mútuo

5. Cultura digital
O que: Compreender, utilizar e criar tecnologias digitais de forma crítica, significativa e ética
Para: Comunicar-se, acessar e produzir informações e conhecimentos, resolver problemas e exercer protagonismo e autoria

6. Trabalho e projeto de vida
O que: Valorizar e apropriar-se de conhecimentos e experiências
Para: Entender o mundo do trabalho e fazer escolhas alinhadas à cidadania e ao seu projeto de vida com liberdade, autonomia, criticidade e responsabilidade

7. Argumentação
O que: Argumentar com base em fatos, dados e informações confiáveis
Para: Formular, negociar e defender ideias, pontos de vista e decisões comuns, com base em direitos humanos, consciência socioambiental, consumo responsável e ética

8. Autoconhecimento e autocuidado
O que: Conhecer-se, compreender-se na diversidade humana e apreciar-se
Para: Cuidar de sua saúde física e emocional, reconhecendo suas emoções e as dos outros, com autocrítica e capacidade para lidar com elas

9. Empatia e cooperação
O que: Exercitar a empatia, o diálogo, a resolução de conflitos e a cooperação
Para: Fazer-se respeitar e promover o respeito ao outro e aos direitos humanos, com acolhimento e valorização da diversidade, sem preconceitos de qualquer natureza.

10. Responsabilidade e cidadania
O que: Agir pessoal e coletivamente com autonomia, responsabilidade, flexibilidade, resiliência e determinação
Para: Tomar decisões com base em princípios éticos, democráticos, inclusivos, sustentáveis e solidários

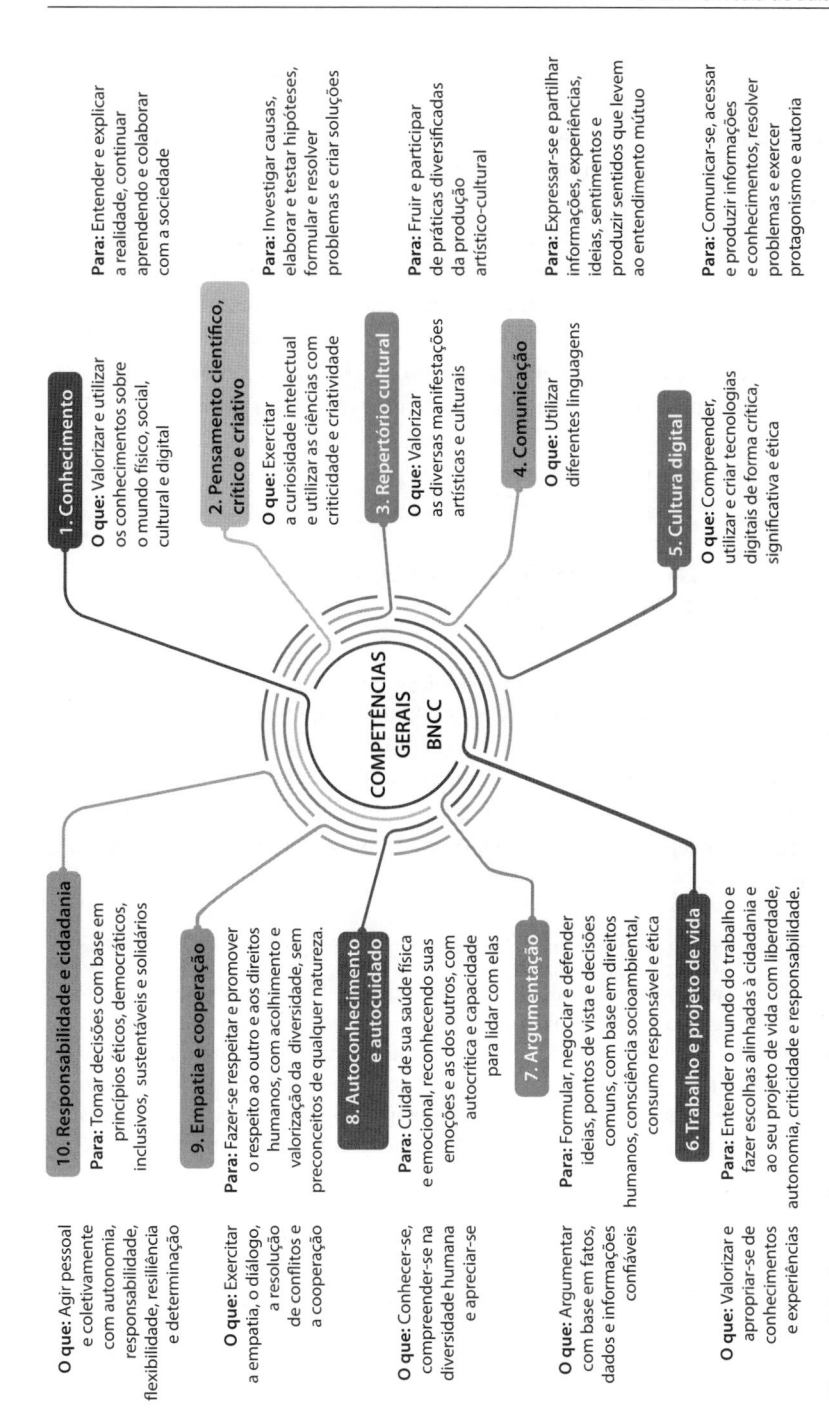

Figura 9.3 Competências gerais de BNCC.
Fonte: DIMENSÕES... (2018, p. 2).

que tentava convencer 1.182 alunos do 7º ano de cinco escolas de São Francisco de que a empatia era algo importante. Uma das formas de sensibilizar as pessoas que se mostrou mais duradoura no pós-teste foi o uso de realidade virtual. Foi criada uma experiência imersiva em que os estudantes se colocavam no lugar de um sem-teto: o fato de vivenciar essa experiência, mesmo que no formato virtual, sensibilizou o grupo para essa questão. Assim, conclui Zaki, empatia não é algo inato, mas uma competência que pode ser exercitada, desenvolvida.

Nesse sentido, temos visto exemplos de como exercitar a empatia em sala de aula em atividades como *role-play*, um jogo de papéis em que, de acordo com algumas situações, você precisa argumentar defendendo algo que nem sempre é o que você pensa. Realizar uma atividade como essa, estruturada e com uma proposta bem definida, e, em seguida, discutir sobre os sentimentos nela envolvidos pode ser um disparador importante para o debate.

ESTUDO DE CASO: DÉBORA GAROFALO E A ROBÓTICA COM SUCATA

A robótica educacional consiste em caracterizar ambientes de aprendizagem que reúnem materiais de sucata ou *kits* de montagem compostos por diversas peças, motores, sensores controlados por um computador com *software* que permita programar o funcionamento dos modelos montados, dando ao aluno a oportunidade de estimular sua criatividade com a montagem de seu próprio modelo. O caso relatado a seguir foi desenvolvido por Débora Garofalo, uma das autoras deste capítulo.

> O trabalho de robótica com sucata nasceu da vontade de transformar a vida de crianças e jovens de uma escola municipal da periferia da cidade de São Paulo, em 2015. Os estudantes do 1º ao 9º ano do ensino fundamental que participaram do projeto residem em quatro grandes comunidades conhecidas pelo alto índice de consumo de drogas e de violência e com condições etnográficas precárias, como residências às margens de um córrego, desestrutura familiar, ausência de saneamento básico, entre outras.
>
> Uma das propostas que utilizei, como professora de tecnologias, foi trabalhar com o pensamento computacional e o ensino de robótica. Após um diagnóstico inicial, um dos problemas relatados pelos alunos foi a questão do lixo, que impedia as crianças de irem à escola em dias de chuva e acarretava doenças. Como docente, não podia ficar indiferente a esse problema real dos estudantes e decidi transformar o problema trazido pelos alunos, "o lixo", em currículo, idealizando o trabalho com os estudantes.

Dessa maneira, o trabalho foi idealizado por meio de aulas públicas. Os alunos escolheram o percurso pela comunidade, saindo pelas ruas, sensibilizando os moradores sobre reciclagem, descarte incorreto do lixo, sustentabilidade, envolvendo os três Rs (Reciclar, Reduzir e Reutilizar). Retornavam à sala de aula para lavar e pesar o material e, na sequência, por meio de pesquisa, de forma interdisciplinar, passaram a construir, com o lixo eletrônico e com a sucata, objetos que envolviam robótica, com funcionalidades diferenciadas. Por fim, compartilharam os artefatos com a comunidade em uma feira de tecnologias, explicando seus protótipos.

O ensino da robótica com materiais não estruturados (sucata) permite que a aprendizagem ocorra em forma de experimentação, com foco no desenvolvimento do estudante, ao explorar materiais recicláveis e reutilizá-los. Além disso, no caso do projeto, por meio de uma situação-problema, relatada pelos próprios alunos, teve o poder de aguçar a criatividade e dar corpo a protótipos,[2] colocando em prática o ensino de programação,[3] por meio de *softwares* específicos.[4] Mediante o ensino da robótica com materiais não estruturados, é possível criar uma cultura de inovação, invenção, criatividade e colaboração, trabalhando-se com metodologias ativas, transformando ferramentas em agentes de modificação, fazendo os alunos serem ouvidos e participarem ativamente, tornando-se parte vital do processo de aprendizagem. As atividades foram guiadas como desafios STEAM que permitiram aos estudantes resolver problemas, pensando fora da caixa, ao conectarem ideias que pareciam desconectadas.

No início, os alunos estranharam essa ação, por entenderem a proposta como algo associado ao entretenimento, e foi necessário desafiá-los e mobilizá-los a romperem concepções culturalmente construídas sobre o espaço escolar e a compreenderem a importância do trabalho para alavancar a aprendizagem. Além disso, foi importante a mobilização dos alunos como multiplicadores de conhecimento junto a pessoas da comunidade e familiares, dialogando sobre a sustentabilidade e a importância do descarte correto do lixo.

Após quatro anos de trabalho com as crianças, o projeto de robótica com sucata retirou mais de 1 tonelada de lixo das ruas de São Paulo, combateu o trabalho infantil e a evasão escolar e melhorou o Índice de Desenvolvimento da Educação Básica (IDEB) de 4.2 para 5.2, colaborando para outros resultados:

- aumento do repertório de leitura e escrita;
- aprimoramento da competência discursiva e oralidade;
- ampliação da interpretação e resolução de problemas;

---

[2] Protótipo é um produto de trabalho da fase de testes e/ou planejamento de um projeto.
[3] Linguagem de programação é um método padronizado para comunicar instruções para um computador. É um conjunto de regras sintáticas e semânticas usadas para definir um programa de computador.
[4] Ardublock é uma linguagem de programação que utiliza blocos de funções prontas. Assim como o Arduino ajuda entusiastas a entrarem no meio da eletrônica e da automação, o Ardublock ajuda quem não tem conhecimento em linguagens de programação a criar programas para o Arduino de forma simples e intuitiva. Outra opção é o Scratch, uma linguagem de programação criada em 2007 pelo Media Lab do MIT para fins educacionais.

- compreensão das dificuldades matemáticas expostas nos conteúdos curriculares;
- envolvimento e participação dos estudantes de forma ativa com sua própria aprendizagem;
- integração escola e comunidade;
- reflexão e criticidade sobre o uso das tecnologias no dia a dia;
- uso das tecnologias para além do uso dos computadores e de forma significativa;
- reconhecimento e entendimento do trabalho interdisciplinar envolvendo outros currículos e áreas de conhecimento para solucionar o problema, integrando o trabalho com as tecnologias;
- demonstração de entusiasmo e engajamento dos alunos nas atividades propostas em sala de aula.

Além do êxito apresentado com o trabalho, foi possível, ao longo do tempo, observar outros resultados relacionados a projeto de vida e aos temas contemporâneos, como saúde e sustentabilidade.

A adoção da abordagem STEAM nas escolas, como apresentado nesse caso, precisa considerar alguns conhecimentos técnicos essenciais para despertar a criatividade por meio do pensamento computacional e da cultura *maker*. Envolver a robótica educacional no desafio STEAM que foi proposto aos estudantes abrangeu a pesquisa feita por eles, mas com uma mediação que, apesar de atenta ao protagonismo dos estudantes, auxiliou na elaboração de uma rota que fizesse sentido dentro de uma proposta curricular. A abordagem pedagógica pautada pelo STEAM tem potencial transformador, na medida em que aumenta o protagonismo do aluno, incentiva a inovação e a colaboração, fortalecendo o processo de aprendizagem de outros conteúdos que não estavam diretamente relacionados com o projeto, mas que eram essenciais para sua execução, como conhecimentos da área de linguagens e os aspectos socioemocionais.

O trabalho de robótica com sucata oportunizou aos estudantes o desenvolvimento das habilidades de forma interativa e autônoma, ao construírem, criarem, testarem e solucionarem problemas e interpretarem suas próprias criações. Mais do que isso, proporcionou a cada um deles oportunidades de ser resiliente, ter sonhos, pensar em projetos de vida, exercitar a criatividade, ao ser protagonista da sua história, e criar com o lixo, transformando sucata em protótipos.

A chave para o sucesso na implementação de uma educação inovadora está na mudança do foco das pessoas e na criação de um ambiente que permita a participação dos atores envolvidos, para que conheçam o processo e possam contribuir com ele. Além de estimularem essa colaboração, eles adquirem a sensação de pertencimento e de autoria, que visa colocá-los no centro do processo de aprendizagem.

STEAM E AS HABILIDADES SOCIOEMOCIONAIS: CONEXÕES POSSÍVEIS

Os componentes das competências gerais, para Zabala e Arnau (2010), são as habilidades, as atitudes e os conhecimentos que são fundamentais para resolver problemas de forma competente e que envolvem os conteúdos escolares. Para os autores, podemos organizar os conteúdos escolares em conceituais, procedimentais e atitudinais. Identidade, solidariedade, respeito, tolerância, empatia, assertividade, autoestima, autocontrole, responsabilidade, adaptabilidade e flexibilidade são conteúdos atitudinais que possibilitam o desenvolvimento das competências (ZABALA; ARNAU, 2019, p. 87). No item que trata das competências gerais da BNCC, foi possível identificar essa relação, e, ao estabelecermos uma conexão com o STEAM, identificamos os aspectos dessas competências que são envolvidos em aulas com essa abordagem.

Quando analisamos projetos que consideram a resolução de problemas por meio do trabalho em grupo na produção de artefatos, como ocorre na abordagem STEAM, vários desses conteúdos atitudinais são evidentes. Porém, não basta apenas considerar que foram trabalhados se não houver intencionalidade pedagógica. O que isso quer dizer? As aulas precisam ser programadas para considerar as atitudes, os valores. Como fazer isso em um projeto ou um desafio STEAM?

Ao se realizar um projeto STEAM, como descrito em detalhes no Capítulo 3 deste livro, são considerados alguns passos: o grupo é motivado por meio da análise de uma situação-problema que gere um desafio e que se concretize em uma questão norteadora; a partir da questão norteadora, os estudantes, organizados em grupos, analisam o desafio e levantam hipóteses sobre formas de resolvê-lo; em seguida, é traçada uma rota para investigar referências e aprender mais sobre o desafio apresentado e, então, partir para o planejamento de um protótipo, que será apresentado à comunidade. Nesse percurso, os estudantes trabalham em grupos e, mesmo contando com a mediação do professor, precisam gerenciar as etapas do trabalho e, principalmente, as relações que estabelecem entre eles. De maneira geral, podemos considerar que a autorregulação, a responsabilidade na tomada de decisão e as habilidades de relacionamento, consideradas como competências socioemocionais (CASEL), são fundamentais. Porém, apesar de evidentes, se não houver intencionalidade em sua análise, não conseguimos envolver o que foi apresentado como recurso importante para a construção de conhecimentos, que é a tomada de consciência sobre essas competências. Assim, estabelecer recursos de gerenciamento dos projetos que considerem discussões entre os participantes do grupo e destes com o professor é uma forma de tornar visível o que foi trabalhado com os estudantes. Essa inclusão de discussões, no formato de assembleia, envolvendo todos os estudantes, ou em grupos menores, precisa ser planejada pelo professor e ter um espaço adequado para acontecer. A comunicação efetiva, usando habilidades verbais e não verbais, assim como a construção de relacionamento no grupo, organizando de forma saudável as conexões entre os participantes, são alguns recursos propostos por Elias *et al.* (1997) para incorporar as habilidades socioemocionais em sala de aula e que, como pode ser observado, se conectam com o STEAM.

Quando vemos o relato do projeto de robótica com sucata, percebemos que há intencionalidade no planejamento da aula para que os estudantes possam considerar problemas reais, por exemplo, o lixo na comunidade, como uma situação-problema a ser resolvida. Nesse caso, os estudantes exercitam a empatia, ao considerarem os sentimentos da comunidade em relação ao lixo, mas também exercem uma atitude responsável, que envolve a cidadania e o respeito ao próximo, a consciência de seu pertencimento a determinada cultura e o respeito àqueles que dela fazem parte. Trazer à tona esses aspectos, em uma discussão com a turma, é uma forma de tornar ainda mais evidente o processo. Construir rubricas,[3] coletivamente, considerando as competências gerais e as habilidades socioemocionais, é uma forma de colaborar com a autorregulação e o autoconhecimento dos estudantes sobre os aspectos que estão sendo trabalhados em um projeto ou, até mesmo, em um desafio STEAM.

No entanto, para estimular essas habilidades, é preciso que as atividades tenham objetivos claros e sejam capazes de potencializar a aprendizagem ao abordarem novas maneiras de trabalhar o currículo, constituindo-se em um importante suporte para construir competências essenciais ao mundo contemporâneo tanto no campo intrapessoal quanto no interpessoal. Além de dominarem conhecimentos e técnicas, nossos estudantes têm de ser capazes de gerir seus sentimentos e suas emoções ao autorregularem seus comportamentos para alcançar seus objetivos.

> Dada a crescente falta de civilidade e os problemas relacionados que os educadores veem à sua volta, não é surpreendente que eles reconheçam cada vez mais a importância de abordar questões socioemocionais na escola. Ao mesmo tempo, alguns educadores acreditam que "já estão fazendo isso". Talvez seja verdade. Mas assim como sabemos instintivamente que faz sentido identificar as práticas mais eficazes para ensinar um assunto como matemática, considerar essas práticas e estruturá-las em um currículo sequenciado e implementá-lo em um tempo determinado em sala de aula e com profissionais treinados, devemos reconhecer agora que o mesmo esforço deve ser reunido se quisermos ter sucesso nos domínios socioemocionais. Simplesmente faz sentido que, se esperamos que as crianças tenham abertura a novos conhecimentos, responsabilidade e atenção

---

[5] O Capítulo 8 desta publicação trata da avaliação e de estratégias para a construção de rubricas.

– e, apesar de obstáculos significativos –, devemos ensinar habilidades, atitudes e valores socioemocionais com a mesma estrutura e atenção que dedicamos às disciplinas tradicionais. E devemos fazê-lo de maneira coordenada e integrada. (ELIAS *et al.*, 1997, p. 9, tradução nossa).

Ao terem contato com abordagem STEAM, os alunos produzem habilidades e práticas, tornando-se capazes de identificar, gerenciar e solucionar problemas na vida escolar, extrapolando esses aprendizados para a vida e auxiliando nas ações de planejamento, organização, tomada de decisão, ação integrada e foco. O trabalho com as habilidades socioemocionais se reflete nas respostas de comportamento que temos diante das situações emocionais intensas que podem interferir negativamente, ou positivamente, no desempenho dos jovens, prevendo que consigam lidar com essa carga emocional, contornando os efeitos dessa situação, vivenciando ainda no período de escolarização essas situações e preparando-se de fato para a vida.

A investigação científica, o trabalho por projetos, o uso da programação, da robótica, junto ao movimento *maker*, compõem partes das propostas do STEAM. A adoção do modelo deve partir inicialmente da intencionalidade do professor, e, nesse sentido, ouvir os estudantes e sistematizar essa escuta é fundamental.

Para levar a abordagem STEAM para sua sala de aula, é necessário ter atitudes e compreender os espaços de aprendizagem, transformar o currículo em possibilidades de experimentação, criar culturas por meio de oficinas, problematizar temas, focar na integração de conhecimentos, envolver os alunos em situações--problema reais. O espaço de aprendizagem é o lugar para aceitar o desconhecido e o erro e para trabalhar colaborativamente, características que não são habituais no nosso dia a dia. É necessário que o papel do professor seja de mediador e que permita aos alunos aprender pela experiência e por vivências. Assim, o espaço deve ser regulado por dois valores: **segurança** e **respeito**. Os participantes das atividades devem entender que, para uma convivência harmoniosa e produtiva, deve-se sempre cuidar dos outros, do espaço e de si mesmo. Assim, todos sabem qual a atitude necessária para o trabalho no ambiente, e as intervenções fazem sentido para o estudante.

Busca-se sempre a autonomia a partir da empatia, criando vínculo com os alunos, reconhecendo o contexto de cada um ao descobrir o que tem sentido e significado para eles, ajudando a criar um ambiente propício para aprender. Ao ampliar seu horizonte de conhecimento, o estudante ganha autoconfiança e segurança para ousar, conquistando cada vez mais autonomia.

REFERÊNCIAS

BRASIL. Ministério da Educação. *Base Nacional Comum Curricular*. Brasília, DF: MEC, [2017]. Disponível em: http://basenacionalcomum.mec.gov.br/images/BNCC_EI_EF_110518_versaofinal_site.pdf. Acesso em: 19 jan. 2020.

COLLABORATIVE FOR ACADEMIC, SOCIAL AND EMOTIONAL LEARNING. *What is SEL?* c2019. Disponível em: https://casel.org/what-is-sel/. Acesso em: 19 jan. 2019.

DIMENSÕES e desenvolvimento das competências gerais da BNCC. 2018. Disponível em: http://s3.amazonaws.com/porvir/wp-content/uploads/2018/02/28185234/BNCC_Competencias_Progressao.pdf. Acesso em: 19 jan. 2020.

ELIAS, M. J. et al. *Promoting social and emotional learning:* guidelines for educators. Alexandria: Association of Supervision and Curriculum Development, 1997.

GOLEMAN, D. *Inteligência emocional*. Rio de Janeiro: Objetiva, 1995.

KAUTZ, T. et al. *Fostering and measuring skills:* improving cognitive and non-cognitive skills to promote lifetime success. Cambridge: National Bureau of Economic Research, 2014.

KOZULIN, A.; PRESSEISEN, B. Z. Mediated learning experience and psychological tools: Vygotsky's and Feuerstein's perspectives in a study of student learning. *Educational psychologist*, v. 30, n. 2, p. 67-75, 1995.

LURIA, A. R. Vigotskii. *In:* VYGOTSKY, L. S.; LURIA, A. R.; LEONTIEV, A. N. *Linguagem, desenvolvimento e aprendizagem*. 12. ed. São Paulo: Ícone, 2012. cap. 2.

VEER, R. V. D.; VALSINER, J. *Vygotsky:* uma síntese. São Paulo: Loyola, 1996.

VYGOTSKY, L. S. *A construção do pensamento e da linguagem*. São Paulo: Martins Fontes, 2001.

VYGOTSKY, L. S. *A formação social da mente:* o desenvolvimento dos processos psicológicos superiores. 6. ed. São Paulo: Martins Fontes, 2003.

VYGOTSKY, L. S. *Obras escogidas III:* problemas del desarrollo de la psique. 2. ed. Madrid: Visor, 1997.

ZABALA, A. V.; ARNAU, L. *Como aprender e ensinar competências:* uma proposta para o currículo escolar. Porto Alegre: Artmed, 2010.

ZAKI, J. *The war for kindness:* building empathy in a fractured world. London: Crown, 2019.

LEITURA RECOMENDADA

FADEL, C.; BIALIK, M.; TRILLING, B. *Educação em quatro dimensões:* as competências que os estudantes devem ter para atingir o sucesso. Boston: Center for Curriculum Redesign, 2015.

10

Formação de professores: vencendo os desafios de implementação do STEAM

Mariana Lorenzin

Entendendo a organização tradicional do ensino de ciências como a sua redução à apresentação de conteúdos, modelos e esquemas, em que, pelo acúmulo de fatos, o conhecimento se torna fragmentado e afastado de conceitos mais contextualizados, refletir sobre a organização dessa área de ensino configura-se em uma oportunidade para transformá-la.

É nesse cenário de transformação, e visando a formação de sujeitos com olhar amplo e contextualizado sobre os fenômenos, aptos a lidar com uma realidade complexa e com interesse no conhecimento científico, que a abordagem STEAM se apresenta como uma possibilidade de orientação para uma nova organização do ensino de ciências, integrando-o às tecnologias, às engenharias, às artes, ao *design* e à matemática.

Nessa reorganização, ao orientar uma nova forma de pensar o currículo, compreendido aqui como um componente formador da realidade da educação, o STEAM representa uma mudança na concepção sobre o ensino de ciências na escola, materializando uma nova perspectiva sobre este, resultante de uma nova cultura e seus sistemas de significações na escola.

Como desdobramento de dissertação de mestrado[1] e continuidade do capítulo "Desenvolvimento do currículo STEAM no ensino médio: a formação de professores em movimento", publicado no livro *Metodologias ativas para uma educação inovadora*, que abordou aspectos sobre a organização do ensino de ciências, intro-

---

[1] Sob orientação da Profa. Dra. Alessandra Bizerra, professora do Instituto de Biociências da Universidade de São Paulo (USP).

duziu elementos e princípios da abordagem STEAM e relatou o planejamento e o desenvolvimento do currículo orientado por essa abordagem em uma escola da rede privada da cidade de São Paulo, este capítulo, a partir da perspectiva da Teoria da Atividade, coloca o foco nos conflitos e nas tensões emergentes nesse processo, bem como nos indícios e nos reflexos de sua superação, entendendo esse movimento como espaço para a formação e a transformação dos professores.

Embora localizadas em um contexto particular, as tensões aqui apresentadas podem também estar presentes em contextos diversos que vivenciam processos de reorganização curricular. Assim, as negociações sobre as tensões deste capítulo podem conter elementos de uma situação geral, e estes podem ser recontextualizados, respeitando-se os elementos culturais das diversas realidades.

O ENSINO DE CIÊNCIAS E O STEAM: CAMINHOS POSSÍVEIS PARA A REORGANIZAÇÃO DO CURRÍCULO

Inserido em um contexto pautado por constantes mudanças, incorporação de tecnologias e rápida velocidade da informação, o ensino de ciências passa por reflexões sobre o seu papel na formação dos estudantes e discute sua organização, uma vez que, em um mundo em que a complexidade é o tom, compreender o conhecimento compartimentado e linear significa representar a realidade em fragmentos.

Apesar de certa coerência acadêmica no agrupamento de conteúdos, a organização tradicional do ensino em componentes curriculares, como disciplinas separadas, conduz somente a um acúmulo de informações, o que é incompatível com a sociedade da informação. Nesse sentido, a fragmentação dos conteúdos, além do acúmulo de dados, leva à perda de seu sentido, do significado, da motivação e da relevância do trabalho escolar ao afastar a sala de aula de seu propósito como espaço de reflexão e de prática social. Sem considerar as numerosas possibilidades e experiências de aprendizagem, o ensino fragmentado dificulta a formação de pensamentos mais complexos e necessários nesse contexto de múltiplas interações.

Assim, considerando que é possível buscar múltiplas soluções para problemas atuais e que cada disciplina acadêmica, como construção pedagógica com função social, foca em conceitos e habilidades específicas, ao tratar de apropriações complexas e imersas em uma cultura em transformação, questionar, discutir e refletir sobre a organização do currículo e das práticas se faz necessário no processo de elaboração do modo como os professores percebem o ensino e suas opções educacionais, bem como sua prática em sala de aula.

A preocupação com a formação da autonomia no processo de aprendizagem e a preparação de indivíduos para uma atuação responsável, criativa, comunicativa e inovadora demandam a convergência de conhecimentos, a seleção e a conexão entre fontes de informação diversificadas, superando os limites entre disciplinas e estabelecendo relações que geram novas convergências (HERNANDEZ; VENTURA, 1998) e que permitem compreender as diferentes dimensões da realidade, captar e expressar a totalidade de forma mais ampla e integral (MORAN, 2003).

Para além da informação lógica, sequencial, estruturada e estática, na sociedade da informação e da comunicação é preciso aprender novas formas de conhecer, comunicar e integrar aspectos humanos, tecnológicos, individuais e sociais (MAURI, 2009). Nessa expectativa, e com base em concepções que ultrapassem a transmissão de conhecimento e caracterizem-se pela dinamicidade e interatividade, é fundamental uma revisão dos conteúdos e métodos das instituições educacionais, especialmente com relação a uma nova forma de organizar o ensino a fim de estabelecer relações entre áreas do conhecimento.

Entendendo, de acordo com Gimeno Sacristán (2000), que o currículo deve ser visto como uma construção social com múltiplas expressões, resultando, portanto, de um processo de equilíbrio de interesses que emerge de um modelo de pensar a educação e se dá sob determinadas condições, não se trata apenas de rever a organização do currículo escolar e propor novas formas de pensar o ensino. Trata-se de compreender o significado das propostas curriculares integradas, o que nos obriga também a levar em conta as dimensões globais da sociedade e do mundo em que vivemos (TORRES SANTOMÉ, 1998) para que a organização dos conteúdos e dos ambientes de aprendizagem possa ser intencionalmente planejada a fim de favorecer a articulação de conceitos e tornar o conhecimento plural, interdependente e interligado.

Considerado como reduzido à apresentação de conteúdos e ao uso de termos, esquemas e conceitos, e permeado por uma série de tensões quanto a suas finalidades e seus métodos, o ensino de ciências encontra-se polarizado entre a quantidade de conteúdo e a qualidade da formação, o letramento científico voltado para a ampla formação com temas transversais e as proezas para a formação centrada em especializações com o acúmulo de resultados (FOUREZ, 2003).

Priorizando a apresentação de resultados científicos com a maior quantidade de conteúdo e centrando a aprendizagem nas especializações escolares, o ensino de ciências organizado em fragmentos, embora possibilite a organização da realidade, ao não explicar as suas interações, conduz para uma análise de conceitos sem conexão com elementos de diferentes contextos. Junta-se a essa situação o desenvolvimento de conflitos no uso do raciocínio científico e as dificuldades dos estudantes na argumentação e na elaboração de justificativas, bem como na tomada de decisão em situações que dependem de uma análise ampla.

Dessa forma, com modelos e conteúdos afastados da realidade, as ciências cada vez mais perdem seu sentido no que diz respeito à compreensão do mundo, acentuando uma crise dessa área do ensino e levando os jovens ao desinteresse pela carreira científica. Soma-se a isso o fato de que, quando não compreendidas como produção humana e, portanto, não apropriadas pelos sujeitos, as ciências demonstram ser uma realidade independente da cultura, sem promover o desenvolvimento humano, a consciência e a transformação social, o que, atualmente, não atende às necessidades de um contexto pautado na lógica das múltiplas dimensões da sociedade.

Nesse sentido, para a constituição do indivíduo, as ciências devem ser entendidas como *atividade* "[...] capaz de objetivar formas especificamente humanas, que podem ser apropriadas pelos indivíduos a fim de que se humanizem" (CAMILLO; MATTOS, 2014, p. 225), superando a reprodução de estruturas e promovendo o desenvolvimento de potencialidades humanas pelo engajamento na relação entre objetivação e apropriação.

É a partir da complexificação das relações com o mundo que a realidade é transformada em problemas significativos, nos quais o conhecimento estabelecido é apropriado e atua como elemento para a produção de conceitos que, ao mesmo tempo, conservam o gênero humano e permitem a transformação para lidar com uma realidade complexa que considera as dimensões valorativa, ética e política.

Dessa forma, ao reorganizar o currículo, é preciso que sejam consideradas as dimensões epistemológica e ontológica, incluindo a dimensão axiológica, para diminuir o reducionismo e favorecer a aprendizagem, no que se refere ao desenvolvimento de atitudes científicas para a tomada de decisão e à realização de escolhas diante dos valores (BASTOS; MATTOS, 2009). Somente a partir de contextos particulares que se ampliam em uma abordagem mais complexa, que superam a transmissão do conhecimento e que permitem o desenvolvimento de competências é que a aprendizagem em ciências pode ser transformada em uma experiência com significado, possibilitando o desenvolvimento do sujeito integral.

Essa aprendizagem pode promover conexões que permitam a compreensão da realidade de modo mais complexo, alterando, significativamente, o formato de organização das escolas a fim de que, ao refletirem as conexões globais, se tornem compatíveis com o momento atual (RILEY, 2012).

Distante de uma concepção redutora, essa nova concepção sobre o ensino de ciências – baseada em situações-problema de interesse relevante, com aproximações qualitativas e construção de soluções que são colocadas à prova – permite a incorporação e a transformação dos conhecimentos. Ao motivar os estudantes pela vivência de situações-problema e ao suscitar a compreensão mais complexa dos múltiplos aspectos do conhecimento que se apresentam na situação em estudo, busca-se promover nos alunos o desenvolvimento de ações que envolvem o pensar entre disciplinas, o que inclui a busca e a explicitação de conexões naturais entre elas para fomentar o pensamento que atravessa as diferentes áreas.

Como defende Torres Santomé (1998), a organização dos conteúdos em torno de núcleos que ultrapassam as fronteiras das disciplinas favorece a mobilização de conceitos, procedimentos e habilidades para solucionar questões propostas. No mesmo sentido, Lopes e Macedo (2011) defendem o trabalho por projetos a partir de temas geradores como uma possibilidade de articular as partes para análise de um tema significativo. Com o objetivo de integrar o conhecimento e a reflexão, em associação ao autoconhecimento, à criatividade e à imaginação, em um contexto pautado pela comunicação e pela responsabilidade social, essas autoras explicam que o trabalho por projetos – entendido como uma experiência de aprendizagem – deve criar a necessidade de aprender conceitos a partir da identificação de um problema, por meio da busca e do planejamento de soluções criativas, compreendendo que a aprendizagem se concretiza no momento em que transborda em ressignificações, sendo imbuída de sentidos que permitem a aplicação dos conceitos a situações sociais reais.

Yakman ([2008]) defende que não se trata de modificar toda a estrutura da educação básica, e sim de promover as conexões entre os conteúdos das disciplinas, o que tem sido feito individualmente para que, a partir de situações investigativas sobre a realidade, seja estabelecida a integração do conhecimento e a aprendizagem se torne contextualizada e centrada no aluno. Por isso, Connor *et al.* (2015) ressaltam a importância de considerar os erros como parte do processo de aprendizagem.

Ao entender que as ciências apresentam intersecção com diferentes áreas do conhecimento, podendo ser ensinadas como um elemento integrado ou fragmentado em diferentes disciplinas, é preciso ampliar a visão de currículo no ensino de ciências para que sejam consideradas as relações entre disciplinas e para que essas relações se concretizem em estratégias que favoreçam a aprendizagem com sentido e significado no contexto em que se inserem. Nessa direção, o ensino de ciências buscou relações com os campos da tecnologia e da engenharia para a inclusão formal de seus objetivos, aproximou-se da matemática, na produção de uma linguagem comum para a análise de fenômenos e das artes, e do *design*, no desenvolvimento de habilidades específicas, integrando elementos específicos e fundamentais dessas áreas.

É em decorrência dessas aproximações, e partindo de situações que envolvam problemas reais para tornar a aprendizagem mais próxima da realidade, que o STEAM surge como uma abordagem para a reorganização do ensino. Com o olhar para além das disciplinas, a fim de construir conceitos que abrangem diferentes perspectivas, e baseado no trabalho por projetos, para atribuir sentido às informações, essa abordagem busca compreender as ciências a partir de uma forma ampla que considera suas múltiplas interações.

O sistema de *atividade* na construção de um currículo STEAM como local para a formação docente

Em um contexto particular de uma escola da rede privada da cidade de São Paulo em que se optou pela abordagem STEAM como referencial para orientar a reorganização curricular das disciplinas práticas de ciências, anteriormente fragmentada em física, química e biologia, e entendendo a formação de professores como um processo de devir constante que pode se constituir em uma *atividade* de aprendizagem docente, a Teoria da Atividade apresenta-se como referencial teórico robusto para a análise das transformações dos sujeitos envolvidos.

Para compreender o desenvolvimento do currículo STEAM sob a perspectiva dessa teoria, é preciso alinhar alguns conceitos, sobre os quais a Teoria da Atividade mantém sua base, para que estes tenham seus significados compartilhados com os leitores deste capítulo, podendo, assim, receber um sentido.

Fundamentada na escola de psicologia russa que remete às dimensões social, histórica e cultural da formação dos indivíduos e de suas relações com o outro e com o mundo, a Teoria da Atividade é um referencial que permite uma leitura complexa dos fenômenos, sob a perspectiva materialista dialética. Com foco de análise no desenvolvimento dos sujeitos em suas *atividades*, sua sistematização nos permite localizar contradições e tensões, entendidas como elementos fundamentais para o surgimento de ciclos expansivos de aprendizagem e novas *atividades*.

Com base nas produções de Vygotsky, e interpretando o trabalho e a produção de valores sob a perspectiva marxista para explicar o desenvolvimento do indivíduo e as práticas culturais situadas no contexto, as *atividades* são consideradas "[...] processos psicologicamente caracterizados por aquilo a que o processo, como um todo, se dirige (seu objeto), coincidindo sempre como o objetivo que estimula o sujeito a executar esta atividade, isto é, o motivo" (LEONTIEV, 1988, p. 68).

A partir desse conceito, a *atividade* (Figura 10.1), como fenômeno coletivo e localizado em ciclos históricos, é estimulada por uma necessidade e orientada a um motivo que busca concretizar-se em um objeto. É realizada por ações conscientes e operações automáticas, diante da mediação por instrumentos e signos compartilhados.

Na busca por satisfazer as necessidades estabelecidas, por meio da *atividade*, o sujeito produz uma nova realidade e a si mesmo, constituindo-se na relação entre a *atividade* prática, material e transformadora, e a *atividade* teórica, conceitual (MORETTI; MOURA, 2011). Ao se estabelecerem novas necessidades, novas *atividades* são geradas por novos motivos e, por meio da reinterpretação das ações anteriores, promovem mudanças no sentido da ação e da própria *atividade* ao sujeito (LEONTIEV, 2006).

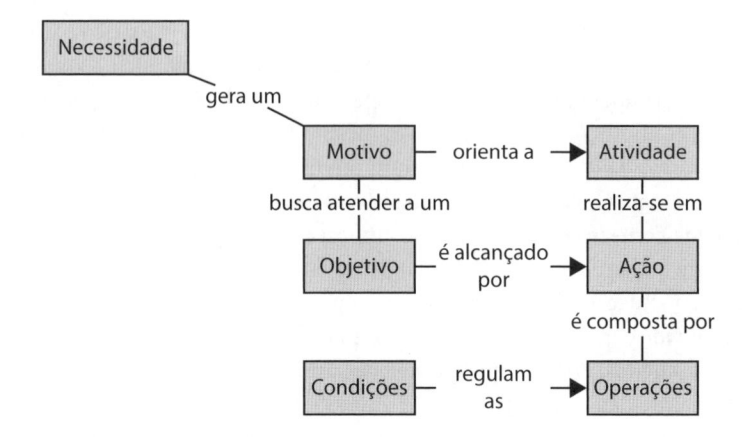

Figura 10.1 Níveis estruturais da *atividade* humana.
Fonte: Elaborada com base em Leontiev (1988).

Como unidade básica da existência e da produção da cultura, é a coincidência entre o motivo e o objeto que confere sentido pessoal à *atividade*. Ao inserir o sujeito que busca alcançar uma meta, a *atividade* se constitui e promove a consciência e o desenvolvimento humano, permitindo ao indivíduo se apropriar e se colocar no interior da história e de práticas sociais.

Aplicada em pesquisas sobre a aquisição da linguagem, a partir de novas contribuições, e contemplando a coexistência de múltiplas vozes, a teoria foi expandida, nos anos 1980 e 1990, para os contextos do trabalho e do uso das tecnologias em sala de aula. Mantendo a estrutura dos conceitos como um desdobramento da construção histórica, mediada por instrumentos da relação entre homem e mundo, a *atividade* foi reestruturada por Engeström (1987) e passou a ser analisada como subunidade de um sistema composto por um complexo de *atividades* que permite, pela multiplicidade de vozes e olhares, atribuir-lhe o caráter coletivo. Nessa versão estruturada por Engeström (2002), a *atividade* é constituída por sujeitos que, pela mediação de instrumentos, orientam-se a um objeto e encontram suporte nas regras que a regulam no contexto de uma comunidade que, compartilhando o mesmo objeto, está organizada na divisão de trabalho entre seus membros.

Diante dessa complexidade, e considerando que não é possível estudar as questões psicológicas fora do contexto em que tiveram seus significados construídos, a Teoria da Atividade, por sua natureza dinâmica, é apresentada como potencial modelo que transcende a noção de que a mente e a sociedade são consequências últimas do comportamento humano, permitindo capturar a complexidade e o movimento das interações (HARDMAN, 2007).

Nesse sentido, a abordagem histórico-social oferece suporte teórico para a interpretação dos dados, ao perceber os fenômenos de modo dinâmico e ao associar – ao estudo – ferramentas, regras, ações e operações envolvidas, o que permite a percepção das contradições emergentes. Ao mesmo tempo, a dinamicidade e o movimento contínuo da *atividade* representam um obstáculo ao pesquisador que busca analisar momentos localizados em um sistema de *atividade*. Isso se deve ao fato de que algo que comece como uma regra, em um sistema, pode se tornar ferramenta ou objeto de outro, de acordo com o contexto em que está inserido.

Em outra situação, dependendo do enfoque do observador, o que corresponde a uma *atividade* para um grupo de sujeitos pode representar uma ação na *atividade* para outros sujeitos. Por esse motivo, é necessário escolher momentos que demonstrem a dinamicidade do sistema e permitam congelar a interação para sua análise (HARDMAN, 2007). Nesse recorte, o currículo disciplinar é entendido como o objeto em transformação de um sistema de *atividades* e, portanto, carrega em si dinamicidade, tensões e contradições. Assim, compreender as *atividades* e as ações envolvidas na reorganização curricular do ensino de ciências de diferentes sujeitos é um passo importante para uma análise ampla que também se constitui em espaço para a formação docente.

Revelando, além da lógica causal, os graus de complexidade do objeto e compondo parte do sistema de *atividade* do processo de reorganização curricular a partir do STEAM, foram identificadas a *atividade* de transformação do currículo, a *atividade* de ensino e a *atividade* de aprendizagem dos professores.

Atividade de transformação do currículo: o movimento da reorganização curricular

Por compartilhar o objeto em transformação, a *atividade* de transformação do currículo (Quadro 10.1) é entendida como *atividade* dominante dos professores, central no sistema de *atividades*, apresentando intersecções com as demais *atividades*. Embora, para Leontiev (2009), a *atividade* dominante seja aquela que rege todas as demais *atividades* de um indivíduo, podendo, portanto, ser facilmente identificada no início do desenvolvimento humano, nesse contexto é da *atividade* geral do grupo, compartilhada pelos sujeitos envolvidos na transformação curricular, que decorrem outras *atividades*. Assim, como objeto compartilhado entre os sujeitos, o currículo em transformação, ao orientar a *atividade* denominada *atividade* de transformação do currículo, é o que permite a atribuição de sentido e significado para tal *atividade*.

Os professores das áreas de física, química e biologia, juntamente com os professores de artes envolvidos no planejamento do currículo da nova disciplina, são os sujeitos que realizam essa *atividade*. Eles fazem parte de uma comunidade

QUADRO 10.1 *Atividade* de transformação do currículo

	Atividade
Sujeito	Professores das áreas de ciências (física, química e biologia) e de artes.
Motivo	Transformação do currículo das aulas práticas em laboratório de física, química e biologia em um currículo orientado pela abordagem STEAM.
Objetivo	Reorganização do currículo das disciplinas de laboratório de física, química e biologia.
Ações	Organização de conceitos e práticas. Planejamento do curso.
Operações	Aplicação dos conceitos teóricos e pedagógicos. Utilização dos recursos para o planejamento das aulas.

maior que, embora não seja possível afirmar sobre sua abrangência, é estendida à comunidade escolar da qual fazem parte os alunos e seus responsáveis, os professores e os coordenadores das disciplinas e os funcionários da escola – técnicos, equipe administrativa e inspetores de alunos.

Ainda que apresentem argumentações diversas, para esses sujeitos, a transformação do currículo – anteriormente organizado, a partir da concepção do ensino tradicional, em uma disciplina orientada pela abordagem STEAM – move a *atividade* e orienta as ações de seu planejamento e a organização da sequência das aulas, sendo comum a todo o grupo.

As ações dos professores, nesse processo, envolveram a participação em oficinas de formação, o estabelecimento de parceria com os colegas para a criação de material didático, o estudo de conteúdos e a preparação das aulas para a construção do curso, além do planejamento de cada etapa do curso. Ainda nessa fase, e diante das condições oferecidas, foi preciso gerenciar o tempo e os recursos disponíveis para participação nas reuniões e contribuir com sugestões para as dinâmicas propostas pelo grupo.

É fundamental ressaltar que, no sistema de *atividade* em que se insere, o conceito da abordagem STEAM, objeto da *atividade* de aprendizagem dos professores, se configurou em ferramenta – instrumento da *atividade* – que possibilitou a transformação do objeto: o currículo. Dessa forma, o currículo das disciplinas de laboratório de física, química e biologia foi transformado em um currículo de uma disciplina que integra essas áreas das ciências às áreas das engenharias, tecnologias, artes e matemática. No entanto, vale destacar que, como parte de um sistema em que as alterações em uma parte afetam as demais, a relação com o currículo em sua *atividade* de transformação expandiu e promoveu o surgimento de novas *atividades* para os professores, que, por sua vez, se entrelaçam à *atividade* dominante.

Atividade de aprendizagem e atividade de ensino dos professores: formação profissional e transformação da prática

Além da *atividade* de transformação do currículo, cujo motivo localiza-se na reorganização curricular do ensino de ciências, duas outras motivações, que se entrelaçam e aparecem de forma conjunta, orientaram a *atividade* dos professores (Quadro 10.2): a formação profissional, voltada para a sua própria aprendizagem (*atividade* de aprendizagem), e a formação integral dos alunos, voltada para o ensino (*atividade* de ensino).

Em *atividade* de aprendizagem, o sujeito desta, o professor, é movido pela necessidade de formação profissional com objetivos de assimilar os pressupostos da abordagem STEAM e aprender a ensinar na perspectiva interdisciplinar e por projetos. Para tanto, visando a resolução dos problemas de aprendizagem, desenvolveu ações que envolveram a participação em oficinas de formação, o estabelecimento de parceria com os colegas para a reflexão do processo e suas propostas, a realização de leituras e a vivência de práticas propostas pelo grupo.

Entre as oportunidades oferecidas para sua formação profissional, ao participarem do planejamento do currículo orientado pela abordagem STEAM, os professores enfrentaram o desafio representado pela reorganização curricular como um elemento motivador que envolve o trabalho em equipe, a confiança

QUADRO 10.2 *Atividades* dos professores no STEAM

	Atividade de aprendizagem	*Atividade* de ensino
Sujeito	Professor.	Professor.
Motivo	Formação profissional docente.	Formação integral dos alunos.
Objetivo	Aprender os pressupostos da abordagem STEAM e aprender a ensinar na perspectiva interdisciplinar e por projetos.	Ensinar conceitos acadêmicos, habilidades e aspectos humanistas.
Ações	Resolução de problemas de aprendizagem.	Reorganização do currículo. Definição de como trabalhar os conceitos teóricos e o desenvolvimento moral e de habilidade.
Operações	Utilização dos recursos para a aprendizagem.	Utilização dos recursos metodológicos que auxiliarão o ensino.

no trabalho dos pares, a reflexão sobre novas ideias e práticas pedagógicas, o espaço para estudo do conteúdo e a aproximação com outras áreas do conhecimento, possibilitando a aprendizagem.

Com a dinâmica da *atividade* de transformação do currículo em curso, a construção do novo currículo abre espaço para a reflexão sobre o significado da abordagem STEAM, de modo que compreender seu conceito se torna um objetivo coletivo para a *atividade* de aprendizagem, em que a formação se dá em seu desenvolvimento e se torna condição para a reorganização curricular.

No movimento em que a formação individual acompanha o desenvolvimento coletivo, no primeiro momento, o conceito da abordagem STEAM era percebido pelos professores como um modelo pronto e um conceito ideal a ser alcançado e, portanto, um objetivo, bem definido, da transformação curricular.

No entanto, as transformações percebidas com relação à compreensão sobre o conceito STEAM demonstram que, em um diálogo entre a construção do novo currículo, a prática em sala de aula e as reflexões sobre esta, houve maior amplitude na visão e maior compreensão sobre o STEAM, possibilitando a transformação do conceito da abordagem de um ensino orientado pela valorização do conteúdo para uma organização que objetiva o desenvolvimento do aluno, atribuindo-lhe sentido na realidade local.

Esse conceito passou, então, a ser compreendido como ferramenta da reorganização curricular e, portanto, instrumento da *atividade* de transformação do currículo. Nesse caso, não se trata da importação do conceito sobre o STEAM, tampouco de sua reprodução no contexto local. Trata-se da apropriação de seu significado de forma coletiva para inovar a partir de sua compreensão, não colocando a definição do conceito como condição ou regra da *atividade*.

Sendo visto como ferramenta da *atividade* de transformação do currículo, o conceito da abordagem STEAM, nesse momento, com significado coletivo, atuou como instrumento da *atividade* de aprendizagem para a formação do professor, a fim de atingir o objetivo da formação para aprender a ensinar em uma nova concepção de ensino.

Além da formação profissional, a formação dos alunos foi relatada como motivo que também orienta a *atividade* dos professores relacionada à reorganização curricular, buscando possibilitar a aprendizagem dos alunos, para que, como sujeitos do processo, construam conhecimento com sentido e significado, além do desenvolvimento de habilidades importantes para a vida em sociedade. Dessa forma, o motivo da *atividade* de ensino, de formação integral dos alunos, revela a preocupação com uma formação que atenda ao desenvolvimento intelectual e às habilidades, concretizada a partir da formação de professores em uma nova concepção de aprendizagem.

Para tanto, buscando ensinar os conceitos acadêmicos da área das ciências, bem como habilidades diversas e aspectos humanistas, os professores desenvolveram ações para a reorganização curricular que incluíram a definição de formas para trabalhar os conceitos teóricos e o desenvolvimento moral e de habilidades, pautando-se nos pressupostos da abordagem STEAM e no conceito coletivamente construído sobre a sua compreensão. A partir dessa apropriação do conceito e das transformações na *atividade* é que se torna possível modificar as práticas. No entanto, trata-se de um processo em que emergem tensões e contradições, que, ao serem compreendidas como elementos propulsores da *atividade*, possibilitam inaugurar ciclos expansivos de aprendizagem e, quando superadas, originar novas *atividades*.

TENSÕES E NEGOCIAÇÕES ENVOLVIDAS NA PRODUÇÃO DO CURRÍCULO STEAM: VENCENDO OS DESAFIOS

Com papel central para a promoção de mudança e transformação da *atividade*, as contradições socialmente produzidas e influenciadas por *atividades* coletivas são compreendidas como evoluções históricas das tensões, que fazem do objeto da *atividade* um alvo dinâmico e configuram-se em elementos que possibilitam a aprendizagem expansiva.

Superando a interpretação de conflitos ou problemas, o que reduz seu significado, na perspectiva dialética, as contradições referem-se a unidades de oposição, forças ou tendências opostas entre elementos de uma estrutura e/ou sistema histórico em movimento que geram perturbações, mas também inovações que impulsionam a *atividade*.

A análise das contradições existentes em uma *atividade* ou em um sistema de *atividades* é passo fundamental para a identificação do próprio sistema e indica as transformações dinâmicas e motivadoras do objeto que o orienta (ENGESTRÖM; SANNINO, 2011). Como algo dinâmico cujas qualidades são modificadas, as contradições presentes em uma *atividade* podem provocar o surgimento de um novo objeto que orienta uma nova *atividade* que amplia os horizontes do modelo anterior (ENGESTRÖM; SANNINO, 2010). É a superação das contradições que leva à emergência de novos conceitos, modelos e padrões que conduzem o sistema a uma nova fase de desenvolvimento.

A contradição entre o valor de uso e o valor de troca, e a dualidade entre a manutenção e a transformação, o individual e o coletivo e a abrangência e a profundidade, foram manifestadas pelos professores durante o planejamento da reorganização curricular a partir do STEAM e serão abordadas a seguir, juntamente com os indícios de sua superação, quando forem pertinentes.

Valor de uso *versus* valor de troca: a primeira contradição da *atividade*

Considerada a contradição primária interna do capitalismo, a oposição entre o valor de uso e o valor de troca das mercadorias, de acordo com Engeström (2001), permeia todos os elementos da *atividade*.

Refletindo as características da formação socioeconômica em cada componente da *atividade* central e não apresentando elementos que podem indicar sua superação, essa contradição é emergente na transformação curricular orientada pela abordagem STEAM por manifestar a condição de mercadoria e o valor de troca atribuído à educação.

Manutenção *versus* transformação

Manutenção *versus* transformação é a contradição que estabelece a oposição entre a manutenção da organização tradicional do ensino de ciências e sua transformação em uma proposta que, ao considerar a interdisciplinaridade e o desenvolvimento de projetos característicos da abordagem STEAM, coloca novas condições e regras para a *atividade*, desencadeando tensões entre os sujeitos e destes consigo no que diz respeito ao papel do professor, à organização do horário das aulas ou, ainda, à lógica disciplinar, por exemplo.

As tensões dessa contradição estão presentes entre diferentes elementos da *atividade*, como aquelas entre as condições necessárias para o desenvolvimento do trabalho no currículo STEAM e as condições e as regras pautadas no ensino tradicional, sobre as quais a rotina da escola está organizada.

Assim, o currículo planejado a partir da abordagem STEAM e o significado transformador que este carrega entram em conflito com os moldes dominantes da organização escolar, colocando duas perspectivas diversas em convivência no mesmo ambiente.

> [...] o STEAM "tá" propondo uma coisa no colégio que vai ainda... que ainda é incômoda, entendeu? E ainda "tá" achando o seu lugar. [...] Isso é natural, a gente vai achar jeitos de coexistir ou de um englobar o outro. (Professor S, em entrevista).
>
> [...] é um grande desafio porque é uma escola hipertradicional, de excelência, e que "tá" mostrando excelência inclusive na possibilidade de ser reinventada por causa de tamanha consistência. (Professor Q, em entrevista).

Diante desse cenário, transitar pelas diferentes realidades que se apresentam reflete a sensação de isolamento da disciplina STEAM em relação às demais disciplinas da escola, o que pode ser um fator desencadeador de conflitos entre os sujeitos envolvidos e, também, o próprio sujeito consigo.

> [...] uma insegurança de uma mudança muito grande como essa, e o seu papel nisso tudo. "Pôxa!" Eu era professor que sabia entregar o conteúdo, e agora? O que eu vou fazer agora como professor? E até para ver se ia funcionar mesmo, como ia ser o impacto dos alunos, se eles iam aprender ou não. Mas, acho que é, muito, essa insegurança de mudança mesmo. (Coordenador, em entrevista).

No entanto, pela história da instituição, por suas concepções sobre o ensino e a aprendizagem pelas quais foi concebida e, ainda, pela transformação da cultura que atravessa, tem-se, coletivamente, a emergência de novos elementos nas *atividades*, que, por sua vez, promovem transformações na realidade que colocam as perspectivas de manutenção e transformação em diálogo e convivência. É na convivência entre os aspectos dessas perspectivas que reside a superação dessa contradição, a partir do trabalho coletivo, da experimentação e da análise para a criação de novos significados para a cultura.

A caminho da superação dessa contradição, há os constantes diálogos e reflexões dos professores junto à coordenação e à direção sobre as aproximações e os distanciamentos entre as duas propostas que convivem na escola. Essas reflexões contemplam negociações sobre novas possibilidades de atuação e transformações nas práticas das aulas STEAM e nas disciplinas orientadas pela concepção tradicional do ensino. Além disso, a elaboração de novas ferramentas de organização da rotina escolar, como as novas configurações de horário das aulas que contemplam o trabalho por projetos, de registros e de formas de avaliação indica a tendência de superação das tensões de modo coletivo.

No aspecto pedagógico, essa tensão está associada também às questões da formação do aluno voltada para os desafios da sociedade *versus* a preparação para os exames vestibulares e as provas nacionais e internacionais. Ainda levando em consideração a formação do aluno, especificamente no ensino de ciências, o conflito em questão reflete a dualidade entre o conteúdo da *atividade* educacional e o resultado esperado para esta (CAMILLO; MATTOS, 2014). Essa dualidade pode ser entendida como a oposição entre o ensino como processo e o ensino para resultados, assim como a percepção do ensino de ciências para a formação de cidadãos e o ensino voltado para a formação de cientistas.

Nesse sentido, diferenças nas concepções sobre os objetivos da abordagem STEAM também estão associadas a esses conflitos no que diz respeito à valorização do processo de aprendizagem de ciências e de seus resultados. Ainda nessa perspectiva, emerge a tensão relacionada à compreensão sobre a natureza do conhecimento científico, levando a organização do ensino para a transmissão do saber acumulado ou para a construção do conhecimento em uma situação de investigação.

Associada à tensão da natureza do conhecimento e seus reflexos na organização do ensino, a compreensão sobre uma nova forma de ensino e aprendizagem, localizada no contexto em que há o desenvolvimento de autonomia, comunicação, colaboração, habilidades para pesquisa, e a reflexão para autoavaliação foram também elementos, ainda com indícios de conflitos, considerados pelos professores ao discutirem a qualidade do curso e a formação do aluno.

Embora as diferenças entre a concepção interdisciplinar do ensino sobre a qual o currículo STEAM está pautado e a organização preferencialmente tradicional e fragmentada das demais disciplinas da escola possam representar um fator limitante à sua aplicação e apresentar tensões em sua realização, por colocar os sujeitos em convivência com duas realidades distintas dentro da escola, a superação dessa contradição pode se dar, no trabalho coletivo, pela experimentação e análise dos aspectos inovadores, respeitando-se os valores da cultura institucional e criando novos significados para ela.

Na busca por esse equilíbrio, a criação de novos significados para as transformações da cultura permite que os novos elementos sejam incorporados e, de fato, promovam as transformações na realidade. Nesse sentido, dialogar e esclarecer, com toda a comunidade escolar, as aproximações e os distanciamentos entre as duas propostas de ensino da escola, bem como elaborar, coletivamente, ferramentas de organização da rotina escolar para atender aos objetivos das *atividades*, permitem a convivência entre o ensino tradicional das demais disciplinas e a aprendizagem por projetos interdisciplinares do STEAM possam conviver e, a partir desse convívio, contribuir para a formação do aluno de modo integral.

Individual *versus* coletivo

Relacionada ao sujeito da *atividade*, esta categoria de contradições no processo de reorganização curricular a partir do STEAM exprime a tensão entre o sentido pessoal e o coletivo (significado), os interesses individuais/locais e coletivos/gerais, a formação do indivíduo e suas formas de participação na coletividade (CAMILLO; MATTOS, 2014). Trata-se do segundo nível de contradição da *atividade*, em que há diferentes entendimentos dos sujeitos sobre o objeto.

Para Leontiev (2009), pode-se interpretar a origem dessa tensão a partir da duplicidade da construção social dos significados, uma vez que a assimilação individual, com consequente atribuição de sentidos, depende das possibilidades de conexões internas do indivíduo. No entanto, a construção do significado em uma perspectiva coletiva está associada à externalização do sujeito.

Nesse diálogo entre as conexões internas e a externalização, os diferentes entendimentos dos sujeitos sobre o conceito da abordagem STEAM retratam a tensão entre o sentido pessoal e o coletivo.

> [...] será que eu consigo responder isso agora? Não. Sério! Porque, assim, antes eu tinha uma resposta muito mais tranquila antes do processo ter começado. (Professor Q, em entrevista).

> [...] a gente "tá" começando a entender o que é o STEAM. Eu acho que a gente ainda não sabe o que é. (Professor T, em entrevista).

No entanto, a realidade experimentada no curso da *atividade* pode diferir da imagem mental inicial, gerando uma tensão entre elas, o que deve conduzir a um movimento de transformação da própria *atividade* (LEONTIEV, 2009).

É no movimento entre as concepções individuais e as concepções coletivas e na relação e no diálogo entre os sujeitos que as transformações sobre o conceito da abordagem STEAM passaram a demonstrar diferenças entre a percepção individual e a apropriação pelo coletivo, carregando em si, de acordo com Moretti e Moura (2011), as marcas do trabalho coletivo. Assim, ainda na perspectiva dos autores, humanizando a realidade a partir de sua compreensão, as reflexões do grupo podem ser compreendidas como desencadeadoras de novos sentidos impregnados de significados humanos.

As transformações sobre o conceito da abordagem STEAM que passaram a considerar o foco no aluno e a formação para a construção do conhecimento aliada ao desenvolvimento de habilidades, realizadas de modo coletivo na *atividade* de aprendizagem do professor, levaram a transformações na própria *atividade*, assim como na *atividade* de transformação do currículo e do ensino.

Como forma mais complexa de contradição, essa situação retrata a necessidade da transição de uma percepção individual do sujeito para a resolução coletiva, que, quando alcançada, deve consolidar uma nova *atividade* e, com um conceito comum e coletivo, promover transformações na prática.

Assim, a colaboração e o trabalho em equipe, em encontros para o planejamento do currículo, foram fundamentais à apropriação de conceitos teóricos e à reflexão "na" e "sobre" a prática, resultando em um processo colaborativo de formação docente, com indícios de superação da contradição pela construção social de significados.

Nesse movimento de superação, as transformações nas percepções dos indivíduos sobre o conceito da abordagem demonstram o surgimento de elementos comuns com significado para o grupo e marcas do trabalho colaborativo, indicando caminhos para o surgimento de novas *atividades* e possibilitando transformações na prática docente.

Abrangência *versus* profundidade

Por se referir a diferentes formas de organização do conteúdo com base em duas concepções distintas, a contradição abrangência *versus* profundidade, emergente no processo da reorganização curricular, revela a compreensão sobre o ensino para a formação do aluno de modo mais completo e voltada para os desafios da realidade atual, em oposição à formação voltada para os exames vestibulares e outras provas nacionais e internacionais.

Característica da integração entre disciplinas, essa contradição refere-se à tensão existente entre aprofundar um conteúdo de determinada área de modo individual e especializado, visto por uma disciplina específica e muitas vezes associado à aprendizagem para resultados, ou ampliar a visão sobre determinado assunto de forma integrada e coletiva, considerando diversas perspectivas e aumentando sua abrangência.

A partir de elementos na compreensão dos professores no que se refere à seleção de conteúdos na produção do novo currículo STEAM em que os conteúdos específicos das disciplinas são desconsiderados em favor de conteúdos comuns, contemplados pelas áreas de forma integrada, essa tensão é refletida em sensações e dúvidas sobre contemplar no currículo a profundidade dos conceitos e a formação voltada para a realização de exames vestibulares ou privilegiar a formação de conceitos transversais e o desenvolvimento de habilidades.

> [...] Ainda "tô" muito confusa a respeito da questão de conteúdo, porque eu não vi em nenhum momento do STEAM. Nenhum! Ao longo do ano todo, não vou nem comparar com o que a gente tinha antes, eu não vi em momento nenhum de profundidade. (Professor Q, em entrevista).

> [...] Às vezes a gente não quer admitir que perder este assunto "pra" ganhar outros dois ou três vai ser melhor "pro" projeto como um todo. Talvez não seja tão bom "pra" sua disciplina específica, mas "pro" projeto como um todo vai ser mais legal. (Professor S, em entrevista).

Ao refletir sobre essa questão, Yakman ([2008], p. 349, tradução nossa) afirma que "[...] manter a estrutura das disciplinas é ainda essencial para aprofundar o conhecimento em áreas específicas, no entanto, o conhecimento amplo e contextualizado é igualmente importante". Assim, a superação desse conflito inclui a realização de escolhas sobre os conteúdos, o estabelecimento de objetivos claros em relação à formação do aluno e formação contínua do professor para o trabalho por projetos, que pode necessitar de conceitos de áreas diferentes daquela da formação original do professor.

Com as negociações constantes do trabalho coletivo e as ações de formação docente que envolvem tanto as discussões sobre concepções de ensino como conceitos e práticas mais ativas, a produção do currículo STEAM mostra novas perspectivas sobre a aprendizagem. Isso promove a construção de um curso que, a partir da seleção dos conteúdos, busque uma nova possibilidade de compreender os objetivos da abordagem e elaborar propostas de aulas que considerem o olhar amplo e consistente sobre o assunto em discussão, a orientação do professor para mediação do conhecimento, estando aliado ao desenvolvimento de habilidades.

As transformações na *atividade*: um novo professor, um novo currículo

Buscando alcançar uma mudança no ensino de ciências a partir da reorganização curricular orientada pela abordagem STEAM, ao construírem, coletivamente, sentidos e significados e agirem sobre o currículo, os professores o transformaram, transformaram suas *atividades* e, nelas, transformaram-se a si mesmos.

Alinhadas à preocupação com a sociedade atual, e resultantes da negociação e da superação das tensões e dos conflitos, as transformações na *atividade* possibilitam novos modelos e práticas em um novo currículo que conduz à transformação na equipe, no espaço das aulas, nas novas formas de organização do trabalho, no horário da disciplina, no papel e na atuação do professor, assim como na dinâmica das aulas e nas formas de avaliação.

> [...] ele transforma, transformou a equipe também. Eu acho que nós estamos nos transformando juntos. E transformou o espaço. Eu acho que o espaço também, a maneira como a gente trabalha, como organiza. Transformou o horário, a maneira como a gente organiza o currículo. A gente não precisa ficar pensando sempre em 50 minutos, a gente "tá" começando a trazer uma inovação na discussão dentro do *core*, do DNA da escola, coisa que nunca tinha acontecido antes. (Coordenador, em entrevista).

Considerando, como parte do processo de aprendizagem, que a formação dos professores no contexto do trabalho é cheia de incertezas e complexidades expressas em caminhos não lineares, o movimento da aprendizagem expansiva está em seu início, com os questionamentos individuais sobre a prática realizada e os desafios de formação de uma equipe interdisciplinar de professores, colocando em diálogo as diferentes experiências, os olhares e as percepções distintas em uma proposta coletiva.

> A maioria de nós estava habituada com nossas aulas tradicionais, afinal, laboratório já era um espaço diferenciado. Já conhecíamos nossa equipe, nossos equipamentos, nossas aulas e dinâmicas, nossos *timings*. A nova proposta STEAM questiona, inclusive, a pertinência de professores tão especialistas em um assunto de laboratório específico para comandar a aula. Mexe com nossos egos e com nossas rotinas. Nos faz questionar se queremos mesmo essa mudança. Mas então vemos que só através dessa proposta conseguiremos trabalhar mais habilidades que desejávamos nos alunos. (Professor Q, resposta em questionário).
>
> Deixar de ser o detentor do conhecimento e passar a ser o mediador do processo não é uma tarefa fácil. Além disso, estamos acostumados a trabalhar em grupo durante a elaboração de uma aula, mas não durante a execução da mesma. (Professor P, resposta em questionário).

Como um processo de formação, a abertura ao espaço para o protagonismo dos alunos em aulas menos dirigidas e com novas formas de interação e intervenção do professor, o cuidado com a contextualização do conhecimento e a preocupação em aproximar o conteúdo da realidade como forma de motivação para a aprendizagem foram mudanças percebidas na prática docente.

> A motivação passou a ser mais cuidadosa e valorizada em minhas aulas. Tento fazê-las menos dirigidas e mais interativas. (Professor J, resposta em questionário).
>
> [...] eu acho que o STEAM bota isso de uma forma muito relevante, que o professor não é o detentor do conhecimento, que ele é só mais um cara que "tá" pesquisando junto dos alunos. A diferença é que ele tem mais experiência, ele já faz isso há mais tempo. Mas ele também não vai saber das coisas, ele também vai ter que procurar. Onde eu vou encontrar essa informação? Como eu vou usar ela? (Professor S, em entrevista).

A elaboração de novas estratégias e a ampliação da percepção sobre o conhecimento, as propostas de mudanças para os currículos de disciplinas isoladas, a integração de dinâmicas realizadas no STEAM em outras disciplinas e o maior compartilhamento de experiências entre os pares demonstram transformações na *atividade* de ensino dos professores.

> Estou cada vez mais confortável em não dar a resposta para o aluno, mas sim incentivá-lo a pesquisar e buscar suas próprias respostas, ser realmente responsável pela sua aprendizagem. (Professor B, resposta em questionário).
>
> [...] nunca mais vai ser igual, "tá"? Mexeu comigo. Algumas coisas, assim, o jeito de abordar, os temas, a oportunidade de ouvir o aluno, de ver o aluno numa situação, assim, problema, que ele encontra saídas, assim, superimprovisadas e super, às vezes, descoladas. Assim, é que eu acho que, numa aula tradicional de laboratório, a gente não traria isso à tona. (Professor B, resposta em questionário).

A partir dessa transformação, percebem-se também mudanças na concepção dos professores sobre o ensino de ciências, que deixa de ser entendido como espaço para a reprodução de práticas em laboratório para ser compreendido como local para a produção de conhecimento, com a ação do aluno sobre a investigação para a busca de soluções de problemas e a mudança no papel do professor.

Dessa forma, o processo permanente de formação deve promover a contínua aprendizagem dos professores e contribuir para o aprimoramento da proposta, incluindo o aprofundamento teórico e o compartilhamento da responsabilidade sobre a formação do aluno, abrindo espaços para a negociação e a consequente superação das contradições, com futuras modificações nas *atividades*.

Como reflexo das transformações nas *atividades* dos professores e, portanto, de um novo professor, emerge um novo currículo, pautado nos elementos centrais da abordagem STEAM, que abre espaço para, por meio do desenvolvimento de projetos investigativos que solicitam habilidades e conhecimentos de áreas diversas para sua realização, a formação de um novo aluno, alinhado ao momento atual.

PARA ALÉM DESSA EXPERIÊNCIA: POSSIBILIDADES DE EXPANSÃO E RECONTEXTUALIZAÇÃO

Embora localizados em um contexto particular, elementos dessa experiência podem ser recontextualizados e contribuir com processos em contextos escolares que passam por uma transformação do ensino de ciências, de uma abordagem disciplinar e fragmentada para uma abordagem interdisciplinar e orientada por projetos a partir do STEAM.

No entanto, é também importante informar que não se trata de atributos e informações finais, uma vez que, ao analisar momentos específicos localizados em um contexto específico, se perde parte significativa do movimento constante da realidade da escola e da dinâmica da *atividade*. É nesse movimento que novas *atividades* e tensões podem emergir, sugerindo novos olhares.

Ainda assim, ao carregar elementos para outros contextos, é importante ressaltar que, apesar da apropriação da natureza da abordagem STEAM em textos internacionais, não se trata da importação do conceito, de suas práticas construídas em seus locais de origem ou da transformação do espaço físico, mas, sim, da construção de novos sentidos da abordagem, de modo integrado à identidade da escola, ressaltando suas diferenças e proporcionando a emergência de novos elementos culturais.

Dada a pluralidade dos saberes no contexto social e o fato de que a recontextualização é inerente à circulação dos discursos, torna-se fundamental a produção de significados sobre o STEAM. Nesse processo de produção de sentidos e significados, é preciso criar as condições para a mudança na cultura sobre o ensino e para a transformação do currículo e de suas práticas na sala de aula. Ao se atribuir novos sentidos para o planejamento do currículo e para o conceito de STEAM, assim como ao adaptar o horário de trabalho para reuniões e planejamento coletivo, a organização do horário de aulas e a reestruturação do espaço físico, é possível construir uma proposta em diferentes formatos adequados às diversas realidades.

Para tanto, ressalta-se a importância da formação de professores em *atividade* de aprendizagem para a transformação da *atividade* de ensino em uma perspectiva que integre as tecnologias, as engenharias, as artes, o *design* e a matemática e que seja pautada no trabalho por projetos, uma vez que não se trata de adaptar as melhores práticas de aulas em laboratório, e sim de uma nova forma de pensar o currículo, a partir de uma seleção de conteúdos suficientemente amplos para promover a investigação e com objetivos claros e embasados por uma concepção não tradicional sobre o ensino de ciências.

É por meio da reflexão e do diálogo, em um movimento coletivo e dialético de negociação das tensões e das contradições presentes nas *atividades* dos professores, que reside a sua formação. Esta, por sua vez, possibilita não somente o rompimento com os paradigmas e os modelos do ensino tradicional e a produção de um novo currículo que ressignifique o ensino de ciências e seja condizente com as demandas da sociedade, mas também o desenvolvimento de práticas mais ativas e a formação de alunos capazes de intervir criticamente e transformar o contexto em que estão inseridos.

REFERÊNCIAS

BASTOS P. W.; MATTOS C. R. Um exemplo da dinâmica do perfil conceitual como complexificação do conhecimento cotidiano. *Revista Electrónica de Enseñanza de las Ciencias*, v. 8, n. 3, p. 1054-1078, 2009.

CAMILLO, J.; MATTOS, C. Educação em ciências e a teoria da atividade cultural-histórica: contribuições para reflexões sobre tensões na prática educativa. *Revista Ensaio*, v. 16, n. 1, p. 211-230, 2014.

ENGESTRÖM, Y. Non scolae sed vitae disimus: como superar e encapsulação da aprendizagem escolar. *In:* DANEILS, H. (org.). *Uma introdução a Vygotsky*. São Paulo: Loyola, 2002. cap. 7, p. 175-198.

ENGESTRÖM, Y. Expansive learning at work: toward an activity theoretical reconceptualization. *Journal of Education at Work*, v. 14, n. 1, p. 133-156, 2001.

ENGESTRÖM, Y. *Learning by expanding:* an activity-theoretical approach to developmental research. Helsinki: Orienta-Kosultit, 1987.

ENGESTRÖM, Y.; SANNINO, A. Discursive manifestations of contradictions in organizational changes efforts. *Journal of Organizational Change Management*, v. 24, n. 3, p. 368-387, 2011.

ENGESTRÖM, Y.; SANNINO, A. Studies of expansive learning: foundations, findings and future challenges. *Educational Research Review*, v. 5, n. 1, p. 1-24, 2010.

FOUREZ, G. Crise no ensino de ciências? *Investigação no Ensino de Ciências*, v. 8, n. 2, p. 109-123, 2003.

GIMENO SACRISTÁN, J. *O currículo:* uma reflexão sobre a prática. 3. ed. Porto Alegre: Artmed, 2000.

HARDMAN, J. An activity theory approach to surfacing the pedagogical object in a primary school mathematics classroom. *Critical Social Studies*, n. 1, p. 53-69, 2007.

HERNANDEZ, F.; VENTURA, M. *A organização do currículo por projetos de trabalho:* o conhecimento é um caleidoscópio. 5. ed. Porto Alegre: Artmed, 1998.

LEONTIEV, A. N. *Activity and consciousness*. Pacífica: Marxist Internet Archive, 2009.

LEONTIEV, A. N. Uma contribuição à teoria de desenvolvimento da psique infantil. *In:* VYGOTSKI, L. S.; LURIA, A. R.; LEONTIEV, A. N. *Linguagem, desenvolvimento e aprendizagem*. 10. ed. São Paulo: Ícone, 2006. cap. 4

LEONTIEV, A. N. Uma contribuição à teoria do desenvolvimento da psique infantil. *In:* VYGOTSKY, L. S.; LURIA, A. R.; LEONTIEV, A. N. *Linguagem, desenvolvimento e aprendizagem.* São Paulo: Ícone, 1988. cap. 4.

LOPES, A. R. C.; MACEDO, E. *Teorias de currículo.* São Paulo: Cortez, 2011.

MAURI, T. O que faz com que o aluno e a aluna aprendam os conteúdos escolares? *In:* COLL, C. et al. *O construtivismo na sala de aula.* 6. ed. São Paulo: Ática, 2009. p. 79-121.

MORAN, J. M. Ensino e aprendizagem inovadores com tecnologias audiovisuais e telemáticas. *In:* MORAN, J. M.; MASETTO, M. T.; BEHRENS, M. A. *Novas tecnologias e mediação pedagógica.* 7. ed. Campinas: Papirus, 2003. cap. 1, p. 11-68.

MORETTI, V. D.; MOURA, M. O. Professores de matemática em atividade de ensino: contribuições da perspectiva histórico-cultural para a formação docente. *Ciência & Educação*, v. 17, n. 2, p. 435-450, 2011.

RILEY, S. M. *STEAM point:* a guide to integrating science, technology, engineering, the arts, and mathematics through the common core. Westminster: Createspace, 2012.

TORRES SANTOMÉ, J. *Globalização e interdisciplinaridade:* o currículo integrado. Porto Alegre: Artes Médicas, 1998.

YAKMAN, G. *STEAM education:* an overview of creating a model of integrative education. [2008]. Disponível em: https://www.iteea.org/File.aspx?id=86752&v=75ab076a. Acesso em: 11 jan. 2020.

LEITURAS RECOMENDADAS

LEONTIEV, A. *Actividad, consciencia, personalidad.* La Habana: Pueblo y Educación, 1983.

PRAIA, J. F.; CACHAPUZ, A. F. C.; GIL-PEREZ, D. Problema, teoria e observação em ciência: para uma reorientação epistemológica da educação em ciência. *Ciência & Educação*, v. 8, n. 1, p. 127-145, 2002.

11

STEAM na prática: exemplos de projetos

Andresa Prata Cirino Cuginotti

Iniciar um trabalho com projetos envolvendo STEAM pode parecer bastante desafiador. Para ajudar nesse desenvolvimento inicial, apresento, neste capítulo, três sugestões de projetos detalhados, que podem ser utilizados como uma proposta inicial. Fazer um projeto acontecer na prática certamente ajudará a pensar e desenhar os seguintes.

Partir dos interesses da turma para iniciar um projeto é uma ótima forma de engajar os alunos. Temas que surjam em momentos informais, a partir de uma leitura ou de um evento da atualidade, podem desencadear projetos belíssimos. Porém, isso nem sempre é essencial. Projetos muito interessantes também podem ser desenvolvidos a partir de temas pouco conhecidos pelos alunos e são capazes, inclusive, de encantá-los em relação a uma área do conhecimento que até então não despertava seu interesse.

Apresentarei, aqui, propostas de projeto para diferentes idades, da educação infantil ao ensino médio. As propostas "conversam" diretamente com o professor, com sugestões de como conduzir cada etapa, incluindo dinâmicas de discussão e rotinas de pensamento. Apesar de os exemplos terem sido desenhados com uma faixa etária em mente, todo projeto pode ser adaptado e adequado a diferentes idades e níveis de conhecimento. Assim, espero que o leitor se sinta à vontade em usar uma proposta inicialmente desenhada para o ensino fundamental na educação infantil, e vice-versa, adaptando etapas e expectativas ao seu grupo.

Quanto menores as crianças, menos autonomia pode ser esperada na condução das etapas. Dessa forma, atividades mais estruturadas são necessárias. Isso não significa, entretanto, que o projeto não possa mudar de rumo após iniciado, adaptando-se às descobertas feitas e a novos interesses que possam surgir. É muito importante ter isso em mente ao desenvolver um projeto em sua escola. Um projeto, por mais que seja planejado e desenhado, nunca será igual em duas turmas diferentes. É preciso considerar cada grupo em suas individualidades e responder ao que cada turma traz. Considerar o interesse dos estudantes e os encaminhamentos que o projeto toma no seu decorrer é tão ou mais importante que planejar todas as etapas no início. O professor deve estar aberto a variações e adaptações no decorrer do projeto, o que também é muito importante na questão da avaliação. Sugiro, aqui, a construção de rubricas com os alunos, como apresentado no Capítulo 8. Isso significa que tanto as ideias deles quanto as do professor precisam ser consideradas. Como essa definição do critério é feita conjuntamente, a avaliação se torna muito mais natural tanto para o professor quanto para os alunos.

Outro aspecto a ser considerado no trabalho com projetos é que diferentes grupos de alunos podem ter diferentes funções. No segundo projeto aqui apresentado, sobre os instrumentos musicais, pode-se ter grupos trabalhando com diferentes instrumentos e sendo responsáveis por todas as funções em relação ao seu instrumento, como sugerido no plano, mas também podem ser definidas diferentes funções a serem cumpridas por diferentes grupos: um grupo cuida do orçamento, outro da construção, outro da organização da apresentação e do leilão, e assim por diante.

PROJETO 1 (EDUCAÇÃO INFANTIL): BARCO PARA O BISCOITO DE GENGIBRE

Histórias podem ser ótimos lançamentos de projetos para a educação infantil. Nessa sugestão, utilizaremos a história clássica do biscoito de gengibre, que escapa de diversos seres, mas acaba comido por uma raposa. A questão a ser proposta neste projeto é "Como o biscoito de gengibre poderia de salvar?".

> **Visão geral do projeto**
>
> Questão norteadora: Como o biscoito de gengibre poderia se salvar?
>
> Temas que podem ser explorados: densidade, flutuabilidade, elementos naturais que têm vida e que não têm vida, transformações, proporções, números, medidas, criatividade, construções, estética.
>
> Lançamento – Leitura da história e discussão
> Etapa 1 – Saída de campo: observação e coleta de materiais da natureza
> Etapa 2 – Hipóteses e teste: o que flutua? O que afunda?
> Etapa 3 – Construção do primeiro protótipo do barco e ajustes
> Etapa 4 – Produção dos biscoitos
> Etapa 5 – Teste final: quantos biscoitos podem ser levados no barco?
> Etapa 6 – Reescrita da história, com um final diferente

Lançamento – Leitura da história e discussão

A história do biscoito de gengibre é um clássico e pode ser encontrada em diversas versões. Escolha uma versão apropriada à sua turma, somente tomando o cuidado para que o final seja o "clássico", com o biscoito sendo enganado e comido pela raposa. Após a leitura, lance a questão norteadora: *Como o biscoito de gengibre poderia se salvar?* O uso da palavra "como" no início da pergunta é essencial, pois abre inúmeras possibilidades. Procure sempre usar perguntas abertas, especialmente no lançamento de projetos. Isso lhe trará uma visão geral das ideias dos estudantes e de seu conhecimento prévio e abrirá possibilidades para o que pode ser desenvolvido no projeto.

Deixe que as crianças deem muitas ideias e registre o que for sendo falado em um quadro para que fique visível para toda a turma. No caso da educação infantil, como a maioria das crianças ainda não escreve, você pode escrever e fazer um desenho próximo às palavras para que os alunos compreendam o registro. Certamente, entre as diversas sugestões, surgirão ideias de construção de barcos ou pontes. Explore essas possibilidades: *Como ele poderia construir o barco/ponte? Quais materiais ele tem disponíveis? Quais desses materiais são eficientes para a construção de um barco/ponte?*

O projeto exemplificado aqui explora a possibilidade de construção de um barco. Se a turma e você optarem pela construção da ponte, sigam nessa direção, pesquisem diferentes tipos de pontes, o que faz as pontes não caírem, como elas são construídas, como o biscoito "instalaria" a ponte, etc.

Etapa 1 – Saída de campo: observação e coleta de materiais da natureza

Organize uma saída de campo para um ambiente natural, com árvores, terra, pedras, folhas, galhos, penas, etc. Pode ser um parque ou, caso não seja possível, uma praça nas proximidades da escola. Convide os alunos para observarem o que há nesse local, o que é vivo, o que não tem vida, o que pode ser coletado. Peça para os alunos levarem uma pequena sacola e coletarem alguns materiais da natureza que poderiam ser encontrados pelo biscoito de gengibre.

Essa saída é uma oportunidade para chamar a atenção dos alunos sobre temas ligados à biologia: os elementos bióticos e abióticos que compõem um ecossistema, os seres vivos que vivem naquele ambiente e suas relações alimentares, a biodiversidade, a origem daquelas árvores (se é uma reserva ou se as árvores foram plantadas). Escolha alguns temas dependendo da idade e da experiência da turma.

Etapa 2 – Hipóteses e teste: o que flutua? O que afunda?

De volta à escola, ou no final da saída, peça para que os alunos compartilhem em círculo o que recolheram. Relembre-os de que o biscoito de gengibre precisa construir um barco com materiais facilmente encontrados nas proximidades do rio, e estes devem ser muito semelhantes àqueles recolhidos por eles. Pergunte: *Quais materiais podem ser usados na construção de um barco? Quais características dos materiais são necessárias para a construção de um barco?* Certamente os estudantes citarão, entre outras coisas, o fato de que um barco deve flutuar. Sugira o teste de quais materiais coletados por eles flutuam e quais afundam. Pergunte o que eles acham. Registre as hipóteses, sempre pedindo razões por trás das afirmações, como: *Por que você acha que afundará/flutuará?*

Prepare um espaço para as crianças testarem suas hipóteses. Forneça bacias com água (uma por dupla ou trio). Crie anteriormente tabelas, com uma coluna "Flutua" e outra "Afunda", para que elas possam marcar o que aconteceu com o material, por meio de escrita ou desenho. As crianças devem testar e registrar se os materiais coletados flutuam ou afundam. Depois, faça uma roda de conversa e peça para que compartilhem suas descobertas. Pergunte se alguém encontrou algum material que flutua em uma posição e afunda em outra. Demonstre como isso ocorre utilizando como exemplo uma pequena tigela. Converse, na roda, sobre os materiais com os quais os grandes navios são construídos. Leve fotografias de barcos e navios. Conduza a conversa para a conclusão, explicando que os materiais dos quais os barcos são feitos, em geral, são materiais que afundam, porém seu formato permite que os barcos flutuem, pois não deixam que a água entre.

Etapa 3 – Construção do primeiro protótipo do barco e ajustes

O que faz um barco ser um bom barco? Lance essa pergunta aos alunos para construir uma rubrica simples para o barco que será construído. Apesar de as crianças na educação infantil serem bem pequenas, elas podem começar a exercitar a construção de rubricas, estabelecendo critérios e descrições com o auxílio de um adulto. É importante a construção coletiva dessa rubrica, para que os critérios e descrições façam sentido.

Você pode construir uma tabela com eles e organizar o que forem falando em critérios e níveis. Organize dois níveis para iniciar: "Excelente" e "Bom". Para os critérios, podem ser elencados, entre outros: eficiência, beleza, materiais. Para a educação infantil, recomendo três critérios apenas. É importante também que a descrição dos níveis venha das próprias crianças e tenha a linguagem delas. O Quadro 11.1 mostra um exemplo de rubrica para essa etapa, mas cada turma deve ter a sua, construída pelos alunos e professor juntos.

Após a construção da rubrica, os estudantes vão construir seu barco. O ideal é que eles trabalhem em duplas, pois, nessa idade, um grupo muito grande não funciona tão bem. Combine previamente o tamanho do biscoito que irá usar o barco. Eles podem usar os materiais que coletaram e testaram, e você pode fornecer mais materiais. Relembre que o biscoito só dispunha de materiais naturais, mas forneça cola e barbante para que eles possam usar na construção.

Deve haver, no local de construção, uma bacia grande com água para que os protótipos possam ser testados. Faça combinados com a turma sobre como eles vão se revezar para os testes. Converse com eles de antemão sobre como é um processo de invenção, que envolve erros, falhas e ajustes. Assim, eles podem testar partes ou a totalidade do barco, ajustar, testar novamente, pedir auxílio para os colegas. Relembre que a construção não é uma competição e que as duplas podem e devem compartilhar descobertas, *insights* e técnicas desenvolvidas.

QUADRO 11.1 Exemplo de rubrica

	Excelente	Bom
Eficiência	O barco consegue levar mais de um biscoito sem afundar.	O barco consegue levar o biscoito sem afundar.
Beleza	O barco é muito bonito, tem vários detalhes e foi feito com capricho.	A aparência do barco é agradável.
Materiais	Foram usados somente materiais naturais.	Foram usados materiais naturais e não naturais.

Etapa 4 – Produção dos biscoitos

Nesta etapa, produza os biscoitos com os alunos. Use uma receita de sua preferência, que não precisa ser necessariamente de um biscoito de gengibre. Cada criança pode moldar seu próprio biscoito, mas relembre-as do combinado sobre o tamanho do biscoito. Receitas são oportunidades para se trabalhar diversos conteúdos de matemática na educação infantil, como medidas padronizadas e não padronizadas e introdução à proporção (toma-se uma receita que rende 10 biscoitos, mas queremos fazer 20. Como fazemos?). Pode-se também explorar as misturas e as transformações dos materiais de forma natural, apenas chamando a atenção para o que é observado, para o que pode ser revertido ou não.

Etapa 5 – Teste final: quantos biscoitos podem ser levados no barco?

Nesta etapa, os barcos serão colocados à prova com os biscoitos de gengibre. Os barcos podem ser testados um a um em uma bacia grande com água. Caso algum dos barcos flutue muito tranquilamente com um biscoito, testem com dois ou mais.

Etapa 6 – Reescrita da história, com um final diferente

Para finalizar o projeto, a história do biscoito de gengibre pode ser reescrita coletivamente, com um novo final baseado nos barcos construídos. A história pode ser construída coletivamente enquanto o professor escreve e pode ser ilustrada pelos autores.

Pensem em uma forma de compartilhar a nova história e os barcos construídos com a comunidade escolar. Isso pode ser feito por meio de um evento de contação da história e de demonstração dos barcos, um vídeo, uma exposição de fotografias ou outra forma imaginada pelo grupo.

Como adaptar esse projeto para outras faixas etárias

Para alunos do ensino fundamental e médio, pode-se usar um contexto real, como o naufrágio do Titanic, por exemplo. Os alunos podem pesquisar como funcionam os mecanismos que impedem que os barcos afundem e os dispositivos de segurança disponíveis. O barco a ser construído pode ser projetado antes da construção. Esta deve ser mais elaborada e pode envolver outros materiais. Caso sua escola tenha um espaço *maker*, utilize-o.

PROJETO 2 (ENSINO FUNDAMENTAL – ANOS INICIAIS): ORQUESTRA DE SUCATA

A partir dos anos iniciais do ensino fundamental, é interessante se basear em um contexto real. Este pode estar próximo dos alunos, como no projeto que será sugerido para os anos finais, ou distante, trazido para os alunos por meio de notícias, fotografias, textos ou filmes. Neste projeto, sugiro uma notícia sobre a orquestra de instrumentos feitos de objetos reciclados de Cateura, no Paraguai, pois é um projeto bastante engajante para um grupo que tenha a música como forte interesse. É uma oportunidade também de os estudantes conhecerem diferentes instrumentos e estilos musicais.

> **Visão geral do projeto**
>
> Questão norteadora: Como produzir música a partir de objetos comuns?
>
> Temas que podem ser explorados: som, vibração, instrumentos, sustentabilidade, lixo.
>
> Lançamento – Vídeo e discussão
> Etapa 1 – O que é o som?
> Etapa 2 – Tipos de instrumentos musicais e seu funcionamento
> Etapa 3 – Visita a uma cooperativa de separação de lixo – seleção e "compra" de materiais
> Etapa 4 – Construção e afinação de instrumentos
> Etapa 5 – Ensaios e apresentação de uma música escolhida pela turma

Lançamento – Vídeo e discussão

A Orquestra de Instrumentos Reciclados de Cateura é composta por crianças do bairro de Cateura, em Assunção, Paraguai, e toca instrumentos fabricados com materiais reciclados, coletados do lixão de mesmo nome. Há diversos vídeos sobre a orquestra que podem ser usados no lançamento do projeto (sugestão: reportagem exibida no programa Fantástico [CATADORES..., 2013]) e até um filme, disponível com legendas em inglês e espanhol (*The landfill harmonic*).

Conduza uma discussão após a exibição do filme. Caso você esteja trabalhando com alunos de 1º a 3º anos, uma discussão com a turma toda funcionará melhor. Caso a turma seja de 4º ou 5º ano, você pode, por exemplo, usar o formato de World Café, com discussão e registro em pequenos grupos em torno de perguntas propostas. Um estudante de cada grupo deve ser o anfitrião, que não mudará de grupo durante toda a discussão. Estipule um tempo para a discussão de cada pergunta e peça para que a discussão seja registrada em um grande papel na mesa. Ao final desse tempo, os estudantes, exceto o anfitrião, devem mudar para outro grupo. O anfitrião de cada mesa conta resumidamente aos novos integrantes do grupo o que foi discutido anteriormente, e a discussão é retomada em torno da nova pergunta. Ao final, peça para que cada anfitrião conte, para a turma inteira, o que foi discutido em sua mesa. Os registros podem ficar visíveis na sala, pois representam os conhecimentos prévios da turma.

Sugestões de perguntas para a discussão: *O que é o som? Como o som é gerado nos instrumentos? Quais as partes importantes em um instrumento?*

Etapa 1 – O que é o som?

Nesta etapa, realize atividades com os alunos sobre a natureza do som. Você pode começar, por exemplo, pedindo para que eles caminhem pela escola, identificando sons que escutam, suas origens e o que está produzindo o som. Na sequência, eles podem explorar um modelo do ouvido humano (modelo físico ou animação em vídeo). A ideia é que eles percebam que todo som é causado por uma vibração e que nosso ouvido capta a vibração do ar que chega até eles.

Após essas descobertas e a discussão sobre elas, lance a pergunta: *Vocês acham que o som pode se propagar por outros materiais que não seja o ar?* Monte estações de aprendizagem a serem exploradas pelos alunos em pequenos grupos, fazendo uma rotação entre elas. Em cada estação, deixe instruções escritas para que os alunos saibam o que fazer e o que devem observar. Eles podem ter um caderno para registro, ou você pode preparar fichas para registro. Determine um tempo para que cada grupo explore cada estação. Sugestões de estações: telefone de latinha (os alunos podem construir e testar), produção de som dentro da água (solicite que batam dois objetos metálicos dentro de um pote cheio de água), escuta em uma superfície sólida um aluno coloca o ouvido em uma mesa ou porta e outro estudante faz sons com os dedos nesta), bloqueio do som (peça para que usem um alarme ou telefone e tentem "trancar" o som, fechando a fonte em uma sacola plástica e em um pote hermético).

Em seguida, retome os registros da atividade de lançamento e anote em um mural o que foi aprendido nessa etapa. Caso haja muitas ideias diferentes dos conhecimentos prévios, use a rotina de pensamento "Eu costumava pensar que... Agora penso que...", pedindo que cada aluno registre como alguns de seus pensamentos podem ter mudado desde o início do projeto. No Capítulo 8, você encontrará outras sugestões de rotinas de pensamento. Deixe o mural exposto na sala, como forma de tornar visível o pensamento e os aprendizados da turma.

Etapa 2 – Tipos de instrumentos musicais e seu funcionamento

Nesta etapa, os estudantes investigarão quais instrumentos compõem uma orquestra e como eles produzem e amplificam o som. Faça um levantamento com os alunos sobre instrumentos musicais que eles conhecem. Pergunte *Como esses instrumentos podem ser classificados?* e faça um breve exercício de classificação. Os estudantes podem, em grupos, separar os instrumentos listados segundo critérios que eles mesmos decidam e apresentar sua classificação para o restante da turma.

Quais desses instrumentos compõem uma orquestra? Discuta brevemente quais dos instrumentos listados fazem parte de uma orquestra e quais não. Se sua cidade tiver uma orquestra ou banda sinfônica que possa ser visitada, organize uma visita para que os estudantes conheçam os instrumentos, seu posicionamento e a dinâmica de funcionamento de uma orquestra. Caso não seja possível a visita a uma orquestra, seria interessante ao menos um músico ir até a escola contar um pouco sobre como funciona uma orquestra, como os instrumentos são classificados, etc.

A turma deve, então, ser dividida em pequenos grupos, e cada grupo deve escolher um instrumento. É interessante que todos os grupos de instrumentos de uma orquestra estejam representados (cordas, sopro – madeiras e metais –, percussão) e que os instrumentos sejam o mais diversos possível. Cada grupo deve, então, mergulhar em seu instrumento, pesquisando como funciona, para que serve cada parte, onde o som é produzido, como é ampliado, qual o timbre de som produzido, etc. Na turma inteira, vocês podem fazer um *brainstorming* de perguntas sobre o que pode ser descoberto. Depois, cada grupo parte para a pesquisa, que pode ser realizada com o uso de recursos digitais, livros ou diretamente com músicos e engenheiros de som. Ajude, sempre que possível, os alunos a entrarem em contato com os especialistas.

Etapa 3 – Visita a uma cooperativa de separação de lixo – seleção e "compra" de materiais

Outro tema que emerge desse contexto é a questão do lixo. Retome com os alunos de onde vem o material para a construção dos instrumentos da Orquestra de Instrumentos Reciclados de Cateura. Proponha uma investigação sobre o destino do lixo descartado na escola, no bairro e no município. Esta etapa pode envolver diversas atividades sobre as questões: *Há coleta seletiva? Para onde vai o material reciclável?*

Descobertas as respostas para os questionamentos, organize uma visita a uma cooperativa de separação de lixo reciclável, se possível. Tente planejá-la previamente, para que a experiência seja organizada em torno dos objetivos. Na cooperativa, converse com os trabalhadores sobre a quantidade de material recebido, o valor de venda, como é feita a separação, etc. Se possível, os estudantes podem vivenciar um pouco o processo de separação. Proponha uma reflexão sobre a quantidade de lixo que produzimos diariamente e o destino desse lixo (que nem sempre é a reciclagem). A questão do plástico nos oceanos está recebendo bastante atenção recentemente e pode ser abordada (o documentário *Oceanos de plástico* é uma ótima provocação para discussão).

Ainda na cooperativa, os alunos podem selecionar materiais para a construção de seus instrumentos. Apesar de a pesquisa ser em grupo, a construção pode ser individual, de forma que todos tenham um instrumento para tocar. Sugiro que os alunos façam uma campanha de arrecadação de fundos e levem doações (ou doem ao final do projeto) para a cooperativa, em troca da visita e do material que será coletado – pode ser, por exemplo, a venda de artigos usados ou até mesmo um leilão dos instrumentos produzidos no final do projeto. Os alunos também podem usar materiais descartados pela escola ou em suas casas para a construção dos instrumentos.

Etapa 4 – Construção e afinação de instrumentos

Com o material para produção em mãos, chegou a hora de construir os instrumentos. Esta é uma etapa "mão na massa", e os alunos precisarão de ferramentas para cortar, parafusar, colar, etc. Se sua escola dispuser de um espaço *maker*, é o momento de usá-lo. Caso não tenha, forneça as ferramentas necessárias. As ferramentas que apresentam risco para as crianças podem ficar em uma mesa específica, e você pode ajudá-las no uso.

É provável que os alunos necessitem de alguns componentes específicos que não serão encontrados na cooperativa e não estarão disponíveis no descarte da escola, como cordas para os instrumentos de cordas, molas, etc. Esses componentes podem ser comprados também usando o dinheiro da arrecadação de fundos. Essa ação é uma oportunidade também para os alunos entenderem os cálculos relacionados a entradas e saídas, lucro e juros (caso o dinheiro tenha de ser pego emprestado previamente e pago no final do projeto, por exemplo).

Os instrumentos construídos precisam ser afinados. Pesquisem como fazê-lo, como funciona um diapasão e um afinador. Novamente, aqui seria interessante entrar em contato com um músico, que pode ajudar os estudantes nessa função. É possível também afinar os instrumentos contrastando com o som de um instrumento afinado que exista na escola. Pergunta sugerida: *Por que as notas soam diferente?*

Antes de iniciar essa construção, entretanto, sugiro a confecção de uma rubrica coletiva para a avaliação do produto final. Assim como no projeto anterior, faça um levantamento com os alunos sobre quais critérios vocês gostariam que fossem avaliados. Ouça os alunos e também contribua, de acordo com os objetivos que você traçou para o projeto. Exemplos de critérios para esse produto: qualidade do som, uso de materiais reciclados, afinação do instrumento, etc. Para cada critério, desenvolva descrições sobre o que seria o "Mínimo aceitável", o que seria "Bom" e o que seria "Excelente". Essas descrições também devem ser feitas idealmente com os alunos. Eles podem discutir em pequenos grupos, e posteriormente, a discussão pode ser aberta para a turma toda, momento no qual uma rubrica final deve ser construída.

Etapa 5 – Ensaios e apresentação de uma música escolhida pela turma

Com os instrumentos afinados, escolham uma música que todos conheçam para ser tocada pela turma e componham um arranjo simples, com diferentes instrumentos tocando em cada parte, por exemplo. Caso algum estudante saiba tocar instrumentos, ele ou ela pode tocar uma parte mais elaborada. Vocês também podem compor uma música, dependendo das habilidades e da experiência da turma. O resultado será simples, porém muito recompensador.

A música pode ser tocada em uma apresentação para outra turma ou em algum evento da escola. Caso optem pela venda ou leilão dos instrumentos, isso pode ser feito na sequência da apresentação.

Como adaptar esse projeto para outras faixas etárias

Para a educação infantil, o lançamento pode ser com a exploração de alguns instrumentos musicais. É importante que os alunos possam tocar e experimentar e que os instrumentos sejam variados (percussão, sopro e cordas). A construção de instrumentos deve ser mais simples, com materiais do dia a dia – por exemplo, diferentes panelas e uma baqueta (percebendo-se que o timbre é diferente de acordo com o tamanho, o formato e o material da panela), copos com diferentes quantidades de água, etc. A Orquestra de Instrumentos Reciclados de Cateura ainda pode ser apresentada no decorrer do projeto, assim como as conversas com músicos e a visita a uma orquestra. Há uma série de vídeos do grupo Palavra Cantada, chamada "Entrevistando os instrumentos". Os vídeos apresentam diversos instrumentos, e são lançadas variadas perguntas, respondidas com o toque dos instrumentos. Discutir o que as crianças acham que foi respondido pelo toque do instrumento é um ótimo exercício para crianças pequenas exercitarem a escuta e refletirem sobre o que sentem ao ouvirem um som.

PROJETO 3 (ENSINO FUNDAMENTAL – ANOS FINAIS E ENSINO MÉDIO): MOBILIDADE E ACESSIBILIDADE

Nos anos finais do ensino fundamental, assim como no ensino médio, os projetos podem ser mais abertos, com algumas etapas gerais que seguem um padrão em qualquer projeto. Parte-se de uma questão norteadora, a partir da qual se abre para o entendimento do problema. Segue-se para uma etapa de levantamento de possíveis soluções, escolhendo-se uma ou algumas para serem desenvolvidas. Esse desenvolvimento envolve pesquisa, construção de protótipos, testes, *feedback*, ajustes, novos testes, etc., até que se tenha um protótipo final, que pode ser implementado ou apresentado para as autoridades responsáveis, dependendo do projeto. As etapas também aparecem nos projetos para idades menores, porém com maior estrutura.

Sugiro aqui um projeto que pode ser feito tanto com os anos finais do ensino fundamental como com o ensino médio, sobre mobilidade e acessibilidade na cidade ou bairro onde a escola se encontra. A ideia é que sejam identificados problemas reais, para os quais se possam desenvolver soluções.

Recomendo que, para esta etapa, você construa com sua turma uma rubrica de participação logo após o lançamento do projeto. A pergunta *O que é uma boa participação?* pode ser feita para identificar o que os alunos consideram como o mais alto nível de desempenho em relação a esse critério. Ter os critérios e seus níveis bem definidos ajuda os alunos a entenderem que o processo é tão importante, se não mais, quanto o produto final. Assim como foi feito no produto, defina quais serão os critérios de avaliação e seus níveis. Seguem alguns exemplos de critérios de participação: cooperação, engajamento, responsabilidade, inclusão dos membros do grupo, etc.

Também deve ser construída a rubrica sobre o produto final, com critérios como melhoria da acessibilidade ou mobilidade, viabilidade do produto, custo/benefício, etc. Sugiro que a construção dessa rubrica seja feita antes do início da Etapa 2.

> **Visão geral do projeto**
>
> Questão norteadora: Como facilitar a mobilidade e a acessibilidade em nossa cidade/bairro?
>
> Temas: mobilidade urbana, acessibilidade, pesquisa, circuitos elétricos, aplicativos, mecânica, construções, etc., dependendo da natureza do produto de cada grupo.
>
> Lançamento – Fotografias da cidade e discussão
> Etapa 1 – Entendimento do problema (identificação de problemas de mobilidade e/ou acessibilidade no município ou bairro)
> Etapa 2 – Geração de ideias (elencar problemas que queremos abordar e pensar em possíveis soluções)
> Etapa 3 – Desenvolvimento (pesquisa, construção de protótipo, teste, *feedback*, ajustes)
> Etapa 4 – Implementação (apresentação para subprefeitura, prefeitura ou outro órgão da cidade)

Lançamento – Fotografias da cidade e discussão

Para o lançamento deste projeto, sugiro apresentar fotografias da cidade ou do bairro (dependendo da amplitude em que se deseja trabalhar). Inclua fotografias de pedestres, ônibus, carros, trânsito, metrô (se houver), pessoas com deficiência se locomovendo na cidade, obras em calçadas e ruas, feiras livres, pessoas com carrinhos de bebê e de feira, etc. Prepare essas fotografias previamente e disponha impressões delas pela sala, como em uma galeria de arte.

Use a rotina de pensamento "Eu vejo... Eu penso... Eu me pergunto...", pedindo que os estudantes façam anotações próximo às fotografias. Nessa rotina, os alunos devem escrever, na seção "Eu vejo...", o que eles observam na imagem, sem julgamentos ou inferências. Na seção "Eu penso...", devem aparecer as inferências, o que os estudantes acham sobre o que veem, suas hipóteses e seus julgamentos. Na seção "Eu me pergunto...", devem ser registradas perguntas sobre a cena retratada, indagações, curiosidades e dúvidas. Deixe espaço para esses registros próximo às fotografias – pode ser um papel com três colunas, uma folha ou *post-its* de diferentes cores para cada seção. Recomendo sempre que possível o uso de *post-its*. Eles facilitam o fluxo das ideias, pois vários alunos podem escrever ao mesmo tempo e colocar o *post-it* no local apropriado, e eles podem facilmente ser mudados de lugar, sendo agrupados por ideias semelhantes ou complementares. Oriente os alunos a lerem as contribuições dos colegas ao chegarem a uma nova fotografia.

Determine um tempo para essa visita às fotografias. Não é necessário que todos os estudantes passem por todas as fotografias, e isso deve ficar claro para eles. Visite também as fotografias, lendo as contribuições dos estudantes e reobservando as cenas. Depois dessa visita, promova uma discussão com toda a turma: *Como nos movemos pela nossa cidade ou nosso bairro? Todos conseguem ir e vir de um lugar a outro tranquilamente? Quais possíveis problemas existem?* A rotina de pensamento utilizada anteriormente funciona como um registro do pensamento. Não é necessário que todos os registros sejam lidos, mas durante a discussão pode haver referência ao que foi escrito.

Apresente a questão norteadora do projeto e diga aos alunos que vocês irão investigar problemas de mobilidade e acessibilidade e desenvolver soluções criativas para eles.

Etapa 1 – Entendimento do problema (identificação de problemas de mobilidade e/ou acessibilidade no município ou bairro)

Esta etapa consiste na identificação de possíveis problemas a serem endereçados pelos alunos. Para isso, eles precisam observar, interagir e se inserir no problema. Organize visitas a diversos lugares da cidade ou do bairro e incentive os alunos a observarem, conversarem com pessoas que passam ou utilizam aqueles locais. Para entender a interação de crianças pequenas ou pessoas com deficiência, por exemplo, pode-se organizar o acompanhamento de uma dessas pessoas por um aluno, ou até mesmo colocar alunos nessa posição (como usar uma cadeira de rodas, ou muletas, ou caminhar vendado, etc.).

Todas essas observações devem ser registradas. Incentive os alunos a registrarem também o que sentem nessas observações, seus julgamentos e seus questionamentos, como na rotina de pensamento feita no lançamento, deixando clara a diferenciação entre o que é observação e o que é julgamento e opinião.

Com todos os registros, de volta à sala, os alunos definirão os problemas identificados. Aqui, a questão norteadora vai se desmembrar em várias questões. Isso pode ser feito agrupando-se as observações em temas, que podem ser discutidos mais profundamente em pequenos grupos. Os estudantes podem se revezar entre os grupos, contribuindo com seu ponto de vista sobre diversas questões levantadas.

Etapa 2 – Geração de ideias (elencar problemas que queremos abordar e pensar em possíveis soluções)

Com os problemas definidos, a turma pode ser dividida em grupos. Sugiro a divisão de acordo com o interesse de cada estudante. Caso haja muitos estudantes interessados em um mesmo tema, pode-se formar mais de um grupo para trabalhá-lo. Não é necessário que todos os problemas definidos sejam trabalhados. Caso algum estudante escolha um tema pelo qual ninguém mais se interessou, peça que escolha outro, pois o trabalho deve ser em grupo. Incentive-o a trabalhar naquele tema de interesse de forma independente, caso ele queira, inclusive procurando por parcerias em outras turmas ou fora da escola.

Divididos os grupos, peça para que façam um *brainstorming* de possíveis soluções. Nesse momento, nenhuma ideia deve ser descartada. Oriente os alunos para que sejam criativos e registrem todas as ideias que venham a surgir, inclusive as que parecerem impossíveis ou muito malucas. Muitas ideias boas e factíveis partem de sugestões fantasiosas e impossíveis de serem colocadas em prática. As ideias podem ser registradas novamente em *post-its*, para que depois, no momento de avaliação e seleção, elas possam ser reagrupadas e movimentadas com maior liberdade.

Após esse momento de *brainstorming*, proponha um momento de avaliação e seleção das ideias. Nesse momento, os grupos devem olhar para tudo o que foi proposto, avaliar quais partes podem ser aproveitadas e o que deve ser deixado de lado momentaneamente. Instrua os estudantes a não descartarem totalmente nenhuma ideia, pois elas podem ser revisitadas e utilizadas durante as próximas etapas. Proponha que essas ideias sejam colocadas em um espaço de ideias recicláveis.

Etapa 3 – Desenvolvimento (pesquisa, construção de protótipo, teste, *feedback*, ajustes)

Cada grupo deve, então, selecionar uma das ideias, que será levada adiante e pode, também, ser a junção de várias ideias inicialmente registradas. *O que é necessário para colocar essa ideia em prática? O que precisamos aprender para construir esse produto?* Essas são perguntas que os grupos precisam ter em mente e responder.

Nesta etapa, cada grupo andará por um caminho independente, e você, professor, atuará mediando e facilitando o processo dos grupos. Os estudantes construirão um protótipo da ideia selecionada. Para a construção desse protótipo, eles precisarão se apropriar de conhecimentos que talvez não tenham previamente. Isso envolve pesquisa, consulta com especialistas, estudo independente, etc., etapas nas quais você deve ajudar, seja estabelecendo contatos, seja compartilhando sua *expertise* ou indicando fontes de pesquisa.

Os protótipos não precisam ser perfeitos, nem em tamanho real (dependendo do que for construído), e devem passar por etapas de construção, apresentação e teste com os usuários finais, recebimento de *feedback* (de outros grupos e dos usuários finais), reajustes, novos testes e novos *feedbacks*, até que seja atingido um produto mínimo viável (MVP), que nada mais é do que um produto com as mínimas características necessárias para ser inserido no mercado.

Etapa 4 – Implementação (apresentação para subprefeitura, prefeitura ou outro órgão da cidade)

Com o MVP pronto, o produto pode ser implementado. Isso significa colocá-lo para uso quando possível ou apresentá-lo para um órgão competente. Se o produto for um aplicativo ou um instrumento, por exemplo, ele pode ser distribuído e usado. Caso seja uma intervenção na cidade ou no sistema de transporte, o produto pode ser apresentado para a subprefeitura, a prefeitura ou outro órgão da cidade capaz de implementá-lo.

Como adaptar esse projeto para outras faixas etárias

Para turmas de estudantes mais novos, sugiro que o olhar esteja voltado para um espaço menor e mais familiar, como a própria escola. Perceber quais são os problemas de mobilidade e acessibilidade dentro da própria escola e desenvolver possíveis soluções para eles é um ótimo projeto para os anos iniciais do ensino fundamental e até mesmo para a educação infantil. Quanto menores as crianças, mais mediação elas precisarão, desde as observações até a implementação. Em cada etapa, participe das discussões junto com os alunos, principalmente fazendo perguntas que os ajudem a pensar sobre as questões. Vocês podem pensar em soluções na turma inteira e dividir os grupos no desenvolvimento, ou mesmo construir um único produto da turma. As soluções das turmas com crianças mais novas certamente serão mais simples que as esperadas dos alunos do ensino médio e dos anos finais do ensino fundamental.

CONSIDERAÇÕES FINAIS

A apresentação dos exemplos de propostas que envolvem etapas e a criação de protótipos, como o que foi feito neste capítulo, aproxima os estudantes do papel da engenharia no acrônimo STEAM. Quando os alunos investigam e produzem protótipos que envolvem reflexões, como as possibilitadas nesses projetos, têm a oportunidade de levantar questionamentos, imaginar a resolução para um problema, planejar uma forma de resolvê-lo e, então, criar, testar e, se for necessário, aprimorar seu protótipo. Essas ações estão conectadas com o papel da engenharia em um projeto e, de certa forma, possibilitam a criação e a inovação, habilidades complexas que se aproximam das necessidades de uma sociedade cada vez mais conectada, em que as fontes de informação podem estar na palma da mão, mas as reflexões sobre as conexões entre elas envolvem pensamento crítico e habilidades de resolução de problemas que a abordagem STEAM em sala de aula é capaz de fomentar, impactando, dessa forma, positivamente a aprendizagem dos estudantes.

REFERÊNCIA

CATADORES de lixo criam orquestra com instrumentos de objetos reciclados. Rio de Janeiro: Globo, 2013. 1 vídeo (12 min). Reportagem exibida no programa Fantástico. Disponível em: https://globoplay.globo.com/v/2678064. Acesso em: 8 dez. 2019.